만가지 행동

만 가지 행동

김형경
심리훈습
에세이

사람풍경

마음이 산처럼 평온하고 바다처럼 관대하고
만나는 모든 사물이 이해되는 그런 상태가 될 때까지,
훈습은 계속될 것이다.
삶이 곧 훈습 과정이므로.

Prologue
삶의 패러다임을 바꾸다

《좋은 이별》을 끝으로 심리 에세이는 모두 끝냈다고 생각했다. 그것으로 나의 사십 대도 끝났고, 내면을 향하는 긴 순례도 끝났고, 삶의 한 시기를 온전히 떠나보냈다고 믿었다. 이제는 소설가라는 이름에 걸맞게 살아 보리라 생각하고 있었다. 그럼에도 심리에 관한 청탁은 계속되었다. 강연, 대담, 원고 청탁 외에도 사석에서 개인적인 이야기를 나누다 보면 지인이나 후배들이 이렇게 말하곤 했다.

"그런 이야기를 책으로 써 주세요."

그럴 때마다 의아했다. 내가 할 얘기는 세 권의 심리 에세이에 다 썼는데, 무슨 이야기를 더 듣고 싶은 걸까? 나는 전문가도 아니고, 심리에 대해서는 더 이상 할 얘기가 없는데…….

그러던 중 텔레비전에서 한 오디션 프로그램을 보게 되었다. 그 프로그램은 최종 선발자들에게 전문 음악인들의 지도를 받도록 해서 재능을 최대한 이끌어 내는 멘토링 과정을 접목하고 있었다. 거기 선발된 멘티가 멘토링 과정을 회상하면서 이렇게 말하는 것을 들었다.

"저도 답답했어요. 선생님은 자꾸만 '두성을 쓰란 말이야.' 하시지만, 그걸 쓸 줄 알았으면 벌써 썼지요."

그 말을 듣는 순간 갑자기 무엇인가를 알아차렸다. 그동안 내가 책에서 했던 말들도 저 멘토의 말과 같았구나 싶었다.
"자기 그림자를 알아보고 양가성을 통합해야 한다."
"의존성을 끊고 분리, 개별화를 이루어야 한다."
그렇게만 썼지 양가성을 통합하는 법, 분리를 이루는 구체적인 방법에 대해서는 언급하지 않았다. 《좋은 이별》 말미에도 "통찰은 마술이 아니다. 통찰 이후에는 긴 훈습 과정을 거쳐야 한다."고 언급했을 뿐이었다. 훈습의 구체적 방법이나 내용은커녕 용어의 의미조차 밝히지 않았다. 그리고 보니 사석에서 지인들이 "그런 얘기를 책으로 써 달라."고 했던 내용들은 훈습 과정의 개인적 경험이었고, 그 과정에서 내가 실천한 행동들에 대한 내용이었다.

경험에 의하면 정신분석적 심리 치료 과정에서 내면의 변화나 성장을 이루는 것은 통찰이 아니라 훈습 과정의 성과였다. 시간적 비중으로 따져 보면 통찰을 얻는 시간보다 훈습을 행하는 시간이 일곱 배쯤 많이 소요되었다. 심리적 부담감 측면에서 계량해 봐도 통찰보다는 훈습 과정이 일곱 배쯤 무거웠다. 그럼에도 훈습 과정을 글로 쓸 염을 내지 않았던 이유는 그것이 지나치게 개인적 경험이라고 생각했기 때문이었다. 훈습 과정만 따로 다룬 책을 보지 못했기에 그것이 책으로 쓸 만한 주제라는 인식도 없었다. 하지만 "두성을 쓸 줄 알면 벌써 썼지요."라는 말을 들은 이후, 두성을 사용하는 방법에 대해서는 어떻게 말해야 하는지 생각해 보기 시작했다.

훈습은 '정신분석 과정을 철저히 이행하는 작업(working-through)'을 우리말로 번역한 용어이다. 훈습은 유식 불교(唯識佛敎)에서 따온 용어로, '지각과 의식을 통한 경험이 가장 깊은 층에 있는 아뢰야식(阿賴耶識)에 배어들어 저장되는 것'을 말한다. 반면에 정신분석 작업은 '분석 과정에서 나타나는 모든 증상과 저항을 철두철미하게 극복하여 치료에 성공하는 것'을 뜻하므로 훈습보다는 '철저 작업'이라는 용어가 적합하다고 제안하는 이들도 있다(장 라플랑슈, 장 베르트랑 퐁탈리스, 《정신분석 사전》). 미국 심리학자 스콧 펙은 그 과정을 '훈련'이라는 개념으로 정의한다. 훈련 과정을 통해 심리적 고통을 줄이고 절제력, 정의감, 용기 같은 가치들 위에 책임감을 발달시킨다고 제안한다.

이 책에서는 최초로 번역되어 널리 통용되는 '훈습'이라는 용어를 그대로 사용하고 있다. 경험이 의식의 어느 지점에 배어드는

지는 알 수 없지만 훈습 기간 동안 자신과 타인, 과거와 현재, 현실과 환상의 모든 영역에서 거듭 관점이 변하는 것은 틀림없었다. 제목으로 사용한 '만 가지 행동'은 불교 용어 '만행(萬行)'에서 빌려 왔다. 훈습 과정에서 행했던 다양한 시도, 행위, 경험 등을 칭하는 더 나은 말을 찾을 수 없었다.

  책은 네 장으로 구성되어 있다. 첫째 장 '하던 일 하지 않기'는 훈습 첫 단계에서 행동 지침으로 삼은 큰 틀이다. 그것은 유아기에 만들어 가진 이후 검증 없이 사용해 온 낡고 오래된 성격과 생존법을 버리는 것을 의미한다. 내면의 부족하고 부정적인 면을 끌어안는 힘든 일이고, 익숙한 관계들을 정리하면서 지인들을 화나게 하는 일이고, 불안을 인식하고 두려움을 수용하는 과정이었다.
  둘째 장 '하지 않던 일 하기'는 그동안 회피해 온 마음과 행동의 낯선 영역으로 발을 내디디면서 새로운 지평을 탐색해 나가는 과정이다. 그 시기에는 '무슨 일이든 하기'라고 혼자 되뇌면서 예전에 하지 않던 일들을 시도했다. 분화의 시간을 갖기 위해 '자발적 왕따'가 되기도 하고, 불안을 방어하지 않고 '무력한 채 머물기'를 시도하고, 예전과 다른 방식으로 관계 맺는 법을 모색했다.

셋째 장 '경험 나누기'는 후배 여성들과 함께 꾸려 간 독서 모임에 대한 기록이다. 처음에는 내 경험을 후배들과 나눈다는 생각으로 시작했지만 얼마 지나지 않아 그것이 훈습 과정의 중요한 일부임을 알아차렸다. 그 시간들이 있었기에 전이와 역전이 양쪽을 고루 경험할 수 있었고, 투사적 동일시나 자기실현 과정을 체험 속에서 인식할 수 있었다.

넷째 장 '정신분석을 넘어서'는 정신분석적 심리 치료의 종결과 그 너머에 관한 이야기이다. 훈습 기간을 6, 7년쯤 보냈을 때, 왜 많은 정신분석학자나 심리학자들이 자기 학문의 끝에서 종교 쪽으로 관심을 돌리는지 짐작할 수 있었다. 그것은 '영적 건강'의 문제와 닿아 있었다. 누구도 명확히 언급하지 않은 영적 건강을 구체적으로 인식하는 과정, 동서양 종교에 담긴 지혜의 도움을 받아 그것을 해결해 간 방법을 담고 있다.

감사해야 할 사람이 참 많다. 그동안 나온 심리 에세이들을 베스트셀러로 만들어 준 독자들께 먼저 감사드린다. 심리 에세이를 쓰게 되는 계기, 착상, 용기는 매번 독자들과의 소통 과정에서 나왔다. 독서 모임을 함께 해 온 후배 여성들에게도 특별히 감사의 마음을 전한다. 그들과의 경험은 훈습 과정의 중요한 요소일 뿐 아니라 삶의 패러다임을 변화시키는 전환점이 되었다.

　훈습 기간 동안 예전과 다르게 변해 가는 나를 침묵으로 지켜봐 준 지인들께도 감사드린다. 그들의 행동과 반응은 다시 한 번 나를 보는 계기가 되었고, 이 책 곳곳에 등장하여 내용을 풍성하게 꾸며 주었다. 가명, 변형, 생략 등으로 개인의 프라이버시를 지키기 위해 노력했지만 그럼에도 혹시 마음 불편한 이가 있다면 미리 머리 숙여 사과의 뜻을 전한다.

2012년 1월

김형경

Contents

Chapter 1
하던 일 하지 않기

생은 다른 곳에   19
… 변화와 훈습

저 마음이 내 마음이다   28
… 투사, 외재화하지 않기

경직성은 시체의 특성이다   38
… 방어, 통제하지 않기

사랑은 자랑하지 아니하고   47
… 시기심, 양가성 통합하기

모피 코트와 함께 한 6년   57
… 자동 강박 반복 추구하지 않기

애착하고 미워하는 마음 없는 곳   66
… 분리되고 경계 지키기

마음속 권위자를 떠나보내며   75
… 인정 지지 구하지 않기

Chapter 2
하지 않던 일 하기

내 마음의 연금술사   89
··· 분화의 시간과 공간

사랑의 비렁뱅이를 떠나보내며   98
··· 자율성과 자기 사용

지혜로운 사람은 어리석은 사람과 같다   108
··· 모름과 혼돈에 머물기

참는 사람이 장사다   118
··· 무력한 채 머물기

존중하거나 배우거나   127
··· 관계 맺기의 새로운 틀

인생은 '어떤 것'이 되는 기회   137
··· 천진과 단순 보호하기

아무것도 원하지 않는 자리   147
··· 자기 자신으로 존재하기

Chapter 3
경험 나누기

안아 주거나 담아 주기 …중간 공간과 촉진 환경	161
경험을 나눈다는 것 …낡은 생존법 버리기	171
마음은 다만 거울일 뿐 …역전이와 역할 반응	183
물러서거나 넘어서거나 …저항 앞에 멈추어 설 때	194
생각은 생각하는 사람 없이 존재한다 …투사적 동일시, 감정의 전염	203
88만원 세대를 위하여 …부모 문제를 떠안은 세대	214
강호동에게 배우기 …자기실현의 역할 모델	224

Chapter 4
정신분석을 넘어서

내 힘으로는 어쩔 수 없습니다   239
…중독 치료 첫 단계

끝낼 수 있는 분석, 끝낼 수 없는 분석   251
…채식과 영적 건강

내가 바뀌면 세상이 변한다   263
…정신분석과 인격 변화

보시는 지혜다, 회향은 장양이다   275
…정신분석과 실존 문제

영원히 하늘마음에 닿기   287
…성과 속 통합하기

말할 수 없는 것에 대해서는 침묵해야 한다   299
…삶과 죽음 통합하기

하던 일 하지 않기

Chapter 1

훈습 첫 단계는 유아기에 만들어 가진
미숙하고 낡은 생존법을 버리는 과정이었다.
부정적이고 부족한 내면을 끌어안고, 의존 침해하는 관계를 정비하고,
'충탐해판'의 언어를 떠나보냈다.

생은 다른 곳에
변화와 ●훈습

　이집트 최남단 유적지 아부심벨은 내가 다닌 여행지 중 가장 먼 곳이었다. 시간적으로는 3천 3백 년 전이고, 공간적으로는 아스완에서 세 시간 사막을 건너야 하는 곳이고, 심리적으로는 의식이나 감각에서 자주 실족 현상을 느낀 곳이었다.

　아스완에서 아부심벨로 가는 투어 버스는 한밤중에 출발했다. 새벽 3시, 잠에 취한 채 호텔 로비에 대기하자 여행사 버스가 도착해 다섯 명의 손님을 태웠고, 그 후로도 일곱 군데쯤 되는 호텔을 돌며 30명에 가까운 관광객을 픽업했다. 한 장소에 도착해 크고 작은 투어 버스들과 함께 경찰 관리에게 신고 절차를 밟았다. 사막으로 나가는 일에도 바다나 하늘을 통과하는 일과 비슷한 위험이 있는 건가 생각하는 동안에도 의식은 반쯤 잠에 취해 있었다.

버스들이 동시에, 줄지어 출발한 시간은 4시 30분이었다. 버스가 암흑처럼 캄캄하고 낯선 공간으로 들어서자 의식조차 어둡고 까마득한 공간으로 미끄러져 들어가는 것 같았다. 버스가 아부심벨에 도착한 시간은 아침 7시 30분이었다. 여전히 의식이 10퍼센트쯤은 잠들어 있는 상태에서 본 람세스 2세의 대신전, 소신전은 현실감이 없을 뿐 아니라 감각이나 의식에 혼란을 일으켰다.

그토록 거대한 규모도 믿을 수 없었지만 3천 3백 년이라는 시간도 아득했다. 무엇보다 대신전 입구에 세워진 네 개의 람세스 2세 조상이 의식을 삐끗하게 만들었다. 입구뿐 아니라 신전 내부 대열 주실 양편에 도열해 있는 여덟 개의 입상도 람세스 2세이고, 왕비 네페르타리를 위해 건립했다는 소신전 입구 조상도 두 개만 왕비의 모습이고, 네 개는 람세스 왕의 형상이었다. 람세스 2세의 모습은 이미 카이로 고고학 박물관에서, 룩소르 신전들에서 많이 보아서 낯이 익을 정도였다. 그렇게 하면 권력과 생명을 영원히 소유할 수 있다고 진정으로 믿었던 걸까? 그런 생각 끝에 의식이 실족하는 느낌이 왔다.

투어 버스들은 9시 30분에 모든 관광객을 끌어모은 다음 일제히 아스완을 향해 출발했다. 돌아오는 길에야 비로소 의식이 잠에서 깨어나는 것 같았다. 창밖 사막 풍경이 눈에 들어오고, 사막의 다양한 표정이 보였다. 거대한 암벽이 쌓인 곳, 울퉁불퉁한 돌덩어리가 널린 곳, 고운 모래가 깔린 곳 등이 있었다. 고운 모래가 깔린 곳에서는 말로만 듣던 신기루가 보이기도 했다. 멀리서는 틀림없이 푸른 물이 고인 호수처럼 보였는데, 높은 구릉이 물에 비친 그림자까지 보였는데 가까이 다가가면 모래뿐이었다. 그럴 때면 잠 깬 의식이 다시 한 번 신기루 속으로 빠져드는 듯했다.

이집트 여행 중 의식이 자주 실족하는 느낌을 만난 것은 우선 4천 년쯤 되었다는 유적들의 평균 시간 때문인 듯하다. 또한 그들이 꿈꾼 영생의 욕망과 그 덧없음 때문이었던 것도 같다. 람세스 2세의 무수한 조상뿐 아니라 거대한 건축물들, 1백 명이 넘는 자식들은 그가 권력과 생명의 영원함을 꿈꾸었다는 증거들이었다. 하지만 유적들이 가장 선명하게 보여 주는 것은 모든 것이 변화하고, 쇠락하고, 소멸한다는 자명한 사실이었다. 박물관에 전시된 미라를 보고 있으면 영생의 욕망과 소멸의 자연 이치가 한곳에 환하게 펼쳐져 있는 것 같았다.

아스완의 누비아 박물관은 한 부족의 변화상을 한눈에 볼 수 있도록 꾸며져 있었다. 그 지역 원주민인 누비아 족의 선사시대의 수렵 문화, 이집트 왕국의 지배를 받던 시기의 문화, 기독교 문화가 전래된 후의 생활상, 이슬람 문명의 지배를 받던 시기의 삶 등을 분류하여 전시해 놓고 있었다. 그곳뿐 아니라 모든 박물관은 사실 삶의 본질이 변화라는 사실을 보여 주는 공간임에 틀림없었다.

박물관들을 보고 있으면 내가 예전부터 꿈꿔 온 것의 본질이 환하게 이해되었다. 생에도 십진법이 적용되는가 싶게 나는 10년 단위로 생을 뒤집어엎었다. "생은 다른 곳에" 하고 중얼거리며 다른 삶을 꿈꾸곤 했다. 첫 직장에 사표 낼 때는 내게 맞는 옷을 찾고 있는 듯했다. 두 번째 직장을 떠날 때는 생에 대한 환상이 있는가 싶었다. 정신분석을 받은 직후에는 다르게 살고 싶다는 욕구가 일종의 '반복' 행위가 아니었을까 싶었다. 가정이 해체되었던 십 대의 경험을 반복함으로써 불안을 견디려 했던 건가 싶었다.

하지만 "생은 다른 곳에"라고 중얼거리며 이전 삶을 떠날 때 내가 원했던 것은 변화였다. 생물학에서는 강하거나 똑똑한 유전자가 살아남은 게 아니라 변화하는 유전자가 살아남는다고 한다. 그러고 보면 나의 변화 욕구는 유전자에 새겨져 있는 동물적 본능이었을지도 모른다. 동양 고전인 《주역》은 우주 만물의 변화 기미를 읽어 그에 대응하는 삶의 지혜를 일러둔 책이다. 역(易)은 변화한다는 의미이며, 영어권에서 주역은 '변화의 책(Book of Change)'으로 번역된다. 변화를 꾀할 때마다 눈에 보이지 않는 변화의 기미를 감지하고 있었는지도 모른다.

하지만 아무리 변화를 꿈꾸고 삶의 외형을 변화시켜도 내가 원하는 지점에 도달하지 못하는 것 같았다. 심지어 '다르게 살고 싶다'는 욕구의 핵심에 무엇이 있는지도 명료하게 인식하지 못하는 듯했다. 그러면서도 정신분석을 받을 때까지 몇 차례 생을 뒤집어엎곤 했다.

한 선배가 있었다. 삼십 대 후반, 무기력과 우울 속에서 이런저런 해결책을 모색하고 있을 때 내게 기 수련을 권한 이였다. 그녀는 평소에 각종 심신 수련 프로그램을 섭렵하면서 자기 경험을 상세히 들려주었고, 나는 그 이야기들을 흘려들었다. 그녀가 자기와 함께 기 수련을 해 보면 어떻겠느냐고 권했을 때도 분명하게 거절 의사를 표했다. 그러자 그녀는 오랜만에 자기와 차나 한잔 마시자면서 약속 시간과 장소를 일러 주었다.
　약속 장소에서 만났을 때 선배는 찻집 위층이 자기가 다니는 기 수련장이라고 했다. 이왕 여기까지 왔으니 자기가 수련하는 동안 잠깐 구석 자리에 앉아 구경이라도 해 보라고 권했다. 그녀의 방식이 조금 언짢았지만 구경하는 거야 어떨까 싶어 수련장으로 들어섰다. 수련 공간 뒤쪽에 자리 잡고 앉아 있는데 10분도 지나지 않아 오래도록 불편을 느껴 왔던 어깨 통증이 사라진 것을 알게 되었다.
　아마 그 순간 유혹에 넘어갔을 것이다. 선배가 권하는 대로 원장이라는 이로부터 기 치료라는 것을 받았고, 그 후 몇 차례 도장을 방문해 기 수련 동작을 따라 했다. 그런 다음 이해할 수 없는 경로를 거쳐 일상이 헝클어지고 마음이 혼란스러워지는 더 큰 어려움에 처하게 되었다. 병원 치료와 정신분석을 병행하며 적극적으로 문제를 해결해 나가는 동안 선배를 원망하는 마음이 없지 않았다. 싫다고 하는 사람을 억지로 끌고 가서 일을 어렵게 만들었다고 생각했다.

　정신분석이 어느 정도 진행되어 무의식에 있는 의존성을 알아차렸을 때, 놀랄 만한 통찰이 따라왔다. 그것이 모두 내 의존성이었구나 싶었다. 꺼림칙하게 여기면서도 수련장에 따라간 행위, 어깨 통증이 사라졌다는 사실만으로 마음을 빼앗긴 이유, 원장이라는 이가 지시하는 대로 따랐던 행동 등이 모두 의존성이었다. 상대방이 시키는 대로 하면 그들이 좋은 것을 주겠거니 하는 마음이었다. 행동의 여러 측면에서 의존성을 알아차리던 그 순간, 거짓말처럼 선배를 원망하는 마음이 사라졌다.

　의존성을 넘어서고 시기심을 알아차리던 무렵, 오히려 그 선배가 내게 중요한 도움을 주었다는 사실을 알게 되었다. 당시 나는 삶의 중요한 변환기에 있었다. 청년기 내내 혹사한 몸과 마음을 돌보면서 중년으로 넘어서기 위한 준비를 해야 했다. 하지만 그 사실을 알아차리지 못한 채 무기력과 혼돈 속에서 반년가량 지지부진한 시간을 보내고 있었다. 선배의 개입 덕분에 문제가 표면화되었고, 그것을 해결하는 과정이 곧 중년으로 넘어서는 변환 작업이 되었다. 그 사실을 알아차리자 자연스럽게 감사하는 마음이 들었다. 그때는 무의식 속 시기심을 인식하던 때여서, 시기심이 걷히자 비로소 그녀가 사용한 편법이 간곡한 이타심이었다는 사실을 볼 수 있었다.

　다시 얼마간 시간이 흘러 훈습 작업이 영적 건강 측면으로 건너

가던 무렵, 또 한 번 새로운 사실을 알아차리게 되었다. 모든 일이 내가 지어서 내가 받은 것이었다. 선배가 내게 기 치료를 권하기 얼마 전, 내 쪽에서 먼저 그녀에게 필요할 것으로 보이는 작은 것을 건넨 일이 있었다. 그녀가 나를 억지로 수련장에 데려갔던 이유도 보답하고자 하는 마음 때문이었을 것이다. 그 관계의 내밀한 동력이 짐작된 것을 시작으로 생의 모든 곳에 숨어 있는 인과적 요소들이 세밀하게 보이던 시기에는 절로 등줄기가 서늘해졌다.

"내가 건넨 한 잔의 물도 나에게 돌아온다."는 성경 말씀이나, "내가 지어서 내가 받는다."는 불경 구절이 단순한 비유법이 아님을 제대로 이해한 듯했다. 심지어 직관적으로 해법을 알아차리고 내 쪽에서 먼저 한 잔의 물을 건넸던 게 아닌가 싶었다. 거기까지 생각이 미치자 모든 종교가 인간에게 사랑을 권유하는 깊은 내막에 닿을 듯했다.

정신분석적 통찰은 한 사람에 대해 느끼는 감정을 원망, 감사, 경이, 존중 등의 단계로 변화시켰다. 통찰은 심리 내면에서 일어나는 자잘한 화산 폭발 같았다. 내면에 자리 잡고 있던 왜곡된 인식, 미숙한 관념, 낡은 생존법을 알아차릴 때마다 놀라곤 했다. 삼십 대 후반이 되도록 유아기에 만들어 가진 성격 구조, 대상관계 방식을 고스란히 사용하고 있다는 사실이 가장 놀라웠다.

대표적인 사례는 첫 트라우마에 대한 인식이었다. 엄마가 18개월 된 아기였던 나를 외가로 보내 외할머니 손에 맡겨 키웠던 일에 대해, 그 경험을 "엄마가 나를 버렸다."는 언어로 인식하고 있었다. 그 문장은 18개월짜리 '내면 아이'의 인지 왜곡이었다. 심지어 그 언어에는 아기가 자기 분노를 엄마에게 떠넘겨 엄마를 가해자로 만드는 심리 작용이 들어 있었다. 유아기에 만들어진 심리가 점검되지도, 수정되지도 않은 채 무의식 속에 고스란히 얼어붙어 있었다는 사실은 내면을 꺼내 볼수록 놀랍기만 했다.

통찰 다음에는 훈습 과정이 이어졌다. 그 모든 미숙함뿐 아니라 과거의 경험들이 불가피한 일이었으며, 자신의 일부임을 받아들이는 일이 이어졌다. 훈습의 첫 단계는 한마디로 내가 세상에서 가장 결핍과 결함과 결점이 많은 사람이라는 사실을 받아들이는 것이었다.

프로이트는 《끝낼 수 있는 분석, 끝낼 수 없는 분석》에서 훈습 과정을 이렇게 정의한다.

"훈습은 우리가 외면해 온 것을 되찾는 작업이며, 부정했던 것을 수용하여 온전하게 하는 과정이다. 그것은 또한 과거에 묻힐 뻔했던 것을 현재가 되게 하여 우리 자신의 것으로 경험될 수 있도록 하는 과정이다."

마크 엡스타인은 《붓다의 심리학》에서 훈습을 다음과 같이 정의한다.

"훈습한다는 것은 한 사람의 관점이 바뀌는 것을 의미한다. 관점이 아닌 정서를 변화시키려 노력한다면 단기간의 성취는 얻을 수 있을 것이다. 하지만 그 정서에 집착하거나 혹은 회피하려 함으로써 자유로워지고자 노력하는 바로 그 감정에 매인 채로 남아 있을 수밖에 없다."

　나의 경험에 비추어 보면, 프로이트가 정의한 작업이 먼저 이행되고 나면 엡스타인이 정의한 상태가 뒤따라오는 것 같았다. 무의식 깊이 밀어 넣은 후 억압, 회피해 온 정서의 부정적인 측면들을 의식 속으로 되찾아 오면 저절로 관점의 변화가 일어났다. 먼저 자신을 바라보는 시각이 변하고, 다음으로 타인을 보는 관점에 변화가 왔다. 이어서 세상을 보는 틀이 바뀌고, 그 다음에야 새로운 정체성이 만들어졌다.

　훈습 과정을 거치면서야 '다르게 살고 싶다'고 꿈꿀 때마다 진심으로 원했던 것이 무엇인지 알아차릴 수 있었다. 그것은 자기실현 욕구였다. 낡은 방식이 몸에 맞지 않을 때, 오래된 습관이 변화한 역할에 적합하지 않을 때마다 다르게 살고 싶어 했다. 생에 유연하고 효율적으로 대처하고 싶은 욕구, 자유롭고 충만하게 살고 싶은 욕구, 파편화시켜 둔 내면을 통합하여 진정한 나 자신이 되고자 하는 욕구였다. 변화란 삶의 외형이나 행동 방식을 바꿔서 얻을 수 있는 게 아니었다. 인식, 관점, 사고의 틀이 바뀌는 지점에서 성취되는 것임을 훈습 과정에서 체험으로 이해할 수 있었다.

저 마음이 내 마음이다
투사, 외재화 ● 하지않기

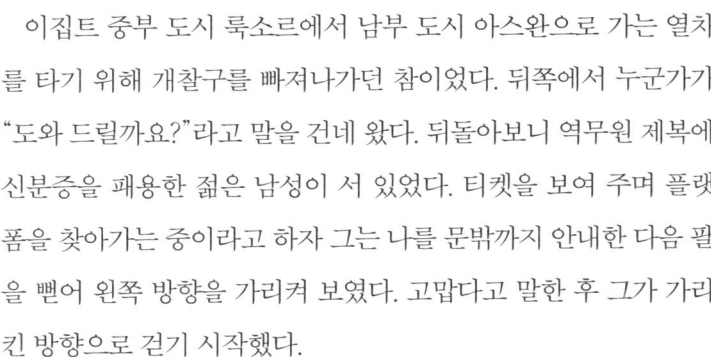

이집트 중부 도시 룩소르에서 남부 도시 아스완으로 가는 열차를 타기 위해 개찰구를 빠져나가던 참이었다. 뒤쪽에서 누군가가 "도와 드릴까요?"라고 말을 건네 왔다. 뒤돌아보니 역무원 제복에 신분증을 패용한 젊은 남성이 서 있었다. 티켓을 보여 주며 플랫폼을 찾아가는 중이라고 하자 그는 나를 문밖까지 안내한 다음 팔을 뻗어 왼쪽 방향을 가리켜 보였다. 고맙다고 말한 후 그가 가리킨 방향으로 걷기 시작했다.

그러나 사람들이 붐비는 지점을 벗어나자 이상한 느낌이 들었다. 플랫폼은 대체로 철로를 가로질러 가도록 되어 있는데 그가 가리킨 길은 철로와 평행으로 진행되고 있었다. 그렇다면 이 길 끝 어딘가에 철로를 가로지르는 통로가 있는 걸까, 의심하는 마음이 있었지만 일단 그 길 끝까지 가 보았다. 하지만 그곳에도 플랫폼으로 건너가는 육교나 지하도가 없었다. 땡볕에 서서 철로를 가리키며 무언가를 의논하는 두 사람에게 다시 물었더니 그들은 내가 지나온 방향을 가리켰다. 알고 보니 역무원이 내 걸음을 왼쪽 방향으로 틀게 한 바로 그곳에 플랫폼으로 건너가는 지하 통로가 있었다.

되돌아서 걸으면서야 역무원이 고의로, 재미 삼아 나를 골탕 먹였다는 사실을 받아들여야 했다. 동시에 그동안 이집트에서 경험한 모든 일들도 동일한 범주의 사례임을 인정해야 했다. 카이로에 머무는 닷새 동안 이미 비슷한 경험이 몇 차례 있었다. 그랜드 바자르로 가기 위해 택시를 탔을 때, 택시 기사는 한 사원 앞에 차를 세우고 사원 옆 골목길을 가리키며 말했다.

"이쪽이 그랜드 바자르다. 쭉 들어가면 된다."

그의 말을 따라 골목으로 들어섰으나 몇 걸음 걷지 않아 무언가 잘못되었다는 생각이 들었다. 그곳은 더럽고 어둡고 위험해 보였다. 몇 걸음 걷다가 오른쪽으로 꺾고, 다시 오른쪽으로 꺾어서 재빨리 큰길 쪽으로 되돌아 나왔다. 숨을 고르며, '대체 무슨 일이지?' 생각하며 고개를 드니 길 건너편 건물에 커다랗게 쓰인 그랜드 바자르 간판이 보였다. 그때는 택시 기사가 목적지 건너편에 내려 준 일이 미안해서 거짓말을 했을 거라 생각했다.

그랜드 바자르에서 도심으로 돌아오는 택시에서도 비슷한 경험을 했다. 택시 기사는 나를 광장 모퉁이에 내려 주면서 광장 건너편에 내 목적지가 있다고 손을 뻗어 가리켰다. 나는 한국 식당이 입점해 있다는 호텔을 찾고 있었는데 광장을 가로질러 도착한 곳은 어느 나라 영사관이었다. '어떻게 된 일이지?' 생각하며 다시 광장을 가로질러 오니 택시 기사가 내려 준 바로 그 도로변에 내가 찾던 호텔이 있었다. 그때는 택시 기사가 무슨 착각을 한 건가 싶었다.

하지만 룩소르 역의 역무원을 만난 후 그들의 행동이 의도적인 것이었음을 받아들이는 수밖에 없었다. 그들은 외국인 여성 여행객을 골려 먹는 일을 재미 삼아 하고 있는 게 틀림없었다. 그 사실을 수용하자니 슬그머니 열이 올랐다. 플랫폼을 향해 되돌아 걸으며, 열 오르는 마음을 들여다보며, '이렇게 열이 오르는 내 마음은 무엇이지?' 생각했다.

그것은 내가 겪는 불편함 때문이기도 하고, 놀림을 받았다는 사실에 대한 자기애적 분노인 듯도 했다. 누군가가 내게 제멋대로 힘을 행사하고 있다는 사실에 대해서도 화가 나는 듯했다. 여성 여행객은 그 나라 여성의 지위와 비슷한 대접을 받으니, 이런 경험은 이 나라 여성들의 일상과 비슷한 것인지도 모를 일이었다. 그런 생각을 하며 걷다가 마침 눈앞에 보이는 화장실로 들어갔다. 찬물로 손을 씻으며 거울 속 얼굴을 가만히 바라보고 있자니 다음

생각이 이어졌다. '그들은 왜 그랬을까?'

그들이 경험하는 결핍과 불편에 비해 상대적으로 자유롭고 여유 있어 보이는 여행객이 보기 싫었을 수도 있었다. 아니면 그들이 여성을 대하는 일상적인 습관의 연장일 수도 있었다. 성숙하게 처리하지 못한 분노의 감정을 소극적으로라도 투사할 안전한 대상이 필요했을지도 몰랐다. 나중에 이집트 민주화 운동을 보면서, 긴 독재와 높은 실업률을 접하면서야 그들의 행동을 조금 더 이해할 수 있었다.

천천히 손을 씻으며 그들이 내게 건넨 부정적 행동 방식에 자극받아 나의 내면에서 올라온 부정적 감정들을 씻어 냈다. 그들의 방식에 반응하여 헛되이 나의 감정을 소모할 필요는 없었다. 그들의 행동은 그들의 것이고, 나의 감정은 나의 것이었다. 나는 그저 자신을 잘 보고, 감정을 잘 관리하기만 하면 되었다. 그러자 모든 것이 괜찮아졌다.

훈습 시기에는 생각하는 방식을 완전히 바꾸었다. 예전에는 어떤 사람의 이기적인 모습을 보면 '저 사람은 이기적이야.'라고 판단한 후 문제를 쉽게 그의 이기심 탓으로 돌렸다. 하지만 정신분석을 받은 후에는 다르게 생각했다. '저 사람이 이기적이라고 판단하면서 불편해하는 내 마음은 무엇일까?' 그것은 문제를 나의 것으로 끌어안고 해결책도 내면에서 찾는 첫 단계였다.

'이 상황이 불편하다고 느끼는 내 마음은 무엇이지?'

'저 사람의 공격성이 불편한 내 마음은 무엇이지?'

그런 식으로 관점을 바꾸자 상대에게서 보이는 모든 감정이나 성향이 나의 내면에서 발견되었다. 상대의 잘못에 대해 격한 감정이 올라올 때도 그것은 '나의 분노'였고, 정당하게 비판한다고 느꼈던 목소리 안에도 '나의 시기심'이 있었다. 갈등 상황에서 어떻게 반응하는지, 사람을 만나서 무슨 말을 하는지를 자각할 때마다 그곳에 환하게 나의 내면이 드러나곤 했다. 그것을 알아차리는 순간 그 행위를 멈추고, 그 다음에 밀려오는 부끄러움을 가만히 느껴 보곤 했다.

그즈음에야 비로소 '자기를 본다'는 의미를 제대로 이해할 수 있었다. 타인과의 관계에서 일어나는 감정적 반응, 특정 상황에 대응하는 나의 행동들을 보는 것이 진짜 자신을 보는 일이었다. 그 언행의 배경에 있는 무의식을 알아차리는 것이 진짜 자기를 보는 일이었다. 그것은 외부로 투사한 감정을 끌어안는 첫 단계이기도 했다.

"상대방에게서 느껴지는 불편은 나의 모습이다."라는 전제 하에 훈습 기간을 보낼 때 자주 되뇐 구절이 있었다. '분열의 강, 해리의 장벽'이었다. 분열시킨 정서나 감정은 마치 강 건너 풍경을 보듯 한눈에 보였고 금세 내 것으로 인정되었다. 분노 같은 것이 그랬다. 하지만 전혀 내게 없는 듯한데 상대방에게서 보이면 불편해지는 감정도 있었다. 룩소르 역무원의 행동처럼 상대방에게 힘을 행사하고 통제함으로써 가학적 쾌감을 느끼는 행동 같은 경우가 그랬다. 그런 감정이라도 불편함이 느껴지면 일단 내 안에 있는 것으로 간주했다. 그런 것일수록 의식에서 더 멀리 떨어뜨려 장벽 너머로 던져 버렸기 때문에 보이지 않을 뿐이라 생각했다. 그렇게 하자 어떠한 경우에도 저절로 남의 탓을 하지 않게 되었다. 대신 기적 같은 한 마디가 속에서 올라왔다. "나도 그런데 뭐……." 혹은 다른 문장도 있었다. "내가 더 심하지……."

무의식적으로 행동할 때도 그 배경에 있는 감정을 알아차리려 노력했다. '깜빡 잊고' 중요한 약속을 잊거나, '어쩌다 보니' 행사에 늦게 참석하게 되거나, '나도 모르게' 같은 실수를 반복하거나, '이유 없이' 어떤 장면만 보면 슬퍼지거나, '그럴 생각이 아니었는데' 가까운 사람에게 상처를 주거나, '본의 아니게' 마음과는 다른 말을 하거나. 그런 일이 있을 때마다 따옴표 안에 든 문장 밑바닥에 있는 진짜 마음을 더 깊이 탐색해 보곤 했다. 그러면 그곳에는 표현하지 못한 시기심이나 불안감, 외면해 둔 애도의 장면이 있었다. 그것들을 알아차리고 인정하고 내 몫으로 끌어안는 과정을 되풀이했다.

훈습의 시기에 내게는 자기 분석 노트가 있었다. 나의 언행에서 알아차린 무의식 속 감정 요소들을 메모해 두는 노트였다. 메모를 시작하자 내가 얼마나 습관적으로 감정을 외부로 투사해 왔는지 언어 습관에서부터 환하게 보였다.

"내가 화났다."거나 "내가 불안하다."고 말하지 않고 "내면에서 분노가 솟구쳤다."거나 "불안감이 밀려왔다."라고 표현하고 있었다. 그 감정이 내 것이라는 사실조차 인정하지 못했던 셈이었다.

그런 언어 습관은 우리나라가 일본의 식민지였다고 말하는 대신 일본이 우리나라를 강제로 점령했다(일제 강점기)고 말하는 데까지 확산되어 있는 듯 보였다.

투사하지 않을수록 내면 거울이 평평해지는 것 같았고, 내면이 평평해질수록 상대를 있는 그대로 보고 받아들일 수 있었다. 내 마음의 거울이 울퉁불퉁해서 상대방을 비틀리고 일그러진 모습으로 보았다는 사실을 알게 되었다.

대학원에서 '심신 통합 요가 치료'를 공부하는 학생들이 인도로 가는 '요가 여행' 프로그램을 짰다는 얘기를 지인에게 들었을 때, 나는 무조건 끼워 달라고 부탁했다. 그들의 방문 예정지인 요가 학교, 요가 수행자들의 공동체, 명상 센터 등은 혼자 여행할 때 쉽게 접근할 수 없는 곳이었다. 특히 요가 학교에서 5일짜리 커리큘럼을 짜서 요가 수업을 받는다는 내용도 궁금했다. 요가에 대해서도, 인도에 대해서도 아는 바가 없었기 때문에 겁 없이 따라나섰을 것이다.

오리엔테이션을 위한 사전 미팅 때 지도 교수는 인도라는 나라의 특성과 여행의 예민한 측면에 대해 언급하면서 여행할 때면 깊은 무의식이 올라오기 쉽다고 설명했다. 그것은 주변 사람에게 투사되게 마련이므로, 누군가가 불편해지면 이렇게 생각하라고 일러 주었다. "저 마음이 내 마음이다." 그 문장은 "나도 그런데 뭐……"라는 문장보다 멋져 보였다. 말끝에 지도 교수는 '상칼파(sangkalpa)'를 하나씩 지니라고 했다.

"출발 전에 상칼파를 만들어서 여행 중 어려움이 생길 때마다 상칼파를 생각하고 그것에 기대면서, 여행 기간에 그것이 증폭되게 하라."

무슨 조직 이름 같은 그 상칼파라는 용어가 화두와 같은 개념인지 발원에 가까운 뜻인지 물어보았다. 지도 교수는 '원을 세운다'는 쪽에 가깝다고 설명하면서 상칼파는 입 밖에 내지 않고 조심스럽게 내면에 간직하는 것이라고 덧붙였다.

내가 만든 상칼파는 '적응하거나 해결하거나'였다. 세목으로는 '한 마디도 불평하지 않을 것, 조금도 튀는 행동 하지 않을 것, 모든 이들로부터 배울 것'이었다. 남의 여행에 끼어 가는 객식구이기 때문에 민폐를 끼치거나 분위기를 흐리지 않도록 조심했다. 투사나 외재화하지 않는 훈습의 세목들을 잘 치러 내고 싶기도 했다.

막상 인도 땅에 내리자 상칼파가 아니더라도 현지 상황에 적응하거나 문제를 해결하는 일의 연속이었다. 닷새 머물기로 한 요가 학교에 도착했을 때도 마찬가지였다. 방을 배정받아 2인 1실의 기숙사 안으로 들어섰을 때 실내 가득 정화조 냄새가 고여 있었다. 그곳은 인도의 다른 환경에 비해 기숙사 시설이 훌륭한 편이었지만, 우리의 청결 기준으로 보면 부족한 수준이었다. 기숙사를 청소하는 도우미가 있는 듯했지만 청결의 기준이 달랐고, 나중에 안 사실인데 수세식 화장실을 만들면서 오수 처리 시설을 제대로 하지 않아 그렇다고 했다.

 우선 침대에 걸터앉아 잠시 쉰 후, 냄새 나는 화장실에 대해 불평하는 대신 팔을 걷어붙이고 화장실로 들어갔다. 하루나 이틀 머물고 떠날 곳이라면 그렇게까지 하지 않았을지도 모른다. 하지만 닷새씩이나 그 냄새를 맡으면서 잠들 자신이 없었다. 30분을 투자해서 닷새가 편안하다면 당연히 그렇게 하는 게 낫다고 판단했다. 화장실 청소를 하는 동안 내가 속으로 반복한 생각은 하나였다. '적응하거나 해결하거나'.

 청소 후 현지에서 산 향을 피워 냄새도 가시게 한 후, 화장실 청소 행위를 바라보는 동행자들의 시선을 모두 수용했다.

 훈습 기간을 보내면서 좋았던 점 중 하나는 외재화하는 문제 해결 방식을 없애 간 것이었다. 외재화는 사물을 옳고 그름으로 판단하는 이분법의 논리와, 그중에서도 '내가 옳다'고 믿는 나르시시즘 위에 형성된 감정인 듯했다. 어떤 문제도 스스로 해결할 힘이 없었던 유아기 생존법의 잔재이기도 했다. 걸음마 하던 아기가 넘어지면 방바닥을 손바닥으로 때리며 "떼찌!"하는 태도와 다르지 않았다. 그 방식의 나쁜 점은 문제의 원인과 해법을 외부에 둘수록 상대에게 힘을 주고 자신은 무력한 상태로 머물게 된다는 것이었다.

 내가 힘 있는 성인이고, 생의 모든 문제에 대해 해결하거나 적응하면 된다고 믿는 순간부터 어떠한 상황에 대해서도 감정적으로 대응하지 않게 되었다. 낡은 방식에서 벗어나자 사람들이 어떻게 늘 문제를 외재화하면서 감정적으로 반응하는지 잘 보였다.

아파트 복도에 떨어진 김치 국물을 보면서 "누가 여기에 이런 것을 흘렸느냐?"고 오래 화내는 아주머니를 볼 때도 저걸 닦는 데 3초도 걸리지 않을 텐데 싶었다. 자동차 접촉 사고가 났을 때도 해결책을 찾기보다는 '목소리 큰 놈이 이긴다.'고 믿으며 무작정 상대를 비난하고 분노를 쏟아 내는 행위들도 잘 보였다. 헬스클럽 탈의실에 흩어진 수건을 보며 혼자 화내는 중년 여성도 있었다. 그녀는 "요즘 젊은이들은 정리할 줄 모른다."면서 머리 말리고 옷 입는 내내 짜증스러운 말투로 잔소리했다. 그녀가 나간 후 실내에 흩어진 수건들을 모아 세탁통에 넣었더니 10초도 걸리지 않았다.

"꿈에서 벗어나야 꿈이 보인다."는 말처럼, 투사나 외재화 방식을 벗어나고서야 그동안 자주 김치 국물이나 젖은 수건에게 화를 내면서 살아왔다는 사실을 알게 되었다. 훈습이 진행되면서 점차 남의 탓을 하지 않게 된 것은 참 좋았다. 만약 어떤 사람이 명백히 내게 물질적 손해를 입히고 신뢰 관계를 배신했더라도 그를 탓하거나 법에 고소하지 않을 것 같다. 상대방의 잘못은 그의 몫이고, 나의 해결책은 내 몫일 것이다. 그렇게, "내 탓이오, 내 탓이오, 내 큰 탓이로소이다."라는 가톨릭 기도문의 깊은 곳에 닿고 싶은지도 모르겠다. 불교적 관점에서 본다면 상대방이 악업을 지으면서까지 나의 업장을 녹여 주고 있는지도 모를 일이다.

경직성은 시체의 특성이다

방어, 통제하지 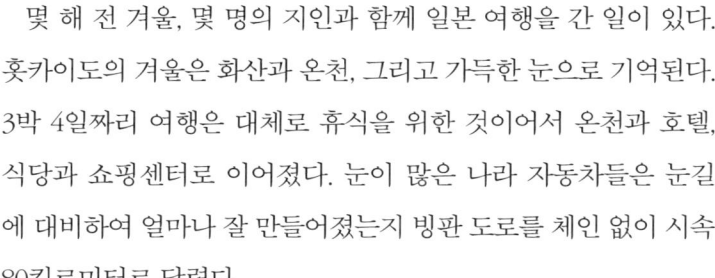 않기

    몇 해 전 겨울, 몇 명의 지인과 함께 일본 여행을 간 일이 있다. 홋카이도의 겨울은 화산과 온천, 그리고 가득한 눈으로 기억된다. 3박 4일짜리 여행은 대체로 휴식을 위한 것이어서 온천과 호텔, 식당과 쇼핑센터로 이어졌다. 눈이 많은 나라 자동차들은 눈길에 대비하여 얼마나 잘 만들어졌는지 빙판 도로를 체인 없이 시속 80킬로미터로 달렸다.

    그 여행이 휴식에 가까운 여행이어서 그랬을 것이다. 동행한 관광객들은 가족 단위로, 높은 연배의 어른이 많이 눈에 띄었다. 우리 팀을 이끄는 여행 안내자는 젊은 남성이었는데 그다지 경력이 있어 보이지는 않았다. 그는 관광버스 통로 앞쪽에 서서 가이드로서 무슨 말이든 해야 한다는 의무감을 느끼는 듯 끊임없이 이야기를 했다. 그의 말 가운데 여행지를 이해할 수 있는 정보는 이십 분의 일도 되지 않았다. 나머지는 진실의 기미조차 없는 한담과 농담으로 이어졌다. 누가 청한 것도 아닌데 첫사랑 이야기를 늘어놓고 신세 한탄을 덧붙였다.

그가 하는 말의 내용뿐 아니라 지속적인 말하기 자체가 이해되지 않았다. 여행 안내자들은 잠시라도 공백이 있어서는 안 된다고 교육받는지, 혹은 그가 침묵을 못 견디는 사람인지 궁금했다. 안내자로서의 의무감에서 아무 말이나 늘어놓는 것인지, 불안에 쫓겨 강박적으로 말을 쏟아 내고 있는지 알 수 없었다.

여행 이틀째, 나는 동행한 친구에게 그가 말하는 방식과 내용에 대한 나의 생각을 이야기했다. 여행지의 문화나 지형적 특성에 대해 안내하지는 않더라도 최소한 평균 기온이라도 말해 줘야 하지 않는가 싶었다. 그랬더니 친구가 이렇게 대답했다.

"아마 그런 얘기를 하면 손님들이 집어치우고 당신 첫사랑 얘기나 해 보라고 할 거야."

친구의 느긋한 말투를 접하는 순간 한 가지 통찰이 머리를 스쳐 갔다.

'내가 저 사람 말을 불편해하면서 저 사람을 판단하고 있었구나. 그렇다면 저 사람의 말투가 불편한 내 마음은 무엇이지?'

몇 가지 답이 나왔다. 그의 농담 따먹기가 듣기 싫었던 이유는 그가 자기 임무에 충실하지 않은 채 대충 사는 듯 보였기 때문이었다. 그것은 성실하게 살아온 나의 방식에 부담을 느끼고 있다는 뜻이었다. 내재하지만 발현되지 못한 한량 기질, 인생을 대충 뭉개며 슬렁슬렁 살고 싶은 마음이 자극받았을 것이다. 그의 삶이 어떤지 제대로 알지도 못하면서 내 멋대로 그를 판단하고 오직 내 것인 감정을 그에게 덮어씌웠던 셈이었다. 거기까지 생각이 전개되자 안내자의 언행에 대해 느꼈던 모든 감정이 사라졌다. 그가 어떤 말을 하든 처음부터 아무렇지 않아 보였던 친구의 옆모습을 다시 한 번 바라보았을 것이다.

몇 해 후 이전과 다른 구성원들과 함께 미국 여행을 가게 되었다. 뉴욕에서 동행한 현지 안내인은 뉴욕, 워싱턴, 나이아가라폭포 등을 안내하는 역할을 맡았는데, 그는 일본 안내인과 반대 스타일이었다. 버스로 이동하는 시간 내내 그는 미국에 대한 많은 정보들을 쏟아 냈다. 1달러짜리 지폐에 인쇄된 인물부터 한국인 학생의 총기 난사 사건 후일담까지, 뉴욕의 교통 시스템에서 아메리칸 드림을 이루는 법까지 그의 말에는 여백이나 농담이 없었다. 여행 사흘째 되는 날, 그의 과잉된 정보 제공에 대해 누군가 불평을 토로한 듯했다. 그의 안내 방식에 대해 일행에게 찬성, 반대를 묻는 시간이 있었다.

그제야 비로소, 내가 그의 안내 방식에 대해서는 불만을 가지지 않았다는 사실을 알아차렸다. 불만은커녕 그의 안내 방식이 훌륭하다고 판단하면서, 그가 말하는 정보들을 수첩에 빼곡히 적고 있었다. '그렇다면 저 가이드가 마음에 들었던 나의 내면에는 무엇이 있는 거지?' 그것은 두말 할 것도 없이 지식화 방어기제였다. 그 사실을 알아차린 이후 더 이상 수첩에 메모하지 않았고, 그의 말을 새소리나 바람소리처럼 흘려들었다.

사자성어처럼 보이는 '충탐해판'은 한 리더십 세미나에서 알게 된 용어이다. 충고, 탐색, 해석, 판단의 앞 글자를 모은 그 단어는 한데 묶어 놓고 보면 방어의 언어라는 사실이 더 잘 이해되었다. 충고는 자기 생에서 실천해야 하는 덕목들을 남에게 투사하는 것이고, 탐색은 상대에게 존재할지도 모르는 위험 요소를 경계하는 일이었다. 해석은 자기 생각과 가치관을 타인에게 덧씌우는 일이고, 판단은 제멋대로 남들을 평가하고 재단하는 행위였다. 우리는 누구도 그렇게 할 권리가 없지만, 일상적으로 늘 그렇게 생활한다는 사실을 알게 되었다. 그 모든 행위의 배경에는 그렇게 해야만 자신이 안전하다고 느끼는 불안감이 존재하고 있었.

훈습 기간 중 일상 속에서 충탐해판의 언어를 알아차리고 제거하는 일에도 오랜 시간이 소요되었다. 내가 하는 말을 가만히 들어 보면 온통 충탐해판 아닌 것이 없었다. 한때 우리 전통 학문을 공부한 적이 있는데, 명리학을 공부하던 처음부터 그것이 불안감 때문이라는 사실을 알고 있었다. 그 학문을 도구로 하여 인생을 해석하고 타인을 판단했다. 그 학문을 활용하여 타인의 사주를 풀어 줄 때는 그 지식을 권력으로 사용하였고, 타인에게 교묘하게 힘을 행사하는 느낌을 즐겼다. 그렇게 했다는 사실을 인식한 후 명리학과 관련된 모든 것을 끊었다.

명리학 공부의 방어기제적 측면을 알아차렸을 때 인간을 분류하기 위해 만들어 둔 다양한 틀들의 의미가 더 잘 이해되었다. 아리스토텔레스의 4체질설, 동양의학의 8체질설, 혈액형별 성격 분류법, 서양 점성술로 보는 성격 유형, 애니어그램의 아홉 가지 성격 유형, 마이어스 브릭스 성격 분류법 등 무수히 많은 인간 분류 방식이 처음부터 불안에 대한 대응법이 아니었을까 싶었다.

충탐해판을 금지하면서 방어기제를 해체해 나갈 때 한 가지 불편한 상황이 있었다. 그것은 어쩔 수 없이 신인들의 작품을 심사하는 일을 맡았을 때였다. 그동안은 작품의 장단점을 칼같이 판단하고 작가의 재능을 예리하게 평가하는 것을 잘하는 일이라 믿었다. 하지만 충탐해판을 배제하자 신인들을 심사하는 마음이 바뀌었다. 심사는 판단하거나 평가하는 일이 아니라 재능 있는 후배를 찾아내어 그를 지지하고 격려하는 일이었다. 관점이 바뀌자 심사에 임하는 태도가 달라져 작품의 완성도가 떨어지더라도 되도록 당선작을 내자고 주장하게 되었다. 그것이 또 다른 판단일지 모르겠지만…….

성경에는 "심판받고 싶지 않으면 심판하지 마라."는 구절이 있다. 불경에도 "분별심을 내지 마라."는 말이 있다. 분별심이란 세상이나 사람들을 이렇게 판단하고 저렇게 평가하는 마음이다. 예전부터 그런 말들이 있었는데 꼭 정신분석적 논리를 통해 그 뜻을 이해해야만 받아들이는 태도도 '해석'에 해당되는 방어 의식일 것이다.

　터키 이스탄불의 토프카프 궁전에 들어섰을 때 우선 눈에 들어온 것은 입구 왼편으로 길게 줄 서 있는 사람들이었다. 그들은 아직 문을 열지 않은 하렘에 들어가기 위해 기다리는 관광객들이었다. 하렘은 삼십 분 단위로 관광객을 입장시키기 때문에 기본적으로 줄을 서서 기다려야 하지만, 그보다는 사람들의 관심이 집중되는 곳이기 때문에 줄이 길어졌다. 관광객이 많은 시기에는 세 시간씩 줄을 서야 입장할 수 있고, 때로는 오후 두 시면 티켓 판매가 중단된다고 안내 책자에 씌어 있었다.

　하렘에 대한 그 모든 뜨거운 관심 속에는 사람들이 저마다 간직하고 있는 선입견이나 편견이 작용하고 있는 듯했다. 내게도 하렘이라는 단어를 접하면 떠오르는 이미지가 있었다. 아름답고 관능적인 여인들이 교태 어린 몸짓으로 어우러져 있고, 여인들 한가운데는 오직 한 명의 남성인 술탄이 물 담배와 향락에 취해 나른하게 기대어 앉은 장면이었다. 어디서 비롯된 이미지인지는 모르지만 하렘이라는 단어에서 환락과 나른함, 비밀과 암투의 향취를 맡는 듯했다. 오며 가며 접한 영화 장면들이나 '하렘 디자이어'라는 영어 노래 등에서 그런 이미지를 갖게 되었는지 모르겠지만 내면에 형성되어 있는 선입견들에 대해 별다른 의혹을 가져 본 적은 없었다.

　그러나 하렘에 입장하기 위해 기다리는 동안 내면의 선입견에 미세한 균열이 일기 시작했다. 하렘은 궁전 입구 왼쪽 구석, 그러니까 궁전 가장 바깥쪽에 자리 잡고 있어 궁전의 본래 공간으로부터 소외되어 보였다. 그곳이 하필이면 마구간과 이어져 있어 더욱 그렇게 느껴졌는지도 모르겠다. 막상 하렘으로 들어서자 의혹은 더욱 커졌다. 하렘 입구는 좁고 긴 통로 형태로 건축되어 있었는데 그곳에는 일정한 간격으로 두 개의 출입문이 설치되어 있었다. 입구로 들어가면 먼저 환관들이 거처하던 공간이 나타났다. 환관들은 하렘의 여성들을 경호하고 술탄의 여자를 사 오는 일을 했다고 한다.

　환관의 방을 지나서도 좁은 통로는 계속되었다. 통로를 따라 들어가면 중앙 정원을 끼고 있는 제법 넓은 공간이 보이는데 그곳은 술탄의 어머니가 거처하던 방이라고 한다. 그 다음으로는 술탄의 아내들이 사용하는 방이 이어지고, 좁게 분할된 공간을 따라가다 보면 술탄이 연회를 즐겼다는 연회장과 살롱도 보였다. 하지만 그 모든 공간이 미로처럼 닫힌 구조로 연결되어 있었고, 일단 하렘 안으로 들어서면 바깥으로 나가는 문이 없는 듯했다. 중앙 정원 같은 공간에서 하늘을 올려다볼 수는 있어도 바깥 풍경을 볼 수는 없었다. 그래서인지 하렘 내부에는 바깥 풍경을 그린 벽화 장식이 눈에 띄었다.

단 한 곳, '애첩의 테라스'라 불리는 외부로 트인 공간이 있었는데, 이름처럼 왕이 애첩과 함께 야외 풍경을 감상할 때 사용한 공간으로 보였다. 테라스 너머는 그대로 낭떠러지였고, 낭떠러지 아래는 넓은 숲이 펼쳐져 있었다.

하렘에 대한 선입견이나 편견 같은 것이 깨어지면서 알아차린 사실은 그곳이 여자들의 감옥이라는 것이었다. 궁전 부속 건물로 왕의 어머니, 아내들, 자녀와 손녀들이 거주하는 여성 전용 주거 공간일 뿐이었다. 하렘 시설은 여자들을 수용하고 관리하기 쉬운 형태로 건축되어 있었고, 환관들은 하렘 여자들의 경호뿐 아니라 감시 임무도 맡았을 것이다. 한눈에 짐작되는 가장 큰 특성은 그곳이 여성에게 자율과 자유를 허용하지 않는 미로 같은 폐쇄 공간이라는 점이었다.

'나라면 이런 곳에서 살 수 있을까?'

하렘을 떠나면서 마지막으로 한 생각은 그것이었고, 답은 당연히 '노'였다. 실체도 모르면서 어쩌자고 하렘에 대해 그토록 황당한 편견이나 선입견을 가지고 있었을까 싶었다.

훈습 기간 내내 충탐해판뿐 아니라 '대상에게 꼬리표 붙이기'라 명명되는 편견, 선입견 역시 불안으로부터 자기를 지키는 방법임을 확인하곤 했다. 한 가지 생각에 얽매어 다른 의견을 수용하지 못하는 고집스러운 태도 역시 마찬가지였다. 자신이 옳다고 믿는 나르시시스트의 신념, 자기 이데올로기를 죽도록 고집하는 확신범의 태도도 같은 이유에서였다. 오래전, "경직성은 시체의 특성이다."라는 문장을 읽은 일이 있는데, 그 의미가 비로소 제대로 보이는 듯했다. 고집 뒤에 늘 따라붙는 '불통'이라는 단어는 얼마나 절묘한지. 편견이나 신념에 사로잡히면 타인과 소통되지 않을 뿐 아니라 지혜의 통로가 막히기도 한다는 것을 제대로 알게 되었다.

그 지점에 이르자 석학들이 인간을 정의해 둔 무수한 명제 역시 불안의 언어가 아니었을까 싶었다. 어떤 이는 인간을 '생각하는 갈대'라 하고, 어떤 이는 '짐승에서 초인으로 가는 존재'라고 했다. 인간이 본디 선하다는 성선설, 본디 악하다는 성악설도 있고, 인간이 다른 동물과 달리 지성을 가진 존재라 하여 호모사피엔스라 명명하기도 한다. 인간이 계산적이고 공리적인 존재라 하여 호모에코노미쿠스라 하고, 도구를 사용하는 특성을 가지고 있으므로 호모파베르라 하고, 놀이하고 문화를 창조한다고 하여 호모루덴스라고도 한다.

하지만 가만히 생각해 보면 저런 정의들은 인간의 속성 한 가지씩을 잘 설명하고 있을 뿐이다. 최근 진화 심리학은 인간의 속성을 '이기적인 유전자', '이타적인 유전자', '배고픈 유전자' 등의 용어로 규정하고자 한다. 사실 인간은 그 모든 것일 것이다. 저 위에 정의된 명제의 모든 속성을 가지고 있으면서, 아직 그것으로도 설명되지 못한 영역을 보유한 존재가 인간이 아닐까 싶다.

사랑은 자랑하지 아니하고
시기심, 양가성 ● 통합하기

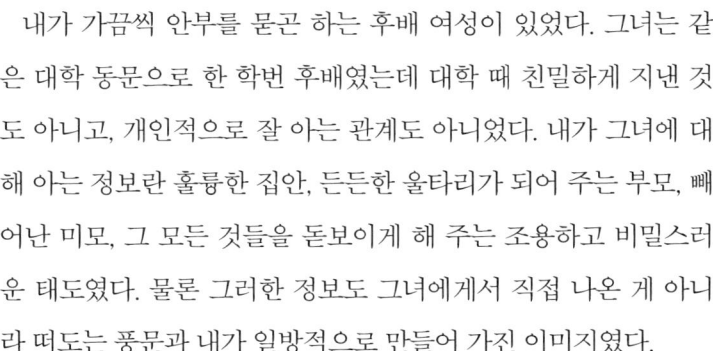

    내가 가끔씩 안부를 묻곤 하는 후배 여성이 있었다. 그녀는 같은 대학 동문으로 한 학번 후배였는데 대학 때 친밀하게 지낸 것도 아니고, 개인적으로 잘 아는 관계도 아니었다. 내가 그녀에 대해 아는 정보란 훌륭한 집안, 든든한 울타리가 되어 주는 부모, 빼어난 미모, 그 모든 것들을 돋보이게 해 주는 조용하고 비밀스러운 태도였다. 물론 그러한 정보도 그녀에게서 직접 나온 게 아니라 떠도는 풍문과 내가 일방적으로 만들어 가진 이미지였다.

    대학 졸업 후 동기나 후배를 만나면 어쩐 일인지 그녀의 근황을 묻곤 했다. 그녀가 대학원 과정을 마친 후 대학에서 강의 중이며, 집안에서 정해 준 사람과 결혼해 아이를 낳았다는 정보들을 일 년에 한두 가지씩 듣곤 했다. 그렇게 하는 동안에도 내가 왜 유독 그녀의 거취를 궁금해하는지 이유를 알지 못했다. 다만 그녀의 행보를 보면서 특별한 감정을 느낀다는 것은 알고 있었다. 그것은 틀림없이 부러움이었다.

정신분석을 받을 때, 그녀에 대해 품고 있는 막연한 부러움이 시기심이라는 사실을 알아차렸다. 무의식에 있는 시기심이 의식으로 올라와 명료해지자 내가 오래전부터 '부모가 깔아 둔 주단을 밟고' 인생을 살아가는 사람을 부러워하고 있었고, 그 후배 여성은 내 눈에 꼭 그런 사람으로 보였다. 그 특별한 관심이 시기심이었다니, 맥이 빠지는 느낌이었다. 무엇보다 놀란 사실은, 그 감정을 통찰해서 의식 속으로 끄집어냈을 때는 무의식적으로 느끼던 것보다 스무 배쯤 강하게 인식되었다는 점이었다.

하필이면 그 무렵 동문 모임이 있었다. 나는 그녀와 주차장에서 각자의 차에서 내리다가 우연히 만났다. 그렇잖아도 표면으로 떠오른 시기심을 처치 곤란한 불덩어리처럼 느끼면서 어떻게 말을 건네야 하나 곤란해하고 있는데, 그녀와 동행한 친구가 그녀의 외제 차를 가리키며 내게 물었다.

"이 차 참 예쁘지?"

나는 아무 대답도 하지 못했다. 대답은커녕 표정 관리도 되지 않았다. 순식간에 내면에서 열 가지쯤 되는 감정, 문장들이 솟아

올랐고, 그것이 밖으로 튀쳐나가지 않도록 입을 다무는 데 온 힘을 써야 했다. 나는 친구와 후배를 뒤에 남겨 둔 채 먼저 모임 장소로 들어갔다. 그날 모임 내내, 그 후로도 오래도록, 그 돌발 행동에 대해 아무런 말도 하지 않았다. 내 입장을 해명하는 일은 전혀 중요하게 생각되지 않았다. 나의 시기심을 꺼내 보고, 의식 속으로 통합하고, 내 것으로 소화시키는 일이 더욱 급했다.

 훈습 기간 중 일상생활의 여러 측면에서 시기심을 알아차리는 단계가 있었다. 특정한 타인에게 유별난 관심을 가질 때는 그 배경에 있는 것이 대체로 시기심이었다. 사람들이 모인 자리에서 잘나가는 특정인을 화제에 올릴 때 좌중에 퍼져 나가는 감정도 시기심인 듯했다. 어떤 예술 작품에 대해 유독 날카로운 평을 가할 때도 그 배경에 있는 마음은 시기심인 듯했다. 부러움뿐 아니라 경쟁자처럼 느끼는 마음도 어김없이 시기심이었다. 시기심을 알아차릴 때 놀란 점은 그것이 매우 위험한 감정임에도 일상 속에 흔하게 널려 있다는 사실이었다.

 시기심이 가라앉는 데도 여러 단계를 거쳐야 했다. 우선 나의 시기심이 현실적 근거가 없는, 유아기의 '페니스 엔비(penis envy)'에서 비롯되어 무의식 속에 억압된 감정이라는 것을 알아차리는 첫 단계가 있었다. 그 감정 때문에 남성들에게 유독 경쟁의식을 품었다는 사실도 알게 되었다. 내게 결핍된 것이 있는 게 아니라, 내게만 주어진 특별한 것이 존재한다는 사실을 인식하는 것이 시기심 극복의 두 번째 단계였다. 그렇게 관점을 바꾸자 나는 가진 것이 아주 많았다. 그제야 나를 보면서 시기심을 느끼는 사람들의 마음도 이해할 수 있었다. 시기심은 내가 가진 것, 내가 누리는 것에 대해 감사하는 마음이 커지는 것과 반비례해서 사라져 갔다.

시기심이 해소되어 가던 무렵, 동문 행사에 가는 길에 예의 그 후배 차를 타게 되었다. "이 차 예쁘지?"라는 물음에 대답조차 못 했던 바로 그 차였다. 차를 타고 목적지로 이동하는 한 시간 동안 내가 어떻게 느끼고, 어떤 말을 하고, 어떻게 반응하는지 내면을 지켜보았다. 자동차의 편안한 승차감과 차량 유지비에 대해 이야기를 나누었고, 그녀의 가족 이야기를 들었다. 그 모든 과정에서 시기심이나 부러움은 없었고, 일관되게 마음이 편안했다.

시기심이 완전히 해소된 시기는 내면의 양가성이 통합된 시기와 비슷했다. 내면에서 멀리 떨어뜨려 두었던 것(분열, 투사), 회피해 온 것(억압, 해리), 방패로 만들어 사용했던 태도(방어기제)들을 해체하고 내 것으로 받아들이자 내면의 분리가 사라졌다. 내 것 네 것, 많고 적음, 좋고 나쁨의 이분법이 사라지자 경쟁하는 마음도 자연스럽게 사라졌다. 그제야 어렸을 때 의문을 품었던 성경 구절 "사랑은 자랑하지 아니하고"를 제대로 이해할 수 있었다. 내가 가진 것을 자랑하는 순간, 상대는 못 가졌다는 사실을 인식하면서 결핍감, 부러움, 시기심, 불행감을 떠안게 되는 것이다.

훈습의 막바지에 나는 후배에게 편지를 썼다. 내가 그녀를 향해 품었던 감정들을 고백하고 그녀를 불편하게 했던 일들에 대해 사과했다. 그 시기에는 정신분석을 받은 후 알아차리게 된 모든 잘못된 행동들에 대해 사과하는 시간을 가졌다. 그것은 마음이 편안하고 자유로워지는 경험이었다. 그 지점에 이르자 나는 비로소 선배가 된 듯했다. 시기하던 후배 여성에 대해 경쟁자가 아닌 지지자, 부러워하는 사람이 아닌 격려하는 사람의 역할을 제대로 수행할 수 있었다.

그리스 아테네의 아크로폴리스 언덕에는 고대 유적이 흩어져 있고, 낡은 건물 사이로 난 좁은 골목에는 관광객들이 북적거리곤 했다. 그 골목을 천천히 걷고 있을 때, 갑자기 거리가 소란해지더니 길모퉁이에서 한 떼의 청년들이 달려 나왔다. 그들은 어깨마다 커다란 보따리를 둘러멘 채 바람처럼 곁을 스쳐 갔고 그 바람에 천천히 걷던 관광객들은 몸이 부딪치면서 길가로 물러서야 했다. 나도 왼쪽 어깨와 옆얼굴에 어떤 물건이 스치는 바람에 얼른 안경을 고쳐 썼다. 무슨 일인가 싶은 마음으로 길가로 물러서 있자니 곧이어 예닐곱 대쯤 되는 스쿠터가 뒤따라왔다. 스쿠터에는 정복을 입고 헬멧까지 쓴 경찰들이 타고 있었다.

고대 유적지를 두 번째 방문하는 길이었기 때문에 그 청년들은 이미 본 일이 있었다. 아프리카나 아랍계로 보이는, 유난히 피부가 검고 몸놀림이 재빠른 그 청년들은 커다란 헝겊 보따리를 둘러메고 나타나 골목에 보자기를 펼치고 순식간에 상품을 진열했다. 짝퉁일 게 분명한 가방, 시계, 선글라스 등이 그들의 상품이었다. 스쿠터를 타고 천천히 골목을 순찰하는 경찰관들도 이미 본 일이 있었다. 세계적인 관광지답게 유적지마다 경찰 공무원이 눈에 띄었다. 하지만 그들 두 그룹이 쫓고 쫓기는 관계라는 사실은 미처 생각하지 못했었다.

달아난 노점상 청년들은 근처 전철역 쪽으로 달려가 사방으로 흩어졌다. 역 광장, 철로, 주변 시장 거리 등 여러 방향으로 달아났다. 경찰관들은 공터에 스쿠터를 세운 후 전철역 안으로, 철로 쪽으로 청년들을 추격했다. 관광객들 중 몇몇이 멀찍이서 그들을 따라가며 그 광경을 지켜보았다. 죽을힘을 다해 달아나는 이들은 이해가 가지만 경찰들은 어쩌자고 저토록 필사적일까, 나도 멀찌감치 서서 그들을 바라보며 의아해했다.

그때 청년들이 달아난 쪽에서 시민들의 함성이 터져 나왔다. 한 청년이 체포되는 중이었고, 그것을 보는 시민들이 경찰에게 야유와 함성을 지르고 있었다. 경찰들은 청년을 끌고 공터로 돌아와 두 손에 수갑을 채운 후 구석에 앉혔다. 다른 경찰은 물건 보따리를 메고 와 그들 옆에 내동댕이쳤다. 체포된 청년은 세 명이었다.

그때부터 경찰관 주변으로 시민들이 모여들기 시작했다. 그들은 반달 모양으로 경찰을 둘러싸고 서서 항의했다.

"이런 행동은 부당하다. 당신들은 부끄러운 줄 알아야 한다."

항의 시민들은 다양한 인종으로 구성되어 있어 영어와 그리스

어뿐 아니라 다른 언어도 들렸다. 이십 대 초반으로 보이는 한 청년은 경찰 코앞까지 다가가 소리쳤다. 그가 항의하는 내용은 경찰관이 상인들을 체포하는 과정에서 폭력을 사용했다는 것이었다. 시민들은 근처를 무심히 지나가는 관광객들을 향해서도 동참해 달라고 소리쳤다.

경찰관들은 시민들과 충돌하지 않기 위해 최대한 인내심을 발휘하고 있었다. 그들은 얼마나 자제하는지 관광객이 얼굴 가까이 다가가 사진을 찍어도 눈썹 하나 찡그리지 않았다. 상징적이게도 그곳은 민주주의가 처음 싹튼 아크로폴리스 언덕이었고, 가까이에 로만 아고라, 고대 아고라 등이 있었다.

상황은 약 30분 만에 마무리되었다. 경찰 승용차가 도착해 노점상 청년들을 태우고 떠나고, 그보다 더 큰 승합차가 와서 물건 보따리들을 싣고 가고, 마지막으로 경찰들이 스쿠터를 타고 떠났다. 스쿠터가 출발할 때 시민들이 다시 한 번 격렬하게 경찰들을 막아섰지만 그들은 끝까지 시민들의 도발과 야유를 참아 넘겼다.

잠깐 사이 펼쳐진 그 사건은 깊은 인상을 남겼다. 항의하는 시민들도, 인내하는 경찰관도 인상적이었지만 그들 중 가장 인상적인 부류는 경찰에 잡힌 세 명의 아랍계 청년들이었다. 그들은 수갑을 찬 채 나무 밑에 나란히 앉아 있었는데 멀리서 볼 때 거의 바위처럼 보였다. 주변에서 소란이 일어도 아무런 말도, 행동도, 반응도 보이지 않았다. 저항, 변명, 항의, 애원 중 어떤 대응도 없이 그림자나 바위처럼 앉아 있었다. 경찰차에 태워질 때도 조용히,

순종하듯 차에 올랐다.

　중간에 한 시민이 경찰에게 생수병을 건네며 저들에게 물이라도 좀 주라고 한 일이 있었다. 경찰관은 물병을 받아 들고 청년들에게 가서 그것을 내밀었다. 그러자 한 청년이 수갑에 묶인 손을 들어 보였고, 경찰은 3, 4미터쯤 높이에서 그의 입을 겨냥해 물을 부었다. 물이 쏟아지자 청년은 반사적으로 물줄기를 향해 얼굴을 들이밀었다. 물은 절반쯤 입안으로, 나머지는 얼굴로 흘러내렸다. 그 장면을 보면서도 놀랐던 것 같다. 수갑이 채워져 있어도 두 손으로 물병 정도는 받을 수 있지 않을까, 물병을 받아 자기 손으로 자기 입에 물을 넣어 줄 수 있지 않을까, 그러면 최소한 물을 함부로 쏟아붓는 무례한 일을 당하지는 않았을 것 아닌가.

　노점상 단속이야 세계 어디에나 있는 일이니 이상할 것 없지만, 청년 상인들의 수동성은 이해할 수 없었다. 조국을 떠나 낯선 땅에서 위험한 생존법을 선택했다면 그만한 용기와 자율성을 가지고 있을 터였다. 그럼에도 공권력 앞에서 보이던 극단적 수동성은 경찰을 피해 달아나던 태도와도 너무나 대조적이었다. 나중에 아랍 국가들의 민주화 투쟁을 보면서야 그 의문에 답을 찾은 것 같았다. 오랜 독재 정치 체제에서 살아오면서 그들은 권력 앞에서 수동적 태도를 취하는 것 외의 다른 방법을 알지 못했던 게 아닌가 싶었다.

　며칠 후, 주말의 아테네에서 노점상 단속보다 더 인상적인 장면을 만났다. 아테네의 제일 번화가이자 쇼핑 중심지인 미트로폴레 오스 거리를 걸으면서였다. 주말에는 그곳의 모든 상가가 문을 닫는데, 닫힌 상점들의 거리에서 외국인 청년들이 길게 노점을 펼치고 있었다. 그들이 파는 물건도 짝퉁으로 보이는 가방, 벨트, 시계 등 전번에 보았던 그대로였다. 아프리카에서 제작된 것으로 보이는 나무 조각품이나 낯선 장난감도 섞여 있었다.

노점상들이 길게 전을 편 맞은편에는 경찰들이 나란히 서 있었다. 그들은 노점상을 단속하지 않고 그저 지켜보기만 했다. 한쪽에는 노점상들이 전을 펼치고 있고, 맞은편에는 경찰들이 서성이는 도로 가운데 길로는 관광객들이 천천히 지나다녔다. 노점상과 경찰들은 서로 친절하지 않았지만 그렇다고 쫓고 쫓기지도 않았다. 두 입장을 통합하여 함께 어울려 사는 세 번째 방법을 찾아낸 것 같았다.

융 학파 심리학자들은 양가성의 통합에 세 단계가 있다고 말한다. 우선 자신의 양가적 감정에 대해서 통합을 성취한 다음, 두 번째 단계에서는 타인의 감정에 대해서도 통합을 이루어 낸다. 나의 시기심과 타인의 결핍감을, 나의 분노와 타인의 공격성을 통합하는 것이다. 첫 번째 단계는 자신과 평화롭게 지내는 방법이고 두 번째 단계는 타인과 잘 관계 맺는 방법이라고 한다.

양가성 통합의 세 번째 단계는 자신의 무의식을 집단 무의식과 통합하는 것이라 한다. 집단 무의식이라는 용어는 그 의미의 스펙트럼이 넓지만, 대체로 자신이 소속된 공동체의 공통된 문화, 관습, 정서를 지배하는 무의식 정도로 이해할 수 있을 것이다. 집단 무의식과의 통합을 이룬다는 것은 자기가 속한 공동체와 조화롭게 공존한다는 의미일 것이다.

  노점상들의 입장에 서서 그들의 인권을 위해 애썼던 그리스 청년이나, 노점상들과 상생할 수 있는 방법을 찾아낸 그리스 경찰들은 아마도 양가성을 통합해 내는 노력을 했던 것으로 보인다. 그러고 보면 공동체의 화합이나 인류 평화라는 것도 내면의 양가성을 통합해 낸 사람들이 도달할 수 있는 지점이 아닌가 싶다. "인류 평화를 이루는 방법은 각 개인이 자기 내면의 분노를 다스려 나가는 것"이라는 달라이 라마 스님 말씀은 이 지점에서야 제대로 이해되었다.

모피 코트와 함께 한 6년
자동 강박 ● 반복 추구하지 않기

인도 남부로 요가 여행을 갔을 때, 방문지 중에 아루나찰라 산이 있었다. 그 산은 힌두교 성지로서 산 중턱에는 성자 마하리시가 깨달음을 얻은 수행처가 있고, 산 아래는 규모 큰 힌두 사원이 있었다. 여행 프로그램 중에는 '산 돌기 명상'이 있었는데, 해뜨기 전 네 시간가량 아루나찰라 산 둘레 길을 걸어서 도는 수행법이었다. 산 둘레 길을 걸어서 돌면 전생에 지은 죄가 소멸된다는 믿음에 따라 행해지는 종교 전통이었다.

새벽 네 시쯤, 아직 컴컴한 시간에 손전등과 두꺼운 옷을 준비해 출발 지점에 모였을 때 어쩐지 그 일이 비이성적으로 느껴졌다. 그 산을 도는 것만으로 업장이 녹는다면 그 산에 사는 원숭이나 올빼미는 어떻게 되었을까 싶었다. 너무 춥고 어두워서 마음이 불평을 했거나 내가 교만했던 것인지도 모르겠다. 경건함보다는 '적응하거나 해결하거나'를 중얼거리며 일행의 꽁무니에서 걷고 있는데 눈앞에 거짓말 같은 광경이 펼쳐졌다.

 어둠 속에서, 길 양편에서 부스럭거리며 검은 형상들이 모습을 드러냈다. 그것은 무서운 영화에서 만나는 무서운 존재들처럼 소리 없이 몸을 일으키더니 그 자리에 선 채 물풀처럼 흔들거렸다. 일행이 걸어가는 길 앞쪽에서 계속해서 더 많은 물체가 어둠 속에서 몸을 일으키고 있었다.

 그곳에서 노숙하는 걸인들이었다. 가까이 다가가 보면 그들은 하나같이 기다란 헝겊 옷을 걸친 채 고개 숙인 자세로 빈손을 앞으로 내밀고 있었다. 나는 주머니에서 동전을 꺼내 적은 액수를 손바닥들 위에 놓았다. 되도록 많은 손바닥 위에 동전을 놓아 주기 위해서였다. 그들은 미동 없이 서 있다가 우리 일행이 지나가면 조용히 이전처럼 자리에 누웠다. 등 뒤로 고개를 돌려 보면 그곳에는 거짓말처럼 텅 빈 어둠만이 존재했다. 나중에 우리 팀 지도 교수는 그들 중 절반은 수행자라고 말해 주었다. 그들은 일부러 성지에 찾아와 머물며 수행 중이며, 가까이 다가가 눈빛을 보면 걸인과 수행자를 한눈에 구분할 수 있다고 말했다.

 그들은 산 초입에서 거의 이삼백 미터까지 포진해 있었다. 어둠 속에서 그림자처럼 일어났다 스러지는 형상들 곁을 묵묵히, 미진한 마음인 채로 걸을 때 머릿속에서는 수많은 질문이 덜그럭거렸다. 수행이라는 이름의 노숙과 걸식에 대해, 발등의 흙이 꾸덕꾸덕 말라 신발처럼 보이는 발들에 대해 묻고 싶었다. 저렇게 해서 도달하고자 하는 곳이 어디인지, 저들 중 몇 명이 그곳에 도달하는지 알고 싶었다.

시끄러운 마음으로 삼십 분쯤 일행을 따라 걷다가 산 돌기를 포기했다. 추위도 어둠도 불편했고, 일행의 빠른 걸음도 따라가기 힘들었지만 가장 불편한 것은 내면이었다. 꽁무니에서 함께 걷던 일행에게 포기하고 숙소로 돌아가겠다고 말한 후 그 자리에서 걸음을 멈췄다. 혼자 남게 되자 심호흡을 하면서 멀어지는 일행을 한동안 바라보았다. 그런 다음 산길을 천천히 걸으며 마음이 느긋해지는 과정을 지켜보았다. 새벽 관광객을 상대하는 찻집에서 차를 한 잔 마시고, 새벽빛을 받으며 전경을 드러내는 산을 오래 바라보고, 원숭이 무리와 시선을 맞추었다. 그러면서 중얼거린 말은 "열심히 살지 않기"였다.

그것 역시 훈습 기간 중 자주 중얼거린 말이었다. 예전에는 무슨 일이든 동참하려 했고, 이왕 시작한 거면 잘하려 애썼다. 정신분석을 받으며 그런 성실성이 생존에 대한 불안감에서 나온 추진력임을 알게 되었고, 훈습 기간에 서서히 그런 마음을 비워 나갔다. '열심히 살지 않기'는 불안이나 결핍 에너지에 밀려 나갈 때, 그런 에너지에 추동당하면서 마음이 다급하고 불편해질 때 스스로를 제어하는 주문이었다.

　아루나찰라 산에서 '열심히 살지 않기'를 중얼거리면서 천천히 걷다가, 그렇게 꼭두새벽부터 빠르게 산을 도는 이유를 짐작할 수 있었다. 해 뜨는 순간 기온이 섭씨 40도 이상 올라가는 환경 때문인 듯했다. 반드시 아루나찰라 산이 아니더라도, 또한 일출 전까지가 아니더라도, 북한산이나 정발산을 두세 시간 걷는다면 비슷한 명상 효과를 만날 듯했다. 그런 생각이 들자 지나가는 릭샤를 잡아타고 마을로 내려왔다. 마을 골목길을 천천히 걸어 보고, 마을의 소규모 신전에서 예배드리는 이들 속에 머물러 보고, 슈퍼마켓 진열품들을 오래 구경했다. 상품 중 스테인리스로 만든 걸식용 깡통을 사고 싶은 마음과 다투기도 했다. 그것은 혼자 즐거운 경험이었다.

　'열심히 살지 않기'는 무의식에 있는 유아기 욕동으로부터 자유로워지는 일과 연관 있었다. 낡은 생존법 중에는 스스로를 구속하는 나쁜 행동 패턴이 있었다. 자기를 파괴하는 일인 줄 알면서도 끊어 내지 못하는 나쁜 습관은 대체로 유아기 욕동이었다. 그것은 자기도 모르게, 강박적으로, 반복해서 추구하는 힘이었다. 정신분석가들이 드라이브, 욕동이라 부르는 그것을 훈습 기간에 나는 '자동 강박 반복 추구'라 이름 붙였다. 그렇게 부르면 내 행동 속에 있는 그런 요소들을 더 잘 알아볼 수 있었고, 해법도 쉽게 찾을 수 있었다.

　정신분석을 받고 나서 알아차린 첫 번째 '자동 강박 반복 추구'

는 일중독 증상이었다. 회사 다닐 때도 그런 사실은 알고 있었다. 일에 몰두하는 동안은 마음이 편안하지만 마감을 끝낸 후나 일이 없는 때는 마음이 불편했다. 성실하게 일해야만 존재의 의미가 있다고 느낀 것 같고, 시간을 아껴서 사용하고 싶어 했다. 당시에는 그것이 강박 추동이라는 사실을 알지 못했다.

정보에 대해서 강박적으로 추구하는 성향도 있었다. 그것은 지식화 방어기제의 연장이어서 공동체의 현황을 잘 알고 있어야 한다고 믿었다. 동시대의 문화와 그 의미에 대해, 세상의 모든 소식과 그 배경에 대해 낱낱이 이해하고 싶어 했다. 그것이 사회 구성원으로 살아가기 위한 기본적인 태도라 믿으며 일간지 세 개, 주간지 두 개, 월간지 하나를 정기 구독했다. 정신분석 후 첫 여행을 떠날 때는 내가 소속된 공동체의 문화나 정보로부터 너무 많이 단절되면 어쩌나 걱정하기도 했다.

기계 문명에 관해서도 나는 얼리어답터였다. 첨단 물질문명들을 잘 활용할수록 유능한 사람이고 유익한 일이라 믿었다. 컴퓨터도, 휴대 전화기도, 무엇이든 최신 제품을 사용해 보고 싶어 했다. 그런 행동이 무의식적 경쟁심, 불안감, 소외감 등과 관련 있다는 사실을 그때는 알지 못했다.

일중독, 강박적 정보 추구, 얼리어답터 경향 속에 내재된 자동 강박 반복 추구의 성향을 알아차린 후 만들어 가진 말이 '열심히 살지 않기'였다. 그것은 유아기로부터 내 삶을 이끌어 온 욕동을, 무의식의 힘을 중단시키고 무력화하는 방법이었다. '열심히 살지 않기'라고 한 번씩 중얼거릴 때마다 그런 습관이 절로, 서서히 줄어들었다. 여행을 기어이 해내야 하는 도전, 위험을 무릅쓰는 서바이벌 게임처럼 하지 않은 이유도 그래서였다.

모피 코트가 한 벌 있었다. 그 옷은 내가 산 옷 중에서 가장 비싼 것이고, 옷을 본 후 카드 영수증에 사인하기까지 가장 짧은 시간이 소요된 옷이고, 소유했던 옷 중 가장 적게 입은 옷이었다. 그 기념비적 모피 코트는 정신분석을 받던 시기에 산 것이었다. 정신분석을 받던 때 엄마와 전화 통화를 한 일이 있었는데, 고통을 호소할 줄 몰랐던 나는 힘든 시간을 보내고 있으면서도 잘 지낸다고만 말했다. 엄마는 늘 그러시듯, 나라 경제가 어려우니 알뜰하게 살라는 교훈적인 말씀으로 전화를 끊었다.

이튿날 외출했다가 귀가하는 길에 나는 어느새 백화점 통로를 걷고 있었다. 당연한 수순으로 마음이 반하도록 아름다운 모피 코트가 눈에 띄었다. 평소에 모피 코트를 원한 적 없고, 내 나이에 어울리는 옷도 아니고, 무엇보다도 옷값으로 지출해 본 적 없는 가격의 옷이었다. 그럼에도 그 옷을 갖고 싶다는 마음이 얼마나 간절한지, 욕구가 구체적인 에너지처럼 등을 밀어 대는 듯했다. 모피 코트를 입고 거울 앞에 서자 편안함과 만족감이 마음 가득 차오르는 듯했다.

모피 코트를 사 가지고 온 다음 날부터 그 어처구니없는 쇼핑 행위의 배경이 하나씩 이해되었다. 우선, 나는 엄마의 말과 정반대로 행동했다. 알뜰하게 살라는 말을 비웃기라도 하듯 내 생에 가장 큰 과소비를 했고, 그것은 소극적 분노 표현이었다.

다음으로는 내가 진짜 원한 것이 옷이 아니라 엄마의 사랑이구나 하는 것을 알아차렸다. 힘든 시간을 보내고 있으면서도 힘들다고 표현하지 못한 것은 나의 미숙함이었다. 그럼에도 엄마가 위로나 지지보다는 권위적이고 통제하는 말만 하고 전화를 끊은 데 대한 서운함이 있었다. 그것이 유아기 경험에서 만들어 가진 무의식적 결핍감을 자극했을 것이다.

나의 욕동이 '자동 강박 반복 추구'되는 대표 사례는 충동구매 습관이었다. 모피 코트가 아니라도 나는 자주 백화점 통로에 서 있었고, 별로 필요하지도 의미 있지도 않은 물건들을 구매하곤 했다. 내가 진짜 원하는 게 무엇인지 모르는 채 귀걸이를 사 모으기도 하고, 스카프에 꽂히기도 했다. 정신분석을 받으면서 충동구매 습관의 진짜 이유에 접근해 갈 때 모피 코트는 최고의 한 방이었다.

나는 그 모피 코트를 오래 간직했다. 내 어리석음의 상징이자 욕동의 증표로써 여러 해 동안 옷장에 걸어 두었다. 어디에도 입고 가지 못하는 그 옷과 시선이 마주칠 때마다 어김없이 내면의 결핍감, 시기심을 확인하곤 했다. 동시에 부끄러움이 일었고, 언제쯤이면 이런 감정들이 사라질까 생각했다.

얼마간 시간이 지나자 부끄러움이나 자책감 또한 허위의식이라는 것을 알게 되었다. 이상적인 자기 이미지를 만들어 놓고 그 이미지에 위배될까 봐 그 옷을 입지도 못하고 그 행위를 부끄러워하는 게 틀림없었다. 그러자 모피 코트는 허위의식과 페르소나의 표상처럼 보였다.

모피 코트를 바라보며 다양한 감정을 경험하는 동안 쇼핑 습관이 물질적 결핍감이 아니라 심리적 결핍감과 더 많이 관련된다는 사실을 확인하곤 했다. 예전에도 사랑에 빠지면 쇼핑을 덜 한다는 사실은 알고는 있었다. 그때는 연애하느라 백화점 갈 시간이 없어서 그런 줄 알았다. 하지만 훈습 기간 중 물건을 갖고 싶어 할 때마다 가만히 내면을 들여다보면, 그것은 물질에 대한 결핍감이 아니라 애정에 대한 욕구였다. 어느 순간 백화점 통로에 서 있는 자신을 발견할 때면 그 시기에 틀림없이 애착과 관련된 박탈의 감정을 안고 있는 걸 알아차리게 되었다.

모피 코트를 산 지 6년쯤 지났을 때, 거짓말처럼 그 옷에 대해 어떠한 감정도 일어나지 않는 시기가 왔다. 오래, 가만히 그 옷을 보고 있어도 아무런 느낌이 없었다. 감정이 고요할 뿐 아니라 그 옷이 아름답다거나 비싼 것이라는 마음조차 없었다. 그것이 다만 '사용하지 않는 물건'이라는 생각이 들 때 조용히 아름다운 가게에 가져다주었다.

그 후 몇 차례 일부러 백화점 통로를 천천히 걸어 본 일이 있다. 예전에는 갖고 싶다고 느꼈던 물건들에 전혀 유혹당하지 않는 마음을 확인하는 일은 즐거웠다. 그 물건들이 아름답다고 느껴지지 않을 뿐 아니라 물건들의 세세한 특성이 제대로 눈에 들어오지도 않았다. 내 눈빛에 아무런 욕망이 비치지 않아서인지 예전에는 적극적으로 호객하던 매장 여직원들도 나를 멀뚱히 바라보기만 했다. 신기한 경험이었다.

'자동 강박 반복 추구'는 이드의 충동이어서 자아가 계속 통제해 주어야 한다고 프로이트는 제안한다. 자아가 그 역할을 제대로 해내지 못한 채 이드에게 끌려다니면 충동적이 되며, 자아가 초자아의 눈치를 보면서 죄의식을 느끼게 된다. 충동적 행위와 죄책감의 반복은 모든 중독 행위의 속성이며 벗어나기 힘든 마음의 감옥이라고 한다.

'열심히 살지 않기'를 중얼거리며 훈습 시간을 보낼 때, 욕동을 지켜보는 일은 마치 철로 변에서 노는 아기를 지켜보는 기분이었다. 아기는 툭하면 철길 쪽으로 나아가려 하고, 하필이면 그때마다 저쪽에서 초고속 열차가 달려왔다. 반복적으로 이드의 충동을 확인하고 제어했지만, 그것을 진짜 내 자아가 해냈는지는 잘 모르겠다. 다만 성실하게 사는 것과 강박적 추동의 경계는 알 수 있을 것 같았다. 아무리 열심히 살아도 마음이 허전하거나 불편하면 강박 추동이고, 천천히 살아도 마음이 편안하고 자재하면 성실함이 아닐까 싶다. "성실하게 살되, 아무것에도 집착하지 않는다."는 말의 의미도 비슷할 것이다.

애착하고 미워하는 마음 없는 곳
분리되고 ● 경계 지키기

나를 키운 것은 8할이 친구였다. 훈습 기간의 어느 날, 성장기의 친구들이 유난히 관대하고 선량했다는 사실을 알아차리면서 놀랐던 적이 있다. 나의 별나고 유난스러운 행동들에 대해 친구들은 일관되게 묵묵히 수용하는 태도를 보였다. 그들은 나를 대할 때 "문제아인 친구를 봐준다."는 식으로 마음 한 자락을 접어주었던 게 아닌가 싶다. 가인이와 나인이도 그런 친구들이었다. 우리는 열다섯 살에 만나 이십 년 이상 관계를 이어 왔다.

그 친구들과의 우정에 어떤 속성이 있었는지 제대로 알아본 것도 정신분석을 받은 후였다. 여러 형제의 막내인 가인이와 세 동생의 맏이인 나는 성장기의 행동 패턴을 그대로 친구를 향해 반복하고 있었다. 가인이는 자기가 필요할 때 나를 찾아왔고, 나는 그녀를 묵묵히 맞이했다. 그녀는 내게 많은 이야기를 했고 나는 대체로 말없이 그녀의 이야기를 들었다. 내가 전업 작가가 되어 시간 사용이 자유로워진 후에는 더욱 자주 만났다. 때로 가인이는 자정 넘은 시간에 술 취한 동료들을 이끌고 우리 집으로 3차 술자리를 하러 오기도 했다. 나는 잠자다 깨어 낯선 이들의 술상을 보아 주었다.

가인이가 사내 연애를 하면서 데이트할 장소가 마땅치 않을 때는 연인과 함께 나의 집에 와서 저녁 시간을 보냈다. 퇴근 무렵이면 전화해서 마치 큰언니에게 하는 말투로 "지금 갈게."라고 말했다. 그러면 나는 친구와 그의 연인을 위해 저녁상을 차렸다. 저녁 식사 후 그들이 비디오 영화를 관람하는 동안 영화를 함께 보거나 다른 방에서 책을 읽거나 했다. 그들이 결혼할 때까지 한동안 그런 시간들이 지속되었다.

반면 나인이는 내가 의존했던 친구였다. 관대하고 이타적인 사람이라는 자기 이미지를 만들어 놓고 대부분의 사람들에게 그렇게 행동할 때, 단 한 명 나인이에게만 그 반대 감정을 쏟아 내었다. 그 친구를 가장 친밀하고 믿을 만하다고 느끼는 만큼 그녀를 착취적으로 사용했다. 세미나용 페이퍼 정리를 부탁했고, 내가 사는 곳 가까이 이사 오도록 했고, 친구의 다른 관계를 통제하려 했다.

내가 말렸던 사람들과의 관계에서 사기를 당했을 때도 위로보다는 비판적인 말투로 마음을 표현했다.

"거봐, 그 사람들하고 어울리지 말랬잖아."

그 사건 이후 나인이는 급격히 마음을 닫아 버렸다. 만나러 가도 마음을 열지 않았고, 아직도 삐쳐 있느냐고 물으면 그 질문에 더욱 화가 나는 것 같았다. 내 잘못을 알아차리지도, 친구의 마음을 헤아릴 줄도 모른 채 삐쳐 있다고 말함으로써 문제의 원인을 상대에게 돌리고 있다는 사실도 알지 못했다. 그럼에도 나는 자꾸만 나인이에게 사과하고 관계를 회복하려 노력했다. 나중에 생각해 보니 잘못을 알아차려서가 아니라 친구를 예전처럼 사용하지 못하는 게 불편해서 그랬던 것 같았다. 친구는 끝내 나의 사과를 받아 주지 않았다.

정신분석을 받기 전까지 그런 관계를 우정이라고 믿었다. 그 관계가 어떻게 서로 병적으로 의존하고 침범하는 방식인지 제대로 보게 되었을 때는 놀라워서 한동안 어떤 친구도 만날 수 없었다. 관계의 본질을 알아보고, 더 이상 그런 관계를 맺지 않도록 행동을 변화시키면서야 비로소 내가 내적 대상들과 분리조차 이루어지지 않았음을 알았다. 아니, 그 시기에 처음으로 심리적 분리라는 개념을 이해했던 것 같다.

정신분석적으로 '분리'는 유아가 엄마와 한몸이 아니라는 사실을 인식하는 과정에서 처음 획득하는 심리라 한다. 오이디푸스기를 지나며 반대 성의 부모에 대한 애착을 끊을 때, 사춘기를 지나며 부모의 가치관을 떠나 자기만의 정체성을 만들어 가질 때 심리적 분리를 반복 경험한다. 진정한 어른이 되기 위해서는 부모, 가족으로부터 심리적 분리를 이루어야 하며, 내면에 만들어 가진 부모 이미지도 해체해야 한다. 세계 모든 영웅 신화가, 그 주인공이 자신의 공동체를 떠나는 것으로 이야기를 시작하는 이유도 그것이라 한다.

훈습 기간에 가인이와 나인이 관계뿐 아니라 애착 대상에게 매달리는 행동 방식, 유아기에 만들어 가진 생존법을 사용했던 관계를 정비해 나갔다. 의존하거나 침범하는 관계뿐 아니라 자기 내면을 투사하는 사람, 친절이나 분노로써 상대를 조종하는 관계, 일방적으로 대상을 사용하는 관계들을 정리했다. 별 용건 없이 자주 만나고, 무슨 일인가를 만들어 늘 어울렸던 친구들의 호출에도 응하지 않았다.

'분리되기'는 훈습의 전 과정에서 가장 넘기 어려운 첫 단계였다. 다른 작업과는 달리 그 일에는 분명한 대상이 있었다. 그것도 친밀한 관계를 맺었던, 생에서 가장 소중했던 사람들에게 하루아침에 완전히 뒤바뀐 태도를 보이는 일이었다. 당연히 저항이 있었고 다양한 반응이 돌아왔다. 달라진 내 행동에 대해 한 선배는 이렇게 충고했다.

"그렇게 이기적으로 살면 안 돼요."

친구들은 더욱 다양한 방식으로 불편함을 표현했다. "걔가 요즈음 이상하게 변했어.", "원래 그런 사람이었니?", "만나기 불편해." 등등. 누구보다 가장 격한 반응을 보인 친구는 가인이었다. 그녀의 분노를 당연한 것으로 수용하고 감수할 때, 내가 매달린 위안은 단 하나였다. 내가 친구에게 잘못한 일은 없다는 것.

 그 시기 전화기 앞에는 굵은 사인펜으로 써 붙여 놓은 글이 있었다. 큰 글자는 '무조건 거절하기'였고, 그 아래 조금 작은 글씨로 써 놓은 세목은 '거절당하는 이의 자기애적 분노를 감수하기, 거절의 언어를 최대한 조심하기'였다. 나중에는 조심하고 배려하는 태도 역시 타인에게 잘 보이고 싶은 욕망이 아니었을까 싶었다.

 낡은 행동 방식을 수정하면서 유아적 의존, 침범 관계로부터 분리될 때 처음에는 소외감 같은 것이 없지 않았다. 거절하는 일이 불편했고 내 입장을 해명하고 싶은 마음도 있었다. 하지만 그것들 중 아무것도 하지 않은 채 묵묵히 시간을 보내자 내면에서 힘이 생기는 것이 느껴졌다. 그 힘은 '다르게 살고 싶다'고 느낄 때마다 내가 원했던 바로 그것이었다. 반복되는 행동을 통해 잘 거절하게 되자, 타인의 거절에 대해서도 웃으면서 받아들일 수 있었다. 거절당할까 봐 두려워하거나, 거절하는 이에게 화가 났던 이유도 유아적 의존성에서 비롯된 미숙한 감정이었음이 환히 보였다.

 가인이의 분노를 묵묵히 수용하면서 삼사 년쯤 지났을 때 그녀에게서 한 통의 메일이 왔고 우리 사이의 불편함은 해소되었다. 하지만 관계가 예전 상태로 회복되지는 않았다. 내가 많이 변했기 때문일 것이다. 나인이는 여전히 나를 용서하지 않고 있다. 정신분석을 받던 시기에 세 차례 사과했지만 받아들여지지 않았다. 훈습 기간에도 두 차례 접촉을 시도했지만 그녀 쪽에서는 응답이 없었다. 가장 가까운 친구를 그렇게 잃었다는 사실을 나는 또 묵묵히 받아들인다.

존경하는 선배 여성이 계시다. 가끔 그 선생님을 찾아뵙고 함께 시간을 보내면 행복하거나 감사하다는 마음이 컸다. 그분이 가지고 계신 여성성의 온유함이나, 타인을 배려하는 섬세함을 배우고 싶어 했다. 그러면서도 내면 어디서 비롯되는지 알 수 없는 강인함을 만날 때면 감동하기도 했다. 선생님이 키우는 화분 속 꽃나무 한 그루도 의미 있어 보이고, 아방가르드한 스카프도 유난히 멋져 보였다.

어느 날, 함께 저녁을 먹고 술을 마시는 자리에서 그분이 지갑에서 신용카드를 꺼내 보이며 취중 농담처럼 말씀하셨다.

"내가 이 카드를 줄 테니까 무엇이든 원하는 것을 사세요. 뭐든지 다 사도 되는데, 단 장롱만은 안 돼요."

그때는 선생님이 싫어하시는 장롱에 대해 생각했던 것 같다. 장롱은 가부장적 결혼 제도와 안방을 차지한 본처의 표상이었다. 스스로 선택하여 결혼 제도 바깥에 머물고 계시는 만큼, 장롱으로 상징되는 것들에 대한 특별한 감정이 있으신 모양이구나 싶었다.

문제는 그 후 내가 가끔 그 카드를 생각한다는 점이었다. 평소에는 잊고 있지만 선생님을 뵙는 일이 있을 때면 그 카드가 생각났다. 진짜로 선생님이 카드를 주면서 무엇이든 사라고 한다면 무엇을 살까 생각하고 있는 자신을 발견하는 순간, 온몸에 소름이 돋았다. 그리고 부끄러웠다. 그분에게 이상화된 어머니 이미지를 고스란히 투사하고 있는 게 틀림없었다. 아기가 엄마에게 받는 것을 당연히 여기는 것과 같은 마음으로 카드를 생각하고 있었다. 그렇지 않다면 아무 관계도 아닌 타인에게 아무 이유도 없이 그토록 큰 것을 기대할 리가 없었다.

　그러고 나니 많은 것들이 새롭게 보였다. 선생님을 뵐 때마다 밥값이나 찻값을 선생님이 내시는 걸 당연히 여기고 있었다. 선생님은 어른이시고, 나보다 많이 가졌으니 그래도 괜찮다고 생각한 듯했다. 심지어 선생님이 싸 주시는 묵은 김치나 크고 작은 선물들을 당연하다는 듯 챙겨 왔다. 그것은 틀림없이 부모에게서 충족되지 못한 의존성을 투사하는 행위였다.

　그러한 심리 작용을 알아차리자 내 행동이 더 잘 보였다. 나 역시 남들에게 무언가를 챙겨 주는 버릇이 있었다. 추워 보이는 후배에게 옷을 건네주고, 불면증으로 고생한다는 친구에게 국화차와 국화꽃 베개를 사 주었다. 심지어 "내가 무엇 무엇을 해 줄게."라는 말버릇까지 가지고 있었다. 그런 말투는 무조건적인 보살핌을 받고 싶어 하는 의존 욕구가 투사된 것이고, 동시에 상대를 조종하려는 의도까지 내포되어 있었다.

훈습 기간 중 유아기 의존성을 확인해 나갈 때 가장 먼저 남에게 무엇인가를 주는 행동부터 중단했다. "반미 감정이 가장 높은 나라는 미국 의존도가 가장 높은 나라이다."라는 미국 정신분석학자의 문장이 번쩍 눈에 띄기도 했다. "무엇무엇을 해 주겠다."는 언어 습관도 고치고, 심지어 선생님과의 만남도 줄였다. 그 선생님뿐 아니라 내가 무의식 속 부모 이미지를 투사하면서 이따금 뵙곤 하던 어른들께도 연락드리지 않았다.

신기한 것은, 내면의 의존성을 비우자 내게 의존하고자 하는 이들이 줄었다는 점이었다. 무의식에 억압된 의존성을 투사하여 이타적으로 행동할 때는 내게 의존하려는 이가 많았다. 무엇이 필요하다거나, 무엇을 함께 하자거나, 무엇을 부탁하는 이가 많았고 나는 대체로 그들의 요청에 응했다. 의존성을 비워 나가자 거짓말처럼 그런 요구 사례가 줄어들었다.

훈습 기간 중 분리되기만큼 어려운 것은 '경계 지키기'였다. 예전 방식은 버렸어도, 어디서든 새롭게 친밀한 관계를 맺고 싶어 하는 이들을 만나게 되었다. 여행하면서, 공부하는 공간에서, 휴식 공간에서도 특별한 감정을 투사하는 이들이 있었다. 그들이 원하는 친밀한 관계는 서로 자주 연락하고, 잘 챙겨 주고, 삶의 세목들을 공유하는 종류의 것인 듯했다. 그것은 지난한 과정을 거쳐 떠나온 바로 그곳으로 돌아가는 일이었다. 그들에게 나의 입장을 밝히고 완곡하게 거절의 뜻을 표하면 되돌아오는 것은 틀림없이 분노의 기미였다. 그런 때도 '분리되고 경계 지키기'를 중얼거리는 수밖에 없었다.

　비로소 해결하지 못한 채 최초의 애착 대상에게 매여 있던 마음이 풀려나는 것 같았다. 엄마에 대한 인식의 변화가 먼저 있었고, 그 다음에 감정의 변화가 따라왔다. 나중에는 엄마에 대해 어떤 감정도 일어나지 않는 상태로 엄마의 삶을 객관적으로 볼 수 있게 되었다. 엄마의 삶은 엄마 몫이며, 자식으로서의 도리는 나의 몫이었다. 비로소 무의식 깊은 지점에서 분리가 이루어지면서 진정한 심리적 자립을 성취한 듯했다. 그것은 '사랑도 미움도 없는 상태'였다. 사랑한다는 것은 의존 욕구가 있다는 뜻이고, 미워한다는 것은 원하는 것을 받지 못했다는 뜻이었다. 애착이나 원망의 감정이 없다면 제대로 분리되고 자립된 상태임에 틀림없었다.

　그제야 "인간의 원수는 어렸을 때 자기 집에서 배운 대로 머무는 자이다."라는 성경 말씀이 새롭게 이해되었다. 정신분석적 논리 없이, 가족 간의 친밀함을 가장 소중히 여기는 사람들에게 예수님은 어쩌자고 저토록 어려운 말씀을 던졌을까 싶었다. 불교 수행법 중 "사랑하고 미워하지만 않으면 통연히 명백하다."는 말이나, "은원(恩怨)도 친소(親疎)도 없는 상태"라는 말의 실체에도 닿을 듯했다.

마음속 권위자를 떠나보내며
인정 지지 ● 구하지 않기

소설가라는 직업을 가진 후 가끔 "왜 글을 쓰는가?"라는 질문을 받는다. 질문하는 이가 누군가에 따라 대답이 달라지곤 하는데 그것은 상대가 질문하는 의도에 부합되는 답을 주고 싶은 마음에서였다. 작가를 꿈꾸는 후배들이 물으면 이렇게 대답한다. 이 세상에 있는 여러 직업 중 내가 잘할 것 같은 일, 좋아하는 일이어서 글을 쓰게 되었다고. 문학계 내부에 종사하는 사람들의 질문에는 보다 당위적으로 답한다. 문학이라는 틀을 가질 때 인간이나 세상을 더 깊이 이해할 수 있을 거라 믿었다, 라고.

그런데 한 정신분석가 여성과 식사하던 중 그녀가 문득, "왜 소설을 써요?"라고 물어 왔을 때는 쉽게 답할 수 없었다.

사실 글쓰기는 성장기 내내 심리적으로 나를 지켜 준 도구였다. 초등학교 5학년 때부터 일기를 썼는데, 그 시기에는 글쓰기가 자기표현의 수단이며 무의식적으로 자기를 치유하는 방법이었음을 몰랐다. 대학 진학 후부터는 문학 작품을 습작하기 시작했는데, 그때는 글쓰기가 세상을 이해하면서 자기 정체성을 형성해 가는 방법이었다.

그날 정신분석가의 질문에 나는 그 일이 즐겁다고 대답했다. 글쓰기에서 가장 즐거워하는 요소는 작은 창의성과 맞닥뜨리는 순간이었다. 고심해서 찾던 적절한 어휘가 떠오를 때, 상상력이 원하던 대로 펼쳐질 때 느끼는 내적 희열감이 있었다. 뒷산을 산책하다가 오래 품고 있던 의문에 답을 만나면 발걸음에서 비눗방울이 터지는 듯한 기쁨의 순간이 있다고 답했다. 그녀는 묵묵히 고개를 끄덕였고, 나는 그녀가 내 말에 공감할 수 있을 거라 믿었다.

식사를 끝내고 돌아오는 길에 문득, 소름 끼치는 깨달음이 있었다. 내가 글쓰기를 통해 나의 존재를 증명하려 했다는 사실이었다. 누구나 이 세상을 살아가는 이유가 있고, 그에 부합되는 행위로써 자신의 존재를 증명하고자 한다. 나는 글을 씀으로써 이 세상 한 귀퉁이에 존재할 수 있는 허가를 받았다고 느끼는 듯했다. 이어서 알아차린 사실은 내가 쓴 글을 통해 권위를 가진 자의 인정과 지지를 받고 싶어 한다는 점이었다. 그 사실을 알아차렸을 때 명백한 증거처럼 하나의 문장이 떠올랐다. 대학 4학년 때 품었던 생각이었다.

'빨리 등단해서 황순원 선생님을 영광되게 해 드리고 싶다.'

우리 학번은 황순원 선생님께 소설을 배운 마지막 학생이었다. 당시 선생님께서는 일흔을 넘긴 연세셨고, 명예 교수로 일주일에 하루만 강의하셨다. 그때는 선생님의 연세를 염두에 두면서 빨리 등단하고 싶어 했던 것 같다. 미숙한 시절의 생각에 어떤 무의식이 작용하고 있었는지 알아차리자 혼자서도 절로 낯이 붉어졌다. 선생님의 명예는 나의 등단과 아무 관계가 없다는 사실, 선생님께 인정받고 싶은 욕망을 그런 언어로 포장했다는 사실이 명료하게 보였다. 심지어 나는 선생님의 제자였다는 사실을 나를 수식하는 언어로 사용한 혐의조차 없지 않았다.

그 사실을 알아차리자 더 많은 생각들이 뒤따라 나왔다. 데뷔 후에는 좋은 소설을 써서 문단의 인정을 받고 싶어 했다. 문단이라는 것의 실체가 무엇인지, 어디엔가 실제적인 힘을 가진 빅 브라더가 있는지 제대로 알지도 못한 채 그저 문단의 인정을 받고 싶어 했다. 문단이라는 것이 내면에 만들어 가진 이상적인 아버지 이미지, 내면에 존재하는 권위자라는 사실을 알지 못했다.

심리 에세이를 쓰면서 경험했던 감정들도 더욱 잘 이해되었다. 첫 심리 에세이를 쓸 때는 잠깐의 외도라 생각했다. 나의 본령은 소설인데 잠시 필요에 의해 한 권의 에세이를 쓸 뿐이라 여겼다. 두 번째 심리 에세이를 쓸 때는 죄의식이나 부채감 같은 것이 있었다. 당시 연재하던 상담 코너에 올라오는 후배 여성들의 질문을 보면 대부분 내가 경험하고 넘어선 문제들이었다. 그들도 삶을 대하는 패러다임만 바꾸면 그토록 고통받지 않으면서 자발적으로 삶을 개선해 나갈 수 있을 텐데 싶었다. 그들이 삶을 대하는 관점을 바꿀 수 있도록 모든 질문에 답을 줄 수 있다면 하는 마음으로 두 번째 심리 에세이를 썼다. 그 추진력은 틀림없이 부채감이었다.

세 번째 심리 에세이를 쓴 것은 정신분석가로부터 "왜 소설을 쓰느냐?"는 질문을 받은 후의 일이었다. 그때는 자발적으로, 아무런 내적 걸리적거림 없이 그 책을 쓸 수 있었다. 글쓰기는 인정받고 지지받기 위한 방편이 아니라 나의 삶의 일부이며, 자기실현 과정이며, 나의 경험을 독자들과 나누는 방법이었다. 어떻게 독자들과 잘 소통할 것인가에만 마음을 쓰면 되었다.

하지만 그때까지도 '빨리 심리 에세이를 끝내고 소설에 전념해야지.' 하는 마음이 없지는 않았다. 그 시기에 다행스럽게도 또 다른 선배를 만나 화두 같은 질문을 받을 수 있었다. 편안히 이야기를 주고받던 도중, "심리 에세이는 세 권으로 끝내고 이제부터는 소설에만 집중할 생각이다."라고 말했을 것이다. 그러자 에세이스트인 선배는 가벼운 말투로 이렇게 물었다.

"그럼 자기는, 소설이 에세이보다 우월한 장르라고 생각해?"

그 질문은 내가 가지고 있는 허위의식의 마지막 꺼풀, 인정받고 싶은 욕망의 마지막 조각을 환하게 들춰 보였다. 틀림없이 내게는 글의 장르에 우열을 가리는 분별심이 있었고, 우월하다고 여기는 장르로 승부하고자 하는 마음이 있었다. 그것 역시 인정받고 사랑받고자 하는 욕망임에 틀림없었다. 아마 그 지점에서 내면에 만들어 가진 무의식적 권위자 이미지의 모든 측면이 점검되는 듯했다.

자크 라캉의 '대상 A'나 우리 내면의 빅 브라더, 카프카가 도달하고자 하는 '성'의 주인 같은 인물이 해체되는 것 같았다. 글을 쓸 때마다 내 앞에 세워져 있다고 느꼈던 전류 흐르는 철조망도 무너지는 것 같았다. 나의 존재를 타인에게 증명하거나 허락받을 이유가 없으며, 나의 삶을 누군가에게 승인받을 필요가 없음을 마음 깊은 곳까지 받아들이게 되었다.

권위의 인정을 받고자 하는 욕망이 점검되고 해체되자 현실에서 묘한 변화가 일어났다. 연장자 어른들에게 느껴 왔던 미묘한 어려움이 사라지고, 그들의 내면이 더 잘 보이는 듯했다. 공적 행사의 뒤풀이 자리에 가면 젊은이들은 되도록 연장자로부터 멀찌감치 떨어진 자리에 앉아 있고, 선생님들 옆자리는 비어 있곤 한다. 그럴 때마다 나는 일부러 연장자 선생님 옆자리에 가서 앉곤 했다. 그분들께 여러 가지 질문을 퍼부으면서 그분들이 삶을 통해 얻은 지혜를 날로 주워듣는 일을 즐기게 되었다. 이야기를 나누다 보면 그분들에게도 해결하지 못한 내면 아이가 있어, 간혹 두 아이가 대화하는 듯한 착각이 일기도 했다. 그것은 참 편안한 경험이었고, 비로소 상징계라 불리는 영역에 들어서는 일이었고, 심리적 자립을 넘어 진정한 어른이 되는 경험이기도 했다.

이제 나는 아마추어와 프로페셔널을 가르는 기준을 하나 가지고 있다. 아마추어가 인정받고 사랑받기 위해 일한다면 프로페셔널은 자기에게 유익하고 즐거운 일을 한다. 아마추어가 타인과 경쟁한다면 프로페셔널은 오직 자신과 경쟁한다. 아마추어가 끝까지 가 보자는 마음으로 덤빈다면 프로페셔널은 언제든 그 일에서 물러설 수 있다는 마음으로 임한다. 그 결정적인 차이는 내면에서 느끼는 결핍감 유무와 관련 있는 것으로 보인다.

처음에는 그 감정이 무엇인지 몰랐다. 단체 여행을 할 때면 나는 늘 나이 든 여성 곁에 머무는 것을 좋아했다. 처음에는 혹시 그분들이 여행 중 불편해하는 점이 있으면 도와 드려야겠다는 마음이었다. 입출국 수속 때 간단한 절차를 돕거나, 사소하게 필요로 하시는 물건을 건네 드렸다. 계단 많은 유적지에서 일행에게 다녀오라 하시고는 유적 바깥에 머무시는 분이 계시면 나도 할머니 곁에 쭈그리고 앉아 함께 시간을 보냈다. 어차피 열심히 살지 않기로 했기 때문에 유적지 한두 개 덜 봐도 그만이었다.

할머니들 곁에 머무는 것을 좋아할 뿐만 아니라 할머니들의 이야기를 듣는 것도 좋아했다. 그저 "어쩌면 이렇게 고운 재킷을 입으셨어요?" 하는 정도의 질문만 해도 할머니들은 경계심 없이, 놀랍도록 담담한 말투로 당신 인생 이야기를 풀어내곤 하셨다. 할머니들의 이야기를 들을 때마다 놀라는 사실은 그분들 중 누구도 고리타분한 정서에 사로잡혀 계시지 않다는 점이었다. 젊은이들을 이해하고 감싸려 애쓰고, 새로운 문화를 수용하려 노력하셨다.

티베트 여행을 함께 했던 노보살님 중에는 흰 바지에 병아리색 사파리 재킷을 입고, 핑크빛 여행 가방을 끌고 오신 분이 계셨다. 뒤에서 보면 영락없는 이십 대 스타일로 보였다. 그분은 가톨릭 신자인데, 신앙심 중 죄의식 대목에서 불편을 겪고 계셨다고 한다. 텔레비전 채널을 돌리다가 우연히 불교 TV에서 "죄도 없고 악도 없다."는 설법을 들은 후 티베트 여행에 동참하게 되었다고 하셨다. 내가 소설가이고, 결혼을 하지 않았다고 밝히자 그분은 이렇게 말씀하셨다.

"어머, 멋지다. 경제력만 있으면 자기 하고 싶은 일 하면서 사는 게 제일이지."

그 반응은 내가 결혼하지 않았다는 사실을 밝혔을 때 돌아온 반응 중 가장 신선했다. 그것도 칠십 대 중반 여성에게서 그런 말을 듣다니, 신기하기까지 했다. 그분은 결혼하지 않고 사는 후배 여성의 삶에 대해 생각이 많으셨던 모양이다. 다음 날 나란히 걷게 되었을 때 이렇게 물으셨다.

"그럼, '섹스 앤 더 시티'의 캐리처럼 살아요?"

나는 커다랗게 웃고 말았다. 할머니는 그 드라마도 보신다는 뜻이었다. 그래서 나도 할머니께 여쭈어 보았다. 만약 할머니가 아직 젊고, 경제력도 있다면 혼자 사는 쪽을 택하시겠느냐고. 할머니는 잠시 생각해 보시더니 이렇게 답하셨다.

"아니야, 아무래도 나는 가족이 있어야겠어. 그들을 통해 내가 정의되고, 그들을 보살핀 결과로 지금 누리는 것들도 참 좋거든."

그런 말씀을 들으면 나이 든 여성들의 지혜에 감동하는 마음이 된다. 칠십 대가 되었음에도 여전히 자신을 성찰하며, 삶의 의미를 발견하려 애쓰며, 자기를 변화시키기 위해 어떤 시도를 하시는지 유심히 보게 된다. 그들에게서 나의 미래를 보는지도 모른다.

미국 여행을 함께 했던 할머니 한 분은 여행하면서도 불편한 마음이 없지 않았다고 했다. 살림하는 사람이, 나만을 위해 이런 돈을 써도 되나 하는 생각이 따라다녔다. 그런데 워싱턴의 한 미술관에서 피카소 그림을 보고 나온 후 이렇게 말씀하셨다.

"피카소를 보고 나니 가슴이 뻥 뚫리면서 여행 경비가 아깝다는 마음이 순식간에 날아갔다. 나는 피카소의 '피' 자도 모르는 사람이지만 가이드가 피카소가 초현실주의자여서 앞, 뒤, 옆얼굴을 한 면에 그렸다는 얘기를 듣자 그게 뭔지 이해할 수 있을 것 같았다."

그런 말을 들을 때마다 내가 얼마나 감동하는지, 내 감동이 지나친 오버가 아닌가 싶어질 때도 있었다. 노인들 곁에 머무르며 그분들 이야기를 듣기 좋아하는 마음이 무엇인지 제대로 알아차린 것은 훈습 기간의 거의 마지막에서였다. 내가 18개월부터 여섯 살까지 외할머니 손에서 자랐다는 사실이 이유의 전부가 아니었다. 중·고등학교 때 하숙집 주인들도 모두 할머니들이었다. 성인이 될 때까지 거의 모든 시간을 할머니들과 함께 살았고, 할머니들을 보고 배웠고, 할머니들을 상대로 다양한 심리를 경험했던 것이다. 그럼에도 하숙집 할머니들을 까마득하게 잊고 있었다.

훈습 작업에는 자신의 생애 동안 중요했던 사람들이 결코 다른 사람들에 의해 대체될 수 없는, 꼭 필요한 존재였다는 사실을 받아들이는 일이 포함된다. 그분들의 입장을 이해해 보는 것, 그분들이 다른 사람이었으면 하는 소망에서 벗어나는 것, 그분들을 새롭게 사랑하는 일이 필요하다. 내 경우에는 그런 작업을 해야 하는 중요한 양육자들 중에 하숙집 할머니들이 있었던 셈이다. 할머니들은 내 생애 가장 깊은 곳에 존재하는 인물이며, 내 삶의 모든 곳에 존재하는 분들이었다.

하숙집 할머니들에 대해 감사하기는커녕 그분들을 까맣게 잊고 있다는 사실을 알아차렸을 때 다시 한 번 마음을 더듬어 보았다. 부모를 향해 품지 못했던 유아기의 분노가 대체 양육자를 향해 투사되어 그랬을지도 몰랐다. 그다지 편안하지 않았던 그 시절을 떠올리고 싶지 않아서 그랬을 수도 있었다. 단체 여행에서 할머니들 곁에 머무는 내 모습을 보면서, 생의 모든 할머니들을 새롭게 회상하면서, 뒤늦게 그분들께 감사의 마음을 느끼면서 무의식을 꺼내 보는 마지막 단계를 지나는 듯했다.

아마 그 지점쯤에서 "마음을 비우라."는 말의 진정한 의미를 이해한 듯했다. 마음을 비우라는 말의 진짜 의미는 무의식에 억압하고 회피해 둔 것들을 끄집어내어 자기 것으로 인정하고 의식 속으로 통합하라는 뜻이었다. 정확하게 표현하면 마음을 비우는 게 아니라 외면해 온 마음을 끌어안는 일일 것이다. 무의식 속 결핍, 결함, 결점들을 내 것으로 인정하자 내면이 가볍고, 환하고, 편안해졌다. 간혹 불편이 느껴지는 일을 만나더라도 이렇게 생각하면 금세 답이 나왔다.

'지금 불편을 느끼는 내 마음은 무엇이지?'

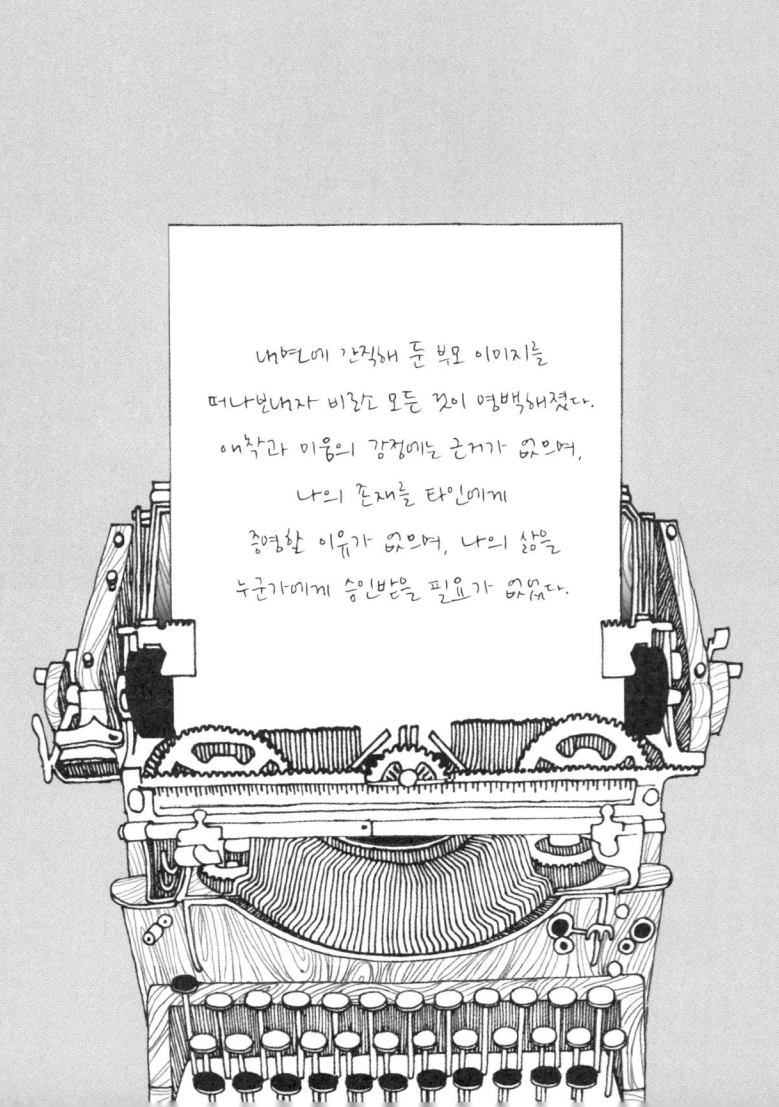

Chapter 2

하지 않던 일 하기

훈습의 두 번째 단계에서는 새로운 생존법을
만들어 가지는 시간, 공간이 필요했다.
한 10년 '자발적 왕따'로 지내며 단순한 삶 속에서
신비한 지혜에 닿기를 꿈꾸었다.

내 마음의 연금술사
분화의 ● 시간과 공간

그리스 칼람바카의 메테오라 수도원은 만화 장면 같았다. 만화 인물 머털 도사가 사는 집은 수직으로 솟은 좁은 바위산 꼭대기에 있는데, 메테오라 수도원이 꼭 그랬다. 그곳에 가면 인간의 상상력이 세상의 물질들을 만들어 낸다는 주장이 참이 아닌가 싶어진다. 메테오라 산들은 산세가 온화한 편인데, 그 한가운데 해발 5백 내지 6백 미터에 달한다는 산이 있었다. 버스가 산모퉁이를 돌 때마다 새로운 바위산이 나타나고, 바위산 꼭대기마다 성당, 수도원이 있었다.

나는 아테네에서 출발하는 '델피-메테오라' 여행 프로그램에 동참했다. 여행 안내자는 규모가 다른 세 군데 수도원을 관람할 수 있도록 안내했다. 첫 번째 수도원 입구는 바위기둥을 뚫고 들어가도록 설계되어 있었다. 안으로 들어서면 외벽을 따라 나선형 계단이 놓여 있었고, 계단을 오르다 보면 산 안쪽으로 우묵하게 파 놓은 석굴 형태의 일인용 수행처도 보였다. 꼭대기에 다다르면 산 외벽에서 산꼭대기 수도원까지 이르는 길은 다시 바위를 뚫어 만든 통로로 이어졌다. 건축술도 놀라웠지만 그토록 세상으로부터 멀어지려 애쓴 흔적이 더 인상적이었다.

바위산 꼭대기는 멀리서 예상한 것 이상으로 넓고, 온화하고, 안정감을 주었다. 예배를 위한 공간, 수행자들의 주거 및 수행 공간, 별도의 종탑 등이 보였다. 햇빛과 바람이 잘 드는 마당에는 예쁜 꽃밭도 있었는데 꽃밭에는 방금 물을 준 흔적이 남아 있었다. 수도원 역사를 보여 주는 작은 박물관과 기념품점도 보였다. 여행 안내자는 그 수도원이 14세기 가톨릭 수사들에 의해 건축되었고, 이후 그리스 정교회 사원으로 사용되었던 흔적들을 세심하게 설명했다.

삼십 분 자유 시간이 주어졌을 때 천천히 수도원 마당을 거닐어 보았다. 마당 이쪽 끝에서 저쪽 끝까지 걸어 보았다가, 마당 한가운데 서서 햇빛과 바람을 느껴 보았다가, 마당 가장자리 담장에 기대어 보았다. 담장 바깥은 안개 흐르는 허공이었다. 더 멀리 시선을 밀어내도 산과 계곡만 보였다. 들판 너머 까마득히 먼 곳에는 인간의 마을이 손바닥만 하게 엎드려 있었다. 절로 생각이 많아졌다. '이런 곳에서 평생을 머문다는 것은 어떤 의미일까, 그 삶이 도달하고자 하는 최종 목적지는 어디일까?'

사실, 오래전부터 수행자들의 수행 공간에 마음이 끌리곤 했다. 그들은 왜 건조한 사막 지대에 석굴을 만들고 그 속에 머물렀을까? 빛과 바람이 들지 않는 동굴에서는 건강이 나빠지지 않을까? 아잔타 석굴이나 둔황 석굴은 더운 지역에 있으니 오히려 석굴이 안전한 환경이었을까? 그렇다면 우리나라 수행자들은 왜 겨울에도 춥고 습한 토굴에 머무는 걸까? 기회와 여건이 주어진다면 그 모든 수행 공간들을 방문해 확인하고 싶었다.

그것은 가장 내밀한 소망과 관련이 있었다. 혹시 자폐 성향이 아닐까 염려하면서도 자주 '혼자 조용히 지내고 싶다.'는 마음이 들었다. 사람들과 어울릴 때보다 귀가하여 집에 머물 때가 한결 평온한 상태가 되었다. 혼자 책을 읽고 글을 쓸 때 평화롭고 충만했고 정기적으로 그런 시간이 필요했다. 삶은 칩거의 글쓰기 기간과 세상과 교류하는 시간으로 나뉘곤 했다.

정신분석을 받으며 그렇게 한 이유가 짐작되었다. 융의 용어인 '테메노스'를 갖기 위해서였던 듯했다. 테메노스는 고대에 희생 제의가 치러지던 신성한 공간을 말하는데, 개인의 내면에 만들어 가지는 심리적 공간을 의미한다. 내면에 심리적 공간이 있어야 갈등이나 문제를 담아 두고 소화시킬 수 있다. 그러고 보면 나는 해결해야 할 문제가 있을 때에도 혼자 조용히 머물렀다. 내면을 고요하게 하고, 생각을 숙성시키며 한순간 떠오르는 해결책과 통찰을 만나고자 했다.

훈습 기간, 심리적 의존 대상들과 분리된 후 경계를 지켜 나가는 시기에는 테메노스를 적극 활용했다. 스스로를 '자발적 왕따'라 부르며 혼자 조용히 머무는 삶을 택했다. 자발적 왕따는 방송 작가인 친구가 들려준 말인데, 그녀는 이십 대 때 친구들과 소모적으로 어울리는 것보다 혼자 조용히 지내는 것을 택하면서 스스로를 그렇게 불렀다고 했다. 친구의 용어를 빌려 와 한 10년만 자발적 왕따로 살아 보기로 했다. 그렇게 결정할 때 참고한 사람은 프로이트와 융이었다. 프로이트는 스승 브로이어와 헤어진 후 독자적인 자기 학문 체계를 세울 때까지 10년의 시간을 혼자 보냈다. 카를 융도 스승 프로이트와 헤어진 후 10년 정도 경력의 공백이 있는데, 자기 학문을 만드는 암중모색의 시간을 보냈을 것이다.

자발적 왕따의 시간은 분화의 시간이었다. 훈습 과정에서 실천하는 행동들이 속속들이 몸에 배게 하고, 그것이 정서의 일부가 되어 성격 성향에도 변화가 이루어지기를 기다리는 시간이었다. 자율성, 가치관, 비전 등이 새롭게 정립되면서 새로운 자기가 태어나기를 기다리는 시간이었다. 그 시간이 지나면 의존성 없이 관계 맺고, 보답을 바라지 않고 세상과 나누기가 가능해질 거라 믿었다. 세상 한가운데서 사람들과 관계하면서도 고요하고 평온한 자기중심을 유지할 수 있을 거라 기대했다.

심리 에세이를 쓴 후 간혹 딜레마에 빠졌다. 자발적 왕따로서 조용한 분화의 시간을 갖고 싶은데, 오히려 이전보다 더 많은 사람들로부터 다양한 제안을 받게 되었다. 그중에는 책을 읽으면서 작가에 대한 저마다의 이미지를 만들어 가진 독자들이 메일을 보내거나 지인을 통해 만남을 요청하는 일이 있었다. 처음에는 그런 청이 오면 우선 시간을 냈다. 쉽지 않은 경로를 거쳐 낯선 이에게 요청할 만큼 급한 문제가 있을 거라 생각했다. 무엇이든 그들이 필요로 하는 것이 내게 있다면 그것을 주고 싶었다.

하지만 막상 그런 이들을 만나 보면 아무런 용건이 없는 경우가 대부분이었다. 그들은 그저 함께 밥 먹고 차 마시며 이야기하기 위해 나를 만나자고 한 것이었다. 처음에는 용건을 꺼내기 어려워하는 줄 알고 가만히 기다렸다. 헤어지는 순간까지 별다른 용건을 말하지 않기에 기어이 질문을 꺼냈다.

"무슨 용건이 있었던 거 아니었어요?"

그랬더니 상대방이 더 놀랐다. 놀라면서 이렇게 되물었다.

"네? 무슨 용건이 있어야 만나는 거예요?"

그런 일들이 반복될 때마다 그 행위의 의미가 하나씩 이해되었다. 그들도 예전의 나처럼 심리적 경계가 없어 자기 내면의 이상화된 엄마 이미지를 내게 투사하고 있었다. 그들은 원하는 게 없는 것이 아니라 자신이 무엇을 원하는지, 얼마나 큰 것을 원하는

지 알아차리지 못하고 있었다. 또한 그들은 다급하게 심리적 그릇을 필요로 하고 있었다. 혼자 처리할 수 없는 위험한 감정을 대신 소화시켜 줄 사람을 필요로 했다. '가만히 곁에 있어 주기'만으로도 많은 문제가 해결된다는 사실은 투사적 동일시를 이해하면서 알아차렸다. 그들은 자기가 해결하지 못하는 감정 덩어리를 내게 던져 주고 가볍고 상쾌한 상태가 되어 돌아가곤 했다.

훈습 과정에는 그 문제도 '적응하거나 해결하거나' 해야 했다. 그런 이들을 대하는 규칙을 정했다. 메일로 문제 해결법을 요청하는 이들에게는 의존성을 먼저 알아차리도록 답을 보냈다. 생의 중요한 문제를 결정해 달라고 요청하는 이들에게는 예측 가능한 미래를 충분히 예시한 다음 스스로 결정하도록 했다. 그렇게 했음에도 결국 "선생님이 어떻게 하라고 했잖아요."라고 원망하면서 인식 오류, 책임 회피, 분노 투사의 삼종 세트를 한꺼번에 던지는 이를 만날 수밖에 없었다.

직접 만나고자 하는 이들에게는 일요일 오후에 내가 있는 곳까지 오면 서너 시간쯤 내어 주기로 했다. 그것이 침범당한다는 느낌 없이 내 경험을 나누어 줄 수 있는 최선의 방법이었다. 직접 만나더라도 그들이 무의식적으로 원하는 이상화된 엄마 역할을 해 주지 않았다. 위로하고 지지하는 역할보다는 그들의 유아기 욕구를 알아차리게 하고 그것을 좌절시키는 방법을 택했다. 그들이 원하는 것과 다른 것을 줌으로써 돌아오는 부정적 반응을 가만히 소화시키는 것도 내 몫이었다.

이십 대 후반인 다인이도 그렇게 만난 후배였다. 그녀는 "선생님, 저랑 산책하실래요?" 하는 문자를 보내왔다. 나는 일요일 오후 두 시 이후에 시간을 낼 수 있으며, 이번 주 일요일에는 선약이 있다고 답 문자를 보냈다. 그러자 "네에, 예약제시군요." 하며 비아냥거리는 답 문자가 돌아왔다.

다음 주에 다인이를 만났을 때 그녀에게 타인을 필요로 하는 심리에 대해 물어보았다. 혹시 마음이 불안할 때마다 누군가에게 전화해 수다 떨거나, 연락되는 아무나 만나러 가거나, 언제 누가 필요할지 몰라 되도록 많은 지인을 확보해 두려고 하지 않느냐고. 다인이는 자기 행동을 순순히 인정했다. 그녀는 세상 사람을 사용할 수 있는 사람과 사용할 수 없는 사람으로 분류한다고 했다. 특정인에 대해 그를 사용할 수 있을지 알아보기 위해 슬며시 간을 보기도 한다고 덧붙였다.

나는 다인이에게 융의 테메노스에 대해 설명해 주었다. 지금이라도 내면에 갈등을 담아 두는 심리적 그릇을 만들고 스스로 불안이나 분노의 감정을 소화시키는 능력을 키워 나가야 한다고 말해 주었다. 다음번에 스트레스 상황이 생기거나 불안해지면 아무에게도 전화하지 말고, 누구도 만나지 말고 혼자 가만히 있어 보라고 제안했다. 그 감정을 안고 있을 때 어떤 느낌이 드는지 느껴 보라고 일러 주었다. 그녀는 두 주쯤 후 전화해서 비명처럼 말했다.

"선생님이 말한 대로 했더니 힘들어 죽을 거 같아요. 내 마음이 거대한 검은 아가리처럼 나를 삼킬 것 같아요. 어떻게 혼자 가만히 있어요?"

　다인이에게도 그 감정의 본질을 알아차리고, 새로운 생존법을 익혀 나가는 시간이 필요할 것이다. 그 후로도 그녀는 자주 나를 만나고 싶어 했고, 나는 형편에 따라 그녀의 청을 들어주거나 좌절시키거나 했다. 만날 때면 마음이 왜 그렇게 작동하는지 이해할 수 있도록 설명해 주었다. 하지만 내가 주는 지식보다 그녀에게 유익했던 것은 내가 만들어 주는 정서적 공간이라는 것도 알고 있었다. 그녀는 내가 제공하는 '테메노스'에 담김으로써 동일시를 통해 그 경험을 자기 기능으로 만들 수 있었을 것이다. 그녀를 드문드문 만난 지 2년 반쯤 되었을 때, 드디어 색다른 메일을 받았다.

　"제가 그동안 얼마나 즉각적으로 주변 사람들을 사용했는지 경험 속에서 확연히 보게 되었어요. 부끄럽고 창피해요. 제가 그동안 선생님의 판단력을 사용해 왔다는 것도 알게 되었어요. 이제는 혼자 해 나가야겠어요."

　다인이는 그때도 내 판단력이 아니라 정서적 공간을 사용했다는 사실은 모르고 있었다. 그 후 가끔 "어떻게 혼자 가만히 있어요?"라는 다인이의 말을 떠올리게 된다. 주변에서 일어나는 대부분의 갈등은 혼자 가만히 있지 못하는 이들이 만들어 내는 것 같아 보인다. 한강에서 뺨을 맞으면 그 경험과 감정을 내면에 간직하고 소화시키는 단계를 밟기도 전에 재빨리 동대문에 가서 만만한 사람의 뺨을 후려치는 것이다. 그런 감정들은 한 번씩 투사될 때마다 증폭되는 것 같아 보이기도 한다.

융은 테메노스를 연금술 용어 '헤르메스의 그릇'에서 가져왔다고 한다. 헤르메스의 그릇은 연금술사들이 금을 만들 때 사용하는 용기로, 그 안에 납을 넣고 밀봉한 후 열을 가하면 납에 화학 변화가 일어나 금으로 변한다고 믿었다. 그릇에 금이 가거나 해서 열기가 조금이라도 새어 나가면 금이 만들어지지 않는다고 믿었다.

연금술 비유에서 중요한 대목은 헤르메스 그릇의 열이 밖으로 새어 나가지 않아야 한다는 지점이 아닐까 싶었다. 상칼파를 입 밖에 내지 않고 내면에만 간직하는 것처럼, 어떤 경험이나 감각이든 그것을 내면에 조용히 간직할 수 있을 때에만 그것을 자기에게 유익한 성분으로 숙성, 변화시킬 수 있는 게 아닐까 싶었다.

헤르메스의 그릇을 알게 된 후 종교 수행자들이 세상으로부터 그토록 멀리 떨어진 곳에 자기만의 공간을 만드는 이유를 짐작할 수 있었다. 광야에서 외로운 시간을 보내는 기독교 성자들이나, 세상과 멀리 떨어진 곳에서 고행을 선택하는 불교 수행자들도 더 깊이 이해되었다. 달마 대사는 중국으로 건너온 후 9년 동안 동굴 속에서 면벽 수행했다. 6조 혜능 대사는 깨달음을 얻은 후 13년 동안 사냥꾼 무리에 숨어 지냈다. 5조 홍인 대사가 그에게 법을 전하면서 보림이 완성될 때까지 아무에게도 자신을 드러내지 말라고 일렀다.

"혼자 조용히 머무는 사람은 신비한 지혜에 닿는다."

노자의 말씀도 같은 맥락일 것이다. 돌이켜보면 자발적 왕따의 시간은 내 생에서 가장 소중하고 경이롭고 아름다운 시간이었다.

사랑의 비렁뱅이를 떠나보내며
자율성과 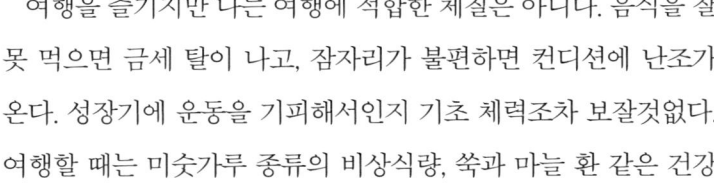 자기사용

여행을 즐기지만 나는 여행에 적합한 체질은 아니다. 음식을 잘못 먹으면 금세 탈이 나고, 잠자리가 불편하면 컨디션에 난조가 온다. 성장기에 운동을 기피해서인지 기초 체력조차 보잘것없다. 여행할 때는 미숫가루 종류의 비상식량, 쑥과 마늘 환 같은 건강보조 식품을 챙겨 다니며 빵과 과일만 먹는다고 생각하는 쪽이 속 편했다.

단체 여행에 동참할 때는 스케줄을 점검하여 난코스로 짐작되는 곳을 찾아낸다. 밤 버스를 타고 7시간 이동하거나, 기차에서

48시간 보내는 스케줄을 만나면 그 시간을 잘 넘기기 위한 준비물을 챙긴다. 혼자 여행할 때면 결코 무리한 여행 계획을 짜지 않지만 단체 여행에 소속되면 어쩔 수 없이 적응해야 했다.

인도로 가는 요가 여행은 대학원생으로 이루어진, 피 끓는 청춘들이 짠 계획이었다. 당연히 그들 체력에 맞추어져 있어 처음부터 내 체력에 버거워 보이는 곳이 있었다. 꼭두새벽에 집에서 출발해서 온갖 수속과 비행기 갈아타기를 거쳐 30시간 만에, 그것도 현지 시간으로 자정에 첸나이 공항에 도착하면 그곳에서 하룻밤을 자는 게 상식일 것이다. 하지만 피 끓는 청춘들은 거기서 최종 목적지까지 5시간쯤 더 달리도록 버스를 준비시켜 두었다. 낡은 버스를 타고 비포장도로를 달리는 동안 몸이 마른 종잇장처럼 부서져 내릴 것 같았다.

그럼에도, 일행에게서는 한 마디의 잡음도 나오지 않았다. 그들이 싱싱한 청춘이기 때문만이 아니라 자기 성찰 작업을 하는 이들이어서 그런 것 같았다. 그들은 어떤 감정이나 경계와 맞닥뜨릴 때마다 내면을 돌이키는 듯했다. 조용하고 성숙한 여행 팀이었다. 요가 학교에서는 새벽부터 저녁까지 빼곡한 시간표를 따라 얼마나 열심히 공부하는지, 나는 교정 벤치에 가만히 앉아 그들의 열정에 감동하기만 했다.

일행 중 유난히 조용하고 눈이 빛나는 여성이 있었다. 처음에는 그녀가 아무도 먹지 못하는 음식을 묵묵히 먹는 모습 때문에 눈길이 갔다. 그 음식은 녹두를 살짝 싹 틔워 날것으로 먹는 것이었는데, 멀리서 비릿한 냄새만 맡아도 속이 울렁거렸다. 그녀는 녹두를 숟가락으로 듬뿍 떠서 입에 넣은 후 천천히, 오래 씹었다. 표정은 편안했고 심지어 만족감까지 내비쳤다. 그녀는 누구를 기죽일 의도가 없었겠지만, 매사에 걸림 없는 그런 태도를 만나면 부러운 게 사실이었다. 그 후로도 내 시선은 자주 그녀를 좇았는데, 그녀는 어떤 경우에도 목소리를 높이거나 행동이 급해지지 않았다.

여행 마지막 날 저녁, 여행을 마무리하는 최종 모임이 있었다. 지도 교수는 어려운 여행을 잘 치러 준 일행을 치하한 후 마무리 작업으로 상칼파를 점검했다. 어떤 상칼파를 지녔는지, 여행 중 그것을 어떻게 지켰는지, 상칼파가 이미 이루어졌는지 어떤지 자유롭게 이야기했다. 학생들이 내어 놓는 상칼파는 대부분이 업장 소멸, 에고리스(ego-less) 등 형이상학적 내용이었다. 싹 틔운 녹두를 먹던 여성도 조용히 일어나 자기 이야기를 시작했다.

"저는 원래 비위가 약해서 집을 떠나면 음식을 잘 못 먹고 변비도 생기고 해서 불편을 겪습니다. 이번 기회에 그 불편한 습관을 없애고자 마음먹고 그것을 상칼파로 정했습니다. 여행 동안 저는 상칼파를 이룬 것 같습니다. 모든 음식을 잘 먹었고, 배탈이 나지 않았고, 화장실 가는 문제도 걱정이 없었습니다."

또 한 방 고수의 주먹을 맞은 것 같았다. 그녀가 싹 틔운 녹두를 천천히 씹어 먹을 때 나는 그녀가 원래 비위가 강한 사람일 거라 짐작했다. 편안하고 만족스러운 표정은 진짜로 그 맛을 즐기고 있다고 믿게 했다. 놀라운 반전이었다. 그녀는 음식을 씹을 때마다 약한 비위를 이겨 내고 있었고, 자기 한계를 돌파하면서 주도적으로 삶을 확장시키고 있었다. 반면 나는 비위가 약하다는 사실에 묶여 있었고, 비린 녹두로부터 고개 돌리며 음식에 대한 편견과 자기 한계에 묶여 있었다.

정신분석을 받은 후 내적 대상들에 대한 무의식적 의존성을 알아차리고 그것을 끊어 나갈 때 혼자 중얼거린 말 중 '자기를 사용하기'가 있었다. 자기 사용은 정신분석 용어 '엄마 사용'에 대응하는 말이다. 아기는 원래 엄마를 착취적으로 사용한다. 태내에서부터, 태어난 후에도 오래도록 아기는 엄마를 숙주처럼 이용한다. 아기가 얼마나 편안하게 엄마를 사용할 수 있느냐에 따라 아기의 정신 구조가 다르게 편성된다고 한다. 하지만 어떤 이유로든 엄마를 사용할 수 없는 아기는 자기를 사용하게 되는데, 손가락을 빨거나 거울 앞에 서서 몸을 흔들거나 하면서 스스로를 달래는 것이다.

나는 제법 자율적으로 살아왔다고 믿었는데 알고 보니 그것은 아기가 자기를 사용하는 것과 같은 방식이었다. 의존성을 벗어 낸 후 성인의 방식으로 다시 자기를 사용하는 법을 배워야 했다. 훈습 기간에 실천한 자기 사용에는 자기 사랑하기, 자기 보살피기, 자기에게 필요한 것 주기, 자기를 행복하게 하기 등이 있었다. 먼저 스스로를 사랑하고, 내가 사랑이 가득 한 사람이 되어 넘치는 사랑을 타인과 나누는 것, 그것이 사랑하는 일이라는 것을 알게 되었다. 의존성이 남아 있던 시기까지 내가 했던 사랑은 모두 사랑을 구걸하는 일이었다.

　내가 스스로를 사랑하기 시작하자 사람들이 어떻게 예전의 나처럼 외부에서 사랑을 구하는지 잘 보였다. 영화나 드라마에서 싸우는 커플들이 "네가 나한테 해 준 게 뭐가 있어?"라고 소리 지르면 절로 중얼거리게 되었다.

　"저런 사랑의 비렁뱅이들……."

　그러고 보면 누군가의 입에서 나오는 불평이나 호소는 거의 다 사랑을 구걸하는 언어였다. 그런 이들에게 가끔 "사랑을 구걸하지 말고 사랑을 하세요."라고 말하면 망치로 머리를 맞은 듯한 표정을 짓곤 했다. 타인을 사용 가능한 사람과 불가능한 사람으로 나눈다는 다인이에게도 '자기 사용'의 개념을 알려 주었다. 그녀는 얼마 후 이렇게 말했다.

　"내 안에는 사용할 것이 없는 것 같아요."

　나는 아직 저 말을 완전히 이해하지는 못하고 있다. 정말 그런 자질을 만들어 가지지 못했는지, 의식의 초점이 '결핍되어 있다'는 데 맞추어져 있어 가진 것을 인식하지 못하는지 알 수 없다. 다만 한 가지, 저런 생각을 가지고 있는 동안에는 내면에 있는 자질을 알아볼 수 없을 거라는 점이다. 자기 사용 능력도 계발하고 함양해야 하는 자질임에 틀림없을 것이다. 나는 다인이에게 유대인 속담을 말해 주었다.

　"시도해 보기 전까지는 우리가 무엇을 할 수 있는지 알지 못한다."

∽

중국 베이징에서 라싸로 가는 칭짱 열차는 밤 아홉 시쯤 출발했다. 티베트 성지 순례 여행 프로그램을 검토할 때부터 가장 난코스는 48시간 동안 기차를 타는 것이겠구나 싶었다. 여행을 기획한 곳에서는 해발 5천 미터 고산지대에 서서히 접근하면서 몸을 적응시키기 위해 열차를 이용한다고 설명했다. 첫날 낮 동안 열차는 시안에서 란저우로를 거쳐 시닝까지 가면서 평원과 사막, 실크로드의 다양한 풍경을 보여 주었다. 그날 저녁 거얼무 역을 지나면서부터 열차는 칭짱 고원으로 진입한다고 했다. 안내자는 자정 무렵에 객차 내에 산소가 공급될 예정이라고 말했다.

'산소가 공급된다니, 그게 무슨 뜻이지?'

그런 의문이 지나가기는 했지만 그게 무슨 뜻인지는 한밤이 되어서야 이해할 수 있었다. 잠결에 몸에 이상한 감각이 느껴지기 시작했다. 누군가 넓적한 압박붕대로 내 몸을 촘촘히 감아 나가고 있는 것 같았다. 몸 전체에 느껴지는 압박감은 어느 한 군데 빈틈이 없어 유일하게 붕대가 감기지 않은 눈이나 귀 같은 곳으로 내장이 튀어 나갈 것 같았다. 몸 위에 돌덩이가 얹힌 듯 숨이 쉬어지지 않았고, 힘들게 숨을 들이마셔도 몸 안으로 들어오는 산소가 없었다. 사방으로부터 눌리고 밀리는 느낌이 들었는데, 그것이 실제로 신체에서 느껴지는 감각인지 비몽사몽 꿈속 감각인지도 불분명했다.

이게 무슨 상황이지? 자문하면서 뒤척이고 있을 때 머리맡에서 쉬익! 하는 소리가 들렸다. 소리와 함께 시원한 바람이 몸으로 전달되었고, 그 순간 온몸을 빈틈없이 동여매고 있던 압박붕대에 누가 가위질을 한 것 같았다. 압박붕대는 폴리우레탄 탄력 소재로 만들어져 있던 듯, 한 귀퉁이가 잘리자 순식간에 풀려나갔다. 몸에 느껴지던 압박감이 사라지면서 숨 쉬기가 편안해지고, 사지가 이완되고, 뒤척이던 마음이 가라앉았다. 비로소 산소가 공급된다는 말뜻이 이해되었다. 살펴보니 머리맡에는 지름 2센티미터 크기의 둥근 구멍이 있었다.

객차 내에 산소가 공급되면서 고산증 문제는 모두 해결될 줄 알았다. 하지만 문제는 그때부터였다. 열차는 해발 5천 미터 높이를 향해 계속 올라갔고, 사람들은 그날 밤 내내 다양한 증상과 고통을 호소하면서 화장실에 가서 몸 안의 것들을 쏟아 내었다. 다음 날 오후 다섯 시쯤 라싸에 도착해 숙소에 짐을 풀자 곧바로 의사가 왕진을 왔고 일행 중 세 명이 링거를 맞았다. 고산증 반응은 사람에 따라 천차만별이어서 아무 영향을 받지 않는 사람이 있는가 하면 온종일 호텔에 누워만 있는 사람도 있었다.

고산증을 향해 진행되는 긴 기차 여행 동안 나는 미음만 약간 먹고 속을 비웠다. 라싸에 도착한 다음에는 몸의 컨디션을 회복시키는 일에 집중했다. 우선 따뜻한 꿀 차를 한 잔 마신 다음 잠시 휴식을 취하고, 따뜻한 물로 샤워한 후 몸에 침을 놓기 시작했다. 먼저 태충, 삼음교, 족삼리 등에 침을 꽂고 그 자세로 잠시 쉬었다. 아, 그 전에 먼저 백회에 평자로 침을 하나 꽂았다. 조금 쉰 다음 누운 자세에서 합곡과 후계, 내관과 외관에 침을 꽂았다. 두 손을 배 위에 얹은 자세로 누워 30분쯤 지나니 헝클어진 기운들이 차분하게 가라앉으며 몸이 편안해졌다. 침을 뽑은 후 손끝 발끝에 사혈을 하고 잠이 들었다.

저질 체력에 비위도 약하고 몸도 까탈스럽지만 그럼에도 거듭 여행을 떠나는 것은 믿는 구석이 있기 때문이다. 동양의학에 대한 약간의 상식을 가지고 있고 자기를 관리할 만큼 침을 놓을 줄 안다는 점이다. 여행 중 피로감이 느껴지거나 컨디션에 난조가 오면 저녁에 팔이나 다리에 침 몇 개를 꽂은 채 누워 휴식을 취한다. 그런 상태로 깜빡 잠이 들기도 하는데 경험상 오래 침을 꽂아 두어도 별 문제가 없었다. 물론 나의 행위는 우리나라 의료법에 의하면 무면허 불법 시술 행위에 속한다.

중년으로 넘어서면서 삶을 이끌어 갈 소중한 지식은 모두 천지인에 속하는 우리 전통 학문에서 얻은 것들이다. 명리학을 공부한 이유는 무의식적 불안감 때문이었지만 그것 덕분에 세상 운행에 내재된 질서를 이해하게 되었고, 나아갈 때와 물러설 때를 알게 되었다. 풍수적 관점은 거처를 정할 때나 움직일 때 도움이 되었고, 전통 의학은 몸과 마음의 건강을 챙기는 지점에서 많은 도움을 받았다. 옛 선비들 사이에는 "족삼리에 침 놓지 않는 사람과는 원족도 가지 마라."는 말이 있었다니, 내가 이해하고 사용하는 지식이 옛 선비들의 교양 학문이 아니었을까 싶다. 그동안은 자기를 사용하고 싶어도 그 방법을 몰랐던 측면이 있었던 것 같다.

훈습 기간 중 어느 날, 비로소 '어른'의 개념을 이해할 것 같았다. 사실 오래도록 '어른'이라는 단어에 너무 많은 환상의 의미가 부여되어 있는 게 아닌가 의심했다. 생물학적 성인의 나이가 되었을 때 알아차린 한 가지 사실은 '어른도 참 별것 아니구나.' 하는 거였다. 어른이 되면 마음이 넓어지고, 세상이 환히 이해되고, 매사에 지혜로운 판단을 하는 줄 알았다. 하지만 생물학적 성인이 되어도 그런 곳에 도달하지 못했고, 주변 사람들도 나와 비슷해 보였다. 그때는 이렇게 생각했다.

'어른이라는 단어는 환상이었구나. 화장품이 아름다움에 대한 환상을 끼워 팔고, 약품이 건강에 대한 환상을 끼워 팔듯이, 어른이라는 단어에도 환상의 가치가 덧입혀져 유통되는구나.'

나중에야 현대 사회의 공동체 해체, 양육 환경 변화, 성인식 실종 등이 우리를 미숙아로 만들어 가고 있다는 사실을 알게 되었다. 정신분석 언어로는 누구에게나 '내면 아이'가 있다고 했다. 전통 학문과의 단절, 선조들의 지혜와 단절되는 일이 우리가 어른이 되지 못하게 된 중요한 이유이기도 했음을 짐작하게 되었다.

영웅 신화의 주인공들은 오래전부터 누구나 자기 삶의 주인공이 되어야 한다고 일러 주고 있었다. 스스로 비전을 세우고, 주도적으로 삶을 이끌어 나가야 한다고 이야기를 통해 보여 주고 있었다.

"가는 곳마다 자기 마음의 주인이 되면, 그 자리가 모두 진리이다(隨處作主 入處皆眞)."는《임제록》의 한 구절이다. 자기 마음의 주인이 되는 것, 자기 인생의 주인이 되는 것, 그것이 바로 내가 이해한 어른의 의미였다.

지혜로운 사람은 어리석은 사람과 같다
모름과  혼돈에 머물기

이스탄불의 예레바탄 지하 사원은 몇 차례나 그곳을 지나치면서도 알아보지 못했다. 작은 출입문밖에 없는 그곳은 몹시 소박해서 유적지처럼 보이지 않았다. 길 건너 블루 모스크와 소피아 성당의 화려한 자태에 가려져 더욱 눈에 띄지 않았다. 일부러 사람들 눈에 띄지 않도록 건축된 것 같아 보였다.

예레바탄 사원 입구로 들어설 때만 해도 그다지 큰 기대는 없었다. 가이드북에 안내된 정보도 빈약했다. 하지만 계단을 내려가며 지하 전경이 눈에 들어오자 온몸으로 서늘한 느낌이 번지면서 절

로 입이 벌어졌다. 눈 아래에는 거대한 물 저장 시설이 있었다. 불그스름한 조명으로 희미하게 밝혀진 지하 실내의 무수한 기둥이 먼저 보였다. 바닥에는 1미터 높이쯤 물이 차 있어 물에 비치는 기둥 그림자가 신비로운 물체처럼 흔들렸다. 물 위에는 다리 같은 통로를 설치해 관광객들이 물 저장 시설 구석까지 살펴볼 수 있도록 해 두었다.

입구 안내문에 의하면 그곳은 4세기부터 6세기에 걸쳐 만들어진 지하 물 저장고라고 했다. 가로 140미터, 세로 70미터, 높이 8미터의 공간이며 내부에 받쳐진 기둥은 코린트 양식이었다. 기둥은 28개씩 12줄로 세워져 336개였으나 19세기 말에 90개가 없어졌다고 한다. 물 저장고는 근처에 있는 주요 시설들, 블루 모스크와 소피아 성당 같은 곳에 물을 공급해 왔다. 도시 외곽의 수원지로부터 물을 끌어오기 위해 설치된 수로교가 아타튀르크 거리에는 여전히 남아 있었다.

물 저장 시설은 전체적으로 음산하고 기괴한 느낌이 들기도 했다. 바깥 기온은 섭씨 30도가 넘는 날씨임에도 지하는 소름이 돋을 정도로 서늘했다. 통로를 따라 걸으면 천장에 맺혀 있다 수면으로 떨어지는 물방울 소리가 음악처럼 끊이지 않고 들려 왔다. 통로 위에는 적지 않은 관광객이 거닐고 있었지만 실내는 묘하게 적막한 가운데 오직 물방울 떨어지는 소리만 가득했다. 물속에는 무채색 물고기도 보였고 관광객이 던져 넣은 동전들이 수북이 쌓인 곳도 있었다.

그중에서도 유난히 많은 관광객이 오래 머무는 곳이 있었다. 서남쪽 구석 두 개의 기둥 근처였다. 그곳의 기둥 받침대에는 특별히 메두사 머리 조각상이 놓여 있었다. 관람객들은 메두사 조각상 앞에서 고개를 갸웃한 자세를 취하곤 했는데, 메두사 머리가 하나는 완전히 뒤집혀진 채, 또 하나는 오른쪽 볼을 바닥에 댄 채 옆으로 놓여 있기 때문이었다.

입구 안내문에는 메두사 조각상에 두 가지 미스터리가 있다고 기록되어 있었다. 하나는 그 조각을 어디서 가져왔는가 하는 것. 로만 양식을 보여 주는 그 작품은 아마도 고대 로마 건축물에서 옮겨 왔을 가능성이 높다고 되어 있었다. 또 한 가지 미스터리는 왜 메두사 머리가 거꾸로, 혹은 옆으로 놓여 있는가 하는 거였다. 안내문에는 아마도 당시 노동자들이 그런 상태로 조각품을 운반해 와서 그대로 놓았을 것이라 씌어 있었다. 그밖에 정확한 사실 정보는 없으며, 더 궁금한 사람은 신화에서 답을 찾으라고 메두사 신화를 덧붙여 놓았다. 메두사는 누구든 시선을 마주치는 사람을 돌로 변하게 만드는 신화 속 인물이라는 설명과 함께.

금방이라도 포효할 듯 분노한 표정의 메두사 얼굴을 보고 있자니 그 설명이 피상적이라는 생각이 들었다. 더운 나라에서 물 저장고는 곧 생명줄이었을 것이다. 소중한 시설을 만들면서 어딘가 먼 곳에서 메두사 조각상을 가져와 장식했을 때는 긴밀한 이유가 있었을 것이다. 운반해 온 그대로, 편한 대로 놓지는 않았을 것이라는 생각이 들었다. 아타튀르크 거리에 있는 발렌스 수로교를 보자 그런 생각은 더 굳어졌다. 그토록 먼 곳으로부터, 다만 물을 끌어오기 위해, 4세기에 그토록 정교하고 아름다운 시설을 건축했다는 게 믿어지지 않았다.

그런 마음이 현대인의 나르시시즘인 듯했다. 현대인은 우리가 누리는 과학이 가장 앞서 있고, 새로운 지혜나 문명을 발달시키고 있다고 믿는 것 같다. 그런 생각 때문에 무의식적으로 과거 인물들을 무지하거나 미숙한 사람으로 치부하는 경향이 있었다. 문화 유적 앞에서 놀라움으로 입을 벌릴 때마다 내 안의 근거 없는 나르시시즘을 확인하는 기분이었다.

훈습 시기에 '내가 옳다'거나 '내가 안다'는 입장에서 상대를 판단하는 마음을 자주 만나곤 했다. 나르시시즘에서 비롯된 잘난 척하는 습관, 지식화 방어기제를 해체시키는 데 여러 해가 걸렸다. 그 시기에 자주 사용했던 말은 "몰라, 모르겠는데……."였다. 모른다고 말하면서 알지 못함의 위치에 머물고자 했고, 알지 못한다는 입장에서 상대방이나 사물을 이해하려고 노력했다. 한 번씩 모른다고 말할 때마다 내면에서 묘한 자유로움이 느껴지던 경험은 신기했다.

나르시시즘이 어떻게 유아적 전능감의 잔재인지 명백히 이해할 수 있는 기억이 떠오르기도 했다. 초등학교 5, 6학년 무렵 친구와 말다툼한 일이 있었다. 그때 우리는 '양력이 변하는가, 음력이 변하는가' 하는 문제로 다투었다. 양력으로 생일을 챙기는 나는 음력이 변한다고 주장했고, 친구는 음력으로 생일을 쇠면서 양력이 변한다고 주장했던 것 같다. 제법 진지하게 오래 논쟁했는데 나는 친구가 그 뻔한 것을 왜 모르는지, 옳지 않은 생각을 저렇게 확고하게 믿고 주장하는지 안타까웠다. 친구도 같은 마음이었을 것이다.

얼마 후, 운동장 가장자리를 따라 심어진 나무 위 까치집을 바라보다가 또 한 번 말다툼이 있었다. 내가 까치가 집을 참 잘 지었다고 말하자 친구는 "까치가 어떻게 저런 집을 지을 수 있느냐, 저것은 사람이 만들어서 올려 준 것이다."라고 주장했다. 우리는 또 저마다 자신이 옳다고 우기면서 제법 긴 말다툼을 했다. 그때 기이할 정도로 의심 없이 자신이 '옳다'고 믿었던 요소가 유아적 전능감의 잔재이며 나르시시즘의 뿌리였을 것이다.

그리고 보면 세상의 모든 갈등은 '양력이 변하느냐, 음력이 변하느냐' 같은 주제의 변주 같아 보인다. 간혹 '까치집은 까치가 짓는가, 사람이 짓는가' 같은 주제로 다투는 경우도 있다. 입장 차이, 진실 부재, 자기 이익. 세상의 모든 갈등은 그 세 가지 요소로 이루어져 있고 갈등의 삼 요소는 틀림없이 나르시시즘과 불안의 심리 위에 꽃피는 현상으로 보인다.

정신분석가들의 기법 중에 '모르는 채로 머물기, 불분명한 지대에 머물기'가 있다고 한다. 내담자의 혼란스럽거나 단편적인 일상 이야기 속에서 무의식적 진실에 도달할 단초를 발견할 때까지 모르는 채로, 불분명한 상태로 기다린다. 이해되지 못하는 것, 알지 못하는 것, 소통되고자 하는 무의식의 의미를 인식할 준비가 될 때까지 혼돈 속에 머문다. 내담자의 무의식이 떠올라 분석가의 무의식에게 말을 걸 때까지.

패트릭 케이스먼트는《환자에게 배우기》에서 '불분명한 태도'를 이렇게 설명한다.

"불분명한 태도는 모든 것을 회의하는 태도와 모든 것에 대해 고지식하게 믿는 태도를 종합한 것이다. 모호하기 때문에 거기에는 날카로운 각이 없다. 그것은 부드럽고 유연하지만 강하지는 못하다. 잘 구부러지기 때문에 부러지지 않는다. 불분명한 태도는 우리가 상상할 수 없을 만큼 거대하고, 복잡하고 신비로운 세계 가운데 살고 있다는 사실을 인식하게 한다."

'모르는 채로 머물기'는 훈습의 시기에 참고한 기법이었다. 자신에 대해, 세계에 대해 의문이 일어나면 그것을 내면에 품고 가만히 있었다. 그렇게 하면 내면에서든 외부에서든 답이 나왔다. 예레바탄 사원의 메두사 조각상에 대해서도 그렇게 했더니 며칠 후 잠에서 깨는 순간 답이 떠올랐다. 메두사 조각상은 물 저장고의 수호 장치였다고. 물 저장고에 접근하는 나쁜 존재들을 그 시선만으로 돌로 만들어 버리기 위해 메두사 조각상을 설치한 것이라고. 그것이 거꾸로, 혹은 옆으로 놓인 이유는 메두사 시선이 지상 입구를 향하게 하기 위해서였다고. 물론 이런 생각 역시 '옳지는 않은' 개인적 추측일 뿐이다.

∽

　이스탄불의 소피아 성당은 가톨릭 신자들의 주요한 성지 순례 장소인 듯했다. 4세기에 세워진 성당은 15세기에 이슬람 사원으로 바뀌면서 메카 방향을 나타내는 미흐라프가 표시되고, 벽면의 성서화도 이슬람식 장식으로 덧칠되었다. 1931년에야 미국인 조사단이 덧칠을 벗기고 가톨릭 유적을 복원한 후 일반인에게 공개되기 시작했다고 한다.
　지금도 소피아 성당에는 가톨릭 성인들의 모자이크 벽화와 검은색 원판에 금색으로 이슬람 성자들의 이름을 쓴 캘리그래피가 나란히 장식되어 있다. 발굴과 보존 작업을 위한 구조물들이 여전히 설치되어 있고, 다양한 인종과 다양한 종교를 가진 사람들이 무수히 방문하고 있었다. 여러 방향으로부터 들어온 빛이 공간 가득 산란하고, 여러 언어와 다채로운 목소리가 빛을 따라 공간 가득 떠 있었다. 그 한가운데 가만히 서 있으면 내면에서 느껴지는 감정이 너무 깊어서, 내 감정 속에 빠져 버릴 듯했다.
　이스탄불에는 그런 유적이 하나 더 있었는데, 그것은 카리예 박물관이었다. 그곳은 5세기 초에 세워진 수도원으로 오스만 왕조 시대에 이슬람 사원으로 사용되다가 20세기 중반에 가톨릭 유적을 복원, 공개하고 있었다. 카리예 박물관은 도심에서 먼 거리에 있어 주로 단체 관광객이 버스로 방문하고 있었다. 가톨릭 신자인 관람객들은 경건한 태도로 입장하여 훼손된 모자이크화를 보며 안타까운 표정을 짓곤 했다. 그 유적을 관리하는 이들은 여전히 이슬람교도들이고, 그곳에도 메카를 향한 기도 방향이 표시되어 있었다.

내가 카리예 박물관에 들어섰을 때, 무료한 시간을 보내고 있던 관리인 중 한 사람이 다가와 농담을 걸었다.

"이 성당 안에 악마가 있다. 악마 보여 줄까?"

그가 가톨릭교도로 보이지 않는 사람을 택해 농을 걸었고, 농담처럼 '악마'를 말한다는 사실이 인상적이었다. 우선 유적들을 봐야겠다고 말하자 그는 관람 후 꼭 악마를 보고 가라고 당부했다. 내가 유적들을 둘러보고 나오자 그는 잊지도 않고 기다렸다가 다가와 악마를 보여 주겠다고 했다. 그토록 집요하게 구는 게 흥미로워 따라갔더니 그는 미흐라프 옆 대리석 벽을 가리켰다. 대리석 벽의 추상 문양 속에서 날개 펼친 박쥐 문양이 도드라져 보였다. 로르샤하의 얼룩 그림 테스트를 보는 듯했다.

나도 장난기가 발동해 그가 가리킨 그림 옆에 있는, 입 벌린 박쥐 문양을 찾아내어 "이건 어떠냐?"고 물었다. 그는 은밀한 공모의 눈빛을 보내며 크게 웃었다. 웃음소리에 가톨릭 신자로 보이는 관람객 두어 명이 이쪽으로 시선을 돌렸는데, 그 눈빛에 노골적인 불쾌감이 담겨 있었다. 나는 그들을 향해서도 환하게 웃으며 인사를 건넸다. 그들의 마음도 짐작할 수 있었기 때문이다.

소피아 성당이나 카리예 박물관에서는 '내가 옳다'거나 '내가 안다'는 생각이 어떻게 위험한 것인지를 보는 듯했다. 편견이 마음의 벽이라면 신념은 마음의 감옥이 아닐까 싶었다. 훈습 과정에서 '모른다'는 사실이 몸에 배어 편안해지자 '내가 옳다'는 생각도 자연스럽게 없어졌다. 내가 옳다는 생각이 없어지니 절로 다른 사람을 판단하거나 평가하지 않게 되었다.

훈습 기간에 혼자 즐긴 일이 하나 있었다. 사람들이 많은 자리에서 '모르는 채로 머물기'였다. 때로는 사람들이 화제에 올리는 세상 이야기의 90퍼센트 정도를 못 알아들을 때도 있었다. 그들의 수수께끼 같은 대화를 들으며, 예전에는 그럴 때 불안과 소외감을 느꼈다는 사실을 알아차리곤 했다. 중요하지도 필요하지도 않은 세상사에 관심을 쏟으며 어떻게 생을 낭비했는지 확인하기도 했다. 그런 사실을 인식하는 것만으로도 여러 가지 방어기제가 해체되는 것 같았다.

그보다 더욱 은밀히 더 즐겼던 일은 '부족하고 미흡한 점 드러내기'였다. 심리 에세이를 통틀어 내가 얼마나 결점과 결함과 결핍이 많은 사람인가를 말하곤 했다. 그것은 페르소나와 이상화시킨 자기 이미지를 해체시키는 일, 나르시시즘과 지식화 방어기제를 벗는 일이었다. '냉혹한 경쟁 사회에서 치부를 드러내는 일은 곧 경쟁자에게 공격의 빌미를 주는 것'이라는 사회적 통념이 떠오르면 그것 역시 방어의 언어임을 확인하곤 했다.

'예전의 실수나 부족함을 내버려 두기'도 있었다. 예전 책을 재출간할 때 편집자에 따라 책을 조금 손보기를 원하는 경우도 있다. 내 눈에도 젊은 날의 어리석음과 부족함이 환히 보였다. 하지만 그것을 현재의 시점에서 바로잡거나 고쳐 쓰지는 않기로 했다. 깔끔하고 아름답게 수정하고 싶은 마음이 나르시시즘이나 불안임을 확인하면서 미숙하고 설익었던 예전의 나를 지켜보는 것도 은밀히 즐거운 일이었다.

"모름과 혼돈 상태에 머물 때에야 우리가 상상할 수 없을 만큼 복잡하고 신비로운 세계에 살고 있다는 사실을 알게 된다."는 말은 정신분석가의 정의 이전부터 이미 있어 왔다. 다만 내가 알아듣지 못했을 뿐이었다. 사찰 일주문에는 "이 문으로 들어오는 자, 알고 있는 모든 것을 내려놓아라."라고 씌어 있다. 성경에도 비슷한 말씀이 있다.

"위(하늘)에서 오는 지혜는 우선 순결하고, 다음으로 평화스럽고, 친절하고, 온순하고, 자비와 선한 열매가 풍성하고, 편견과 위선이 없습니다."

불경에서 말하는 '반야 지혜'와 성경의 '위에서 오는 지혜'가 무엇인지 정확히는 모르지만 인간이 불안을 방어하기 위해 만들어 가진 지식과 다르다는 것은 알 것 같았다. 노자도 그렇게 말했다.

"크게 지혜로운 사람은 마치 어리석은 사람과 같다."

참는 사람이 장사다

무력한 채 ● 머물기

이집트 카이로 공항에 도착했을 때, 먼저 알아차린 사실은 나의 이집트에 대한 상식은 모두 고대 이집트에 관한 것뿐이라는 점이었다. 21세기, 이슬람 국가인 현대 이집트의 카이로 공항에는 물 한 병 살 시설이 없었다. 영어로 된 안내 표지판도 없었고, 도심으로 진입하는 대중교통도 마땅치 않았다. 여행자는 택시를 이용할 수밖에 없어 보였는데, 가이드북에는 여행자 안내소에서 미리 요금을 물어보면 바가지를 쓰지 않을 수 있다고 쓰여 있었다. 안내 데스크의 제복 차림 남성은 도심으로 가는 택시비가 90 내지 1백 파운드라고 말했다.

며칠 후, 카이로에서 지방 도시 아스완으로 가는 비행기를 타기 위해 다시 공항에 가게 되었다. 호텔 앞에서 택시를 잡고 공항에 가자고 하니 택시 기사가 "얼마를 주겠느냐?"고 물었다. 당연히 호텔로 올 때 지불했던 요금 1백 파운드를 말했다. 그때부터 일이 복잡해지기 시작했다.

옆에서 지켜보던 호텔 종업원과 택시 기사 사이에 말다툼이 일어났다. 한눈에도 종업원은 우리 손님이니까 적당한 커미션을 내라고 하고, 택시 기사는 저 손님이 제 발로 택시를 선택했기 때문에 줄 수 없다고 우기는 듯했다. 빌미를 제공한 입장에서 잠시 기다리다가 "당신들 왜 그러느냐?"고 물었다. 호텔 종업원은 이렇게 대답했다.

"아, 가끔 택시 기사들이 길을 잘 모르기 때문에 알려 주는 중이다."

그러고는 다시 말다툼이 계속되었다. 진지하게, 길게, 기어이 큰 목소리로 이어지는 싸움을 보면서 몇 가지 생각이 들었다. 택시비에는 어느 정도 거품이 있는 걸까, 커미션은 몇 퍼센트일까, 그 금액은 이 나라 경제를 감안할 때 어느 정도 가치일까? 두 사람이 결정하도록 물러나 있었지만 5분이 지나도록 합의가 이루어지지 않았다. 아무래도 안 되겠다 싶어 두 사람에게 다가가 시간이 없다고 말한 후 택시에 올랐다. 택시 기사의 낯빛에 승리감이 감돌았다.

택시를 타고 얼마쯤 가던 중 택시 기사의 휴대 전화기가 울렸다. 그는 항변하는 듯한 말투로 통화한 후 내게 전화기를 넘겨주었다. 전화기 저편에서는 여성 목소리가 들렸는데, 내게 어디로 가느냐고 물었다. 처음에는 호텔에서 온 전화인 줄 알고 아스완, 룩소르를 다녀올 예정이라고 말했다. 리셉션에 말해 두었는데 전달이 되지 않은 모양인가 싶었다. 그런데 저쪽에서 "아, 에어포트?" 하더니 이렇게 물었다.

"하우 머치?"

그 말을 듣는 순간 많은 것이 이해되었다. 호텔 종업원이 괘씸한 택시 기사를 경찰에 고발한 것 같았다. 아마도 바가지요금을 문제 삼았을 것이다. 일을 깨끗하게 정리하기 위해 "내가 택시 기사에게 1백 파운드를 제안했다."고 대답했다. 경찰관은 알았다고 말한 후 다시 택시 기사와 통화했다. 전화 통화를 마친 택시 기사에게 경찰이냐고 물었더니 그렇다고 대답했다.

경찰관이 관광객에게 직접 확인할 정도로 바가지요금을 단속하다니, 그때부터 진짜 택시 요금은 얼마일까 궁금해졌다. 나중에 룩소르에서 카이로로 돌아올 때는 공항에서 일부러 현지인들이 이용하는 택시를 타 보았다. 대기하면서 손님을 기다리는 관광객 전용 택시가 아니라, 방금 현지인 손님을 내리고 떠나려는 일반 택시에 올라 미터기를 눌러 달라고 요청했다. 그러자 교통정리를 담당하던 제복 차림 사내가 다가와 택시 기사에게 큰 소리로 비난 같은 것을 퍼부었다. 외국인만을 상대하는 택시 기사 조직이 있고, 여행 안내소 직원이나 교통 관리인도 그 조직 내부인인 듯했다.

관광객을 상대하지 않는 일반 택시 기사는 호텔 위치를 잘 몰랐다. 퇴근 시간 교통 정체에 걸리고, 길을 몰라 도심을 헤매며 보통 때보다 30분쯤 더 소요되었음에도 택시 요금은 40파운드가량 나왔다. 그제야 그들이 왜 그토록 길고 진지하게 싸웠는지 이해되었다.

이집트에서 2주일 머무는 동안 처음에는 시험을 치르는 느낌이었다. 한 걸음 옮길 때마다 감정의 부정적인 영역을 자극하는 일들을 만났고, 그런 상황에서 어떻게 대응하는지 스스로를 테스트하는 기분이었다. 처음에는 사건 하나마다 감정을 처리하다가 나중에는 아예 마음을 바꾸었다. 마음을 온전히 비우고, 내게 오는 모든 일들을 그냥 받아들이기로 했다. 거스름돈이 없다고 하면 받지 않고, 바가지를 씌우면 그냥 썼다. 이른바 '히야카시(희롱)'는 못 들은 체했고, 그래도 집요하게 따라오면 웃는 낯으로 조용히 말했다.

"나랑 같이 경찰한테 갈래?"

대부분의 이집트인들은 '폴리스'란 말을 들으면 놀란 얼굴로 물러났다. 마음을 바꾸자 한순간 모든 것이 괜찮아졌다.

이집트를 떠나는 날, 공항으로 갈 때 예의 그 호텔 종업원에게 택시를 잡아 달라고 부탁했다. 그는 역시 "하우 머치?"라고 물었고 나는 여전히 1백 파운드라고 말했다. 그는 날 듯한 걸음으로 정차 중인 택시에게 갔고, 택시 기사와 흥정한 후 그 자리에서 커미션을 받아 챙겼다. 택시 문을 열어 주고 여행 가방을 실어 주며 그는 덧붙였다.

"1백 파운드만 주면 된다. 더 줄 것 없다."

나는 또 그 말뜻을 이해하지 못했다. 공항에 도착하자 택시 기사는 주차권을 들어 보이며, 택시비 외에 공항 사용료 20파운드를 더 내야 한다고 요구했다. 그제야 더 줄 것 없다던 호텔 종업원의 말이 이해되었다. 호텔 종업원이 받은 커미션이 얼마일지도 짐작되었다. 나는 상냥한 목소리로 알았다고 말하고, 예쁘게 웃으면서 이집트에서의 마지막 바가지요금을 건네주었다.

훈습 기간에 내가 중얼거린 말 중에 '무력한 채로 머물기'가 있었다. 이집트뿐 아니라 사람 사는 곳이면 어디서나 부정적 감정을 투사하거나, 문제를 외재화하거나, 공격성을 행동화하는 경우와 맞닥뜨리게 마련이었다. 그럴 때 그 사실을 회피하거나 부인하지 않으면서, 가학적으로 보복하거나 자기 파괴적으로 행동하지 않는 방법은 그것밖에 없었다. '무력한 채로 머물기'에는 억울함을 감수하기, 나를 해명함으로써 타인을 통제하려 하지 않기의 세목이 있었다.

훈습 초기에 중국에서 택시 기사가 잔돈이 없다고 말했을 때 기어이 거스름돈을 받아 낸 일이 있었다. 그때는 무의식에 억압해 온 분노를 인식하던 시기여서 그 행위에도 분노가 깃들어 있었다는 것을 나중에 알았다. 그 후 내가 정당하다는 이유로 상대에게 화를 내는 것이 옳은 일인가 생각해 보았다. 상대의 부당함이 나의 분노를 정당화시키지는 않으며, 상대의 언행과 나의 감정을 분리시킬 줄 모르는 행위였음을 알게 되었다.

　분노가 의식 속으로 통합된 후에는 바가지 쓰기가 약간의 돈을 더 주는 일일 뿐이라는 것을 알게 되었다. 예전에는 바가지를 돈의 문제가 아니라 속임과 통제의 문제로 인식했고, 거기서 촉발된 불안감 때문에 과잉되게 반응했음을 알아차렸다. 타인의 언행과 나의 감정을 분리시키는 일은 훈습 기간에 특히 유념한 대목이었다. 그동안 타인의 '충탐해판'을 불편해하고, 남의 말에 깊이 영향 받았던 이유가 내면세계와 외부 현실 사이의 '경계'가 없어서였다는 사실을 알게 되었다. 외부에서 들리는 말을 내면에서 울리는 권력자의 목소리처럼 인식했다는 사실을 부모 이미지와 분리된 후에야 알았다.

　그런 사실을 명명백백히 알고 있어도 근거 없는 분노나 시기심의 행동화와 만나면 아픈 것도 사실이었다. 그런 때, 무력한 채 머물면서 내가 했던 작업은 정작 그들이 가장 아픈 사람임을 이해하는 것이었다. 화살이나 칼날 같은 말을 쏟아 내는 사람의 내면에는 그런 감정들만 가득 차 있으며, 그것을 스스로 소화시킬 줄 몰라 외부로 쏟아 내는 것이었다. 밖으로 쏟아 내는 것보다 더 많이, 이미 내면에서 자신을 베고 있을 거였다. 예수님도 말씀하셨다. 사람은 "마음에 가득 찬 것을 입으로 말하는 법이다."라고. 그 지점에 이르면 무력한 채 머무는 것도 그리 힘든 일이 아니었다.

꙰

　훈습 기간에 사람들이 어떻게 저마다 자기 이야기를 말하는지 보여 주는 선명한 사례를 만난 적이 있었다. 후배 여성이 10년쯤 어린 남성과 결혼을 고민하다가 지인들에게 조언을 구했다고 한다. 그런데 열 사람이 열 가지 대답을 하더라고 했다.
　"그토록 나이 차이가 많이 난다면 서로 대화가 통할까?"
　평소에 남편과 대화가 통하지 않는다는 불만을 품고 살던 친구는 그렇게 대답했다.
　"네가 그 사람에게 잘 맞춰 줄 수 있을까?"
　매사 남편의 뜻을 따르고 그의 방식에 맞추어 살아가는 친구의 답이었다.
　"너, 땡잡았구나! 결혼하면 되지, 뭐가 문젠데?"
　사랑 지상주의자인 친구는 환성을 올렸다. 그녀는 주부지만 젊은 애인을 하나 갖고 싶다고 농담 반 진담 반으로 말하곤 했다.
　후배는 한두 명에게만 의견을 물어볼 생각이었는데 돌아오는 대답이 천차만별이어서 몇 사람에게 더 전화를 걸었다. 아무것도 묻지 않고 "무조건 축하한다."고 말한 친구는 결혼을 꿈꾸는 싱글이었고, "어린 애 키울 일 있니? 네 나이에 맞는 사람 찾아서 안정되게 시작해."라고 말한 친구는 사업하는 남편 때문에 생활이 불안하다고 느끼는 사람이었다.
　"네가 기어이 가부장제의 '뽄때'를 보려 하는구나."라고 말한 페미니스트 친구도 있었고, "어떤 선택을 하든 남자에 의해 생이 좌우되지는 마."라고 말한 전문직 싱글 친구도 있었다. 그들 중 누구도 후배의 입장에서 생각하고 맞춤형 해법을 찾으려는 사람은 없었다고 한다. 그때는 나도 속이 뜨끔했다.

"그 사람과 결혼해서도 너의 심리적, 신체적 건강을 잘 다스려 나갈 자신이 있으면 결혼하는 거지."

후배의 약한 몸을 걱정한 대답이었는데 알고 보니 그것 역시 나의 말이었다. 당시 나는 삶의 여러 항목 중 심신 건강을 우선시하는 시간을 보내고 있었다.

훈습이 진행될수록, 무력한 채 머물기를 실천할수록 사람들이 자기 내면을 표현하는 반응들을 듣는 일이 재미있어졌다. 훈습의 마지막 시기에 채식을 시작했는데(그 이야기는 4장의 '채식과 영적 건강'에서 언급된다), 모임이나 정찬 자리에서 음식을 주문할 때면 채식 사실을 밝히게 되었다. 그럴 때 왜 채식을 하게 되었는지, 몸에 어떤 변화가 느껴지는지 공감적 질문을 하는 이도 더러 있었다. 하지만 대부분의 사람들은 자기 판단을 내밀었다.

"맛이 없어서 어떻게 먹어?"
"고기 먹어야 힘이 나는데, 힘이 달리지 않아?"
"오메가 3를 먹는다고? 그게 더 잔인하다."
"식물도 생명인데 채식한다고 도덕적 우월감을 가질 건 없지?"
"동물이 가엾다면 가죽 구두와 핸드백도 사용하지 말아야지."
"과일과 견과류를 주로 먹는다고? 그게 더 비싸게 들겠다."

다양한 의견을 만날 때마다 나는 그냥 가만히 있었다. 어떤 대응도 하지 않고, 내 입장을 해명하지도 않으면서 상대를 통제하지 않도록 조심했다. 사실 예전에 나는 채식한다는 이들에 대해 이렇게 생각했다.

"주는 대로 먹지, 까다롭게 굴기는……."

음식에 관한 한 내가 가장 까다로운 사람이었다.

무력한 채 머물며 외부에서 오는 어떤 감정적 힘에도 대응하지 않을 때, 그렇게 해야 하는 더 중요한 이유가 있음을 알게 되었다. 그것은 역전이 혹은 투사적 동일시 작용 때문이었다. 상대의 감정에 대응하는 순간, 고스란히 그와 똑같은 감정에 휩싸이게 된다는 것을 경험으로 알게 되었다. 타인의 분노에 감염되어 함께 목소리를 높이는 일보다 허망하고 어리석은 일은 없었다.

"참는 사람이 장사다."는 외할머니가 어린 내게 들려주신 말씀이었다. 그 말의 진짜 의미를 40년이나 지나서야 제대로 이해한 것 같았다. '무력한 채 머물기'가 곧 참는 일이었다. 그것은 부처님이 말씀하신 중요한 덕목이기도 했다. 제자들이 어느 날 부처님께 여쭈었다고 한다.

"세상에서 가장 힘센 것이 무엇입니까?"

"인욕(忍辱)이니라."

지는 게 이기는 거다, 손해 보는 게 이익이다 등 일견 패배적으로 보이는 외할머니 말씀이 참이었음을 정신분석적 논리를 거친 후에야 제대로 이해할 수 있었다.

존중하거나 배우거나
관계 맺기의 ● 새로운 틀

　이스탄불의 여행사에서 트로이 관광 상품을 문의했을 때 그들은 트로이만 방문하는 상품은 없다고 했다. 트로이에 가려면 갈리폴리와 묶어 파는 여행 상품을 사야 했다. 여행 안내서에서 갈리폴리 반도가 제1차 세계대전 격전지로, 전쟁 유적이 많은 곳이라는 정보를 읽은 바 있었다. 세계 유일의 분단국 국민으로서, 성장기 내내 전쟁과 이념에 대한 교육을 받은 사람으로서, 여행지에서까지 전쟁 유적을 보고 싶지는 않았다. 하지만 트로이에 가려면 갈리폴리를 들러야 했다.

갈리폴리에서 처음 방문한 곳은 초승달 모양 해변이 내려다보이는 언덕이었다. 20명쯤 되는 관광객을 이끄는 안내인은 낡은 전쟁 사진을 펼쳐 들고 빈 해안을 가리키며 그곳이 제1차 세계대전 때 오스트레일리아와 뉴질랜드 연합군이 상륙작전을 펼친 지역이라고 설명했다. 그들은 안작(ANZAC, Australia and New Zealand Army Corps)이라 불렸으며, 1915년 4월 25일 그 해변으로 상륙하여 터키 탈환의 거점을 마련했고, 그 후 여러 달에 걸쳐 갈리폴리 반도를 중심으로 격전을 펼쳤다고 설명했다.

그제야 일행 중 오스트레일리아와 뉴질랜드 관광객이 80퍼센트쯤 되는 이유가 이해되었다. 안작 군의 후손들은 특별한 눈빛으로 그곳을 둘러보고 온 마음을 집중해 안내인의 말에 귀 기울였다. 갈리폴리를 방문지로 선택할 때부터 슬퍼할 준비가 되어 있었을 그들은 슬픔이나 고통의 감정, 희생된 선조들에 대한 자긍심을 감추지 않았다. 터키 정부는 1985년에 그들 역사에서 가장 영광된 전투이면서 동시에 세계 역사에서도 중요한 그 전쟁을 기념하기 위해 그 해변을 안작 만(The ANZAC Cove)이라 이름 짓기로 했다고 한다.

그 후로 자동차를 타고 갈리폴리 반도 이곳저곳을 옮겨 다니며 4시간 동안 아홉 군데쯤 되는 유적지를 방문했다. 상륙작전 후 안작 군들이 사용했다는 가로세로 3미터 크기의 참호, 지그재그 식으로 만들어 놓은 진격로, 주요 전투지마다 조성해 둔 전사자 묘비와 위령탑, 거대한 추모비 등을 보았다. 오스트레일리아와 뉴질랜드 관광객들은 음습한 참호 속을 들여다보면서 한숨짓고, 조금씩 땅을 파서 만들었다는 진격로를 보며 고개 저었다. 그들을 보고 있으면 터키 정부가 왜 뒤늦게 그 해안을 안작 만이라 이름 지었는지 짐작할 듯했다.

아직도 휴전 중인 나라의 국민으로서 전쟁 유적을 보는 일은 마음 불편했다. 내면에 저장된 무수한 전쟁 이야기가 트라우마와 함께 깨어나기 시작했다. 전쟁을 관광 상품으로 향유할 수는 없다는 마음과 내 나라 전쟁에 대해서도 애도하지 못했다는 사실이 마음을 쑤석였다. 더구나 그들이 보여 주는 유적지는 그저 풀과 나무들이 제멋대로 자라는 야산의 구덩이나 흙더미인 경우가 많았는데, 그런 종류의 전쟁 흔적은 운동하러 가는 동네 뒷산에서 매일 만나는 것이었다. 오히려 터키 정부가 나무와 풀, 바다와 바람만이 있는 산등성이에 이름 붙이고, 기념비를 세운 후 얼마나 많은 관광 수입을 올리는지가 더 잘 보였다.

사실 갈리폴리 반도를 방문하는 추모객이 안작 군 후손이나 외국 관광객만은 아니었다. 그 전투에서 가장 많이 희생된 사람은 터키 군일 것이고, 관람객의 70퍼센트 정도는 터키인들로 보였다. 전쟁 유적지를 참관하는 사람들은 끝도 없이 이어져, 산등성이를 따라 조성된 도로 전체가 길고 구불구불한 주차장처럼 보였다. 길가에 주차해 둔 관광버스는 뒤에서 진입하는 차에 의해 조금씩 앞으로 밀려가, 유적지를 둘러보고 돌아오면 내린 곳에서 1백 미터쯤 앞으로 걸어가 자동차를 타야 했다. 그날은 마침 일요일이어서 관람객이 더 많은 듯했지만, 전쟁을 추모하는 터키 문화와 열기는 특별히 인상적이었다.

아마 그 시점쯤에서 문득 생각이 전환되었을 것이다. 나는 분단국 국민이라는 콤플렉스를 가슴에 안고 그 여행을 불편해하고 있었다. 불편한 감정을 느끼지 않기 위해 눈앞에 보이는 것들을 함부로 판단하고 있었음을 알았다. 숨을 깊이 들이쉰 다음 '모든 이들로부터 배우기'로 생각하는 방식을 바꾸었다. 그제야 마음이 열리면서 그들이 전쟁을 기리는 모습을 존중하고 배워야겠구나 싶었다. 과거를 기억하는 법, 전쟁 기억을 후손에게 물려주는 법, 추모 의식에서 환기되는 인류애 등이 보이는 듯했다.

재미있는 생각들도 이어졌다. 우리도 통일이 된다면 전쟁과 분단, 통일 스토리만 가지고도 세계 여러 나라 방문객들을 불러들이는 추모 관광 상품을 만들 수 있을 것 같았다. 38고지 격전지 참관, 전방 초소 홈스테이, 휴전선을 따라 걷는 트레킹 코스, 비무장지대 투어 등의 관광 상품이 떠올랐다.

예전에, 독일이 통일되고 10년쯤 지난 후 베를린을 방문한 일이 있었다. 당시 동베를린의 한 박물관 앞에는 벽돌 조각을 늘어놓고 베를린 장벽 조각이라면서 파는 청년이 있었다. 아무렇게나 쪼개진, 각양각색의 벽돌 조각들을 보고 있자니 그것을 하나 갖고 싶었다. 진짜 베를린 장벽 부스러기가 아니어도 상관없었다. 그저 통일이라는 그 상징성을 한번 손에 쥐어 보고 싶었다. 하지만 손바닥 반만 한 벽돌 조각을 7만 원쯤 달라고 하는 바람에 마음을 거두며 돌아섰다.

그때는 사람들이 사고파는 환상의 가치에 대해 생각했을 것이다. 하지만 '모든 이들로부터 배우기'를 적용하자 그 경험도 새롭게 인식되었다. 통일이 되면 우리도 휴전선에 쳐 둔 철조망을 거둬서 1미터에 만 원쯤 받고 팔아도 될 것 같았다. 통일의 실체를 손에 쥐고 싶어 하는 사람들에게 인기 상품이 될 것이다. 그냥 철조망으로는 상품 가치가 덜하다면 그 철사를 이용해 평화와 통일을 상징하는 예쁜 공예품을 만들어도 좋을 것이다.

'모든 이들로부터 배운다.'는 정신분석을 받던 초기에 만들어 가진 좌우명이었다. 정신분석을 받으며 시기심을 만났을 때, 내가 특히 창조하는 사람을 부러워한다는 사실을 알아차렸다. 드라마를 보며 눈물 닦을 때도, 뮤지컬 커튼콜에서 박수 칠 때도 누가 저 빛나는 대본을 썼을까, 누가 저토록 아름다운 무대를 꾸몄을까 생각했다. 손뼉 치고 눈물 흘리며 감동하는 것만으로는 무언가 허전한 느낌이 들곤 했는데 그 감정이 시기심이었다. 그때 새로운 좌우명을 만들었다. '모든 이들로부터 배우기'. 그런 다음 옥에 티를 찾던 시선을 배울 점을 찾는 습관으로 바꾸어 나갔다.

하지만 훈습이 진행되는 동안 진짜 배울 일은 다른 곳에 있음을 알게 되었다. 투사나 방어의 언어가 줄어들자 할 말이 없어졌고, 내면이 고요해지자 타인의 말이 잘 들렸다. 일본 여행을 함께 했던 친구의 말을 듣고 내면 통찰에 이르렀던 것처럼 타인의 말이 화두처럼 들리는 경우가 잦았다. 왜 소설을 쓰냐고 물었던 정신분석가의 말, 소설이 에세이보다 우월한 장르라고 생각하느냐고 물었던 선배의 말이 모두 내면을 확장시키는 계기가 되었던 것도 '충탐해판'의 언어가 사라졌기 때문이었다.

타인의 말을 잘 듣기 시작하자 내 문제에 직접적인 답을 주는 이들도 만나게 되었다. 집중해서 작업하느라 일시적으로 흰머리가 많아진 시기가 있었다. '벌써 이러면 어쩌지?'라는 의문을 품고 있을 때, 우연히 만난 방송 작가가 이런 말을 들려주었다.

"나는 새벽 작업을 하는데, 그때 우유에 검은콩, 검은깨, 다시마를 간 가루를 한 스푼 타서 마셔요. 머리도 좋아지고, 머리카락도 검어진대요."

손톱 끝이 얇아지면서 찢어지듯 부서지곤 하던 때가 있었다. '왜 손톱 끝이 부서지지?'라는 의문을 품고 있을 때, 점심 약속에서 뵌 모교 은사님이 달걀 접시를 내 앞으로 옮겨 주시며 말씀하셨다.

"계란을 많이 먹어요. 계란을 안 먹으면 손톱이 부서져요."

그럴 때면 등줄기가 서늘해지며 우리가 얼마나 서로 긴밀하게 연결된 존재인가 생각하게 된다. 공감이나 공명도 내면을 비워 내면 절로 이루어지는 게 아닌가 싶었다. 어떻게 그런 일이 일어나는지 알 수 없지만 내면을 비우면 타인의 지혜와도 곧바로 소통할 수 있는 게 아닌가 싶었다.

"저 마음이 내 마음이다."라는 요가 여행 지도 교수의 말씀이나, "온 인류는 서로 긴밀하게 연결된 존재"라고 하는 불교적 가치나,

"네 이웃을 네 몸처럼 사랑하라."는 예수님 말씀이 다 같은 의미였음을 비로소 이해할 것 같았다. 모든 타인은 존중하거나 배우는 대상일 뿐이었다.

"가만히 앉아, 저는 선생님의 사진 한 장을 떠올립니다. 진짜 사진이 아니라 마음에 새겨 놓은 한 장면의 영상입니다. 15년쯤 전, 선생님을 모시고 유럽 여행을 갔던 길에 비엔나의 한 중세 성당을 방문한 일이 있습니다. 저희 일행이 입구 근처에 멈춰 서서 관광객의 시선으로 성당 내부를 두리번거리고 있을 때 선생님은 조용하면서도 단호한 걸음으로 성당 정면을 향해 걸어 들어가셨지요. 앞에서 세 번째쯤 되는 자리에 앉으시더니 두 손을 맞잡아 이마에 댄 채 고개 숙인 자세를 취하셨습니다.

선생님이 기도하신다는 사실을 알아차린 순간부터 저는 선생님 뒷모습만 보고 있었습니다. 스테인드글라스를 통과해 들어온 빛이 성당 공간을 가로질러 하필 선생님 어깨에 닿아 있었지요. 다소 길다 싶은 시간 동안 기도는 계속되었고, 그 모습을 보면서 저는 머릿속이 하얗게 탈색되는 낯선 감각을 느꼈습니다. 그 장면이 사진처럼 선명히 내면에 새겨져 그 후 생의 어떤 순간마다 떠오르곤 했습니다. 그 사진에 생을 대하는 태도 같은 것이 압축되어 있어 혼돈이나 교만의 순간마다 제가 무의식적으로 그 사진을 꺼내 보며 방향을 찾아냈다는 사실은 더 나중에 알게 되었습니다.

그렇게 선생님은 제 삶의 모델이었습니다. 문학을 공부하던 초기부터 저는 선생님 같은 작가가 되고 싶었습니다. 그전까지 제가 읽었던 소설들과는 달리, 선생님 작품은 여성의 시각으로 본 여성의 삶을 여성의 언어로 그려 내고 있었습니다. 한국전쟁을 기억할 때도, 자본주의를 이야기할 때도 선생님은 특별한 여성의 관점을 펼쳐 보이셨습니다. 지금 이곳의 여성 삶에서 묘파해 내는 진실은 너무 아파서 저는 여성 작가로서의 길을 다시 더듬어 봐야 했습니다. 선생님께서 단아한 태도, 청량한 음색으로 '나는 페미니스트예요.'라고 말씀하시면 그 울림은 고요히 멀리 퍼지는 힘이 있었습니다. 선생님의 작품이 있었기에 후배 작가들이 마음껏 그 길을 따라 걸을 수 있었습니다.

저는 선생님께 많은 것을 배웠습니다. 차로 모셔다 드리겠다는 후배들을 뿌리치고 떠나며 '나는 걷는 거 좋아해요.'라고 말씀하시는 모습을 뵌 후 저도 걷기를 즐기게 되었습니다. 선생님께서 매일 아차산을 산책하신다는 말씀을 들은 후 저도 매일 동네 뒷산을 오르게 되었습니다. 선생님께서 매일 오전에 A4 용지 한 장 분량씩 글을 쓰신다는 말씀을 들은 후 저도 그와 같은 글쓰기 습관을 몸에 익혔습니다. '돈을 가장 가치 있게 쓰는 방법은 여행 같아요.'라는 말씀을 들은 후 저도 간간이 여행을 하게 되었습니다. 제 생의 모든 소중한 습관들은 실은 선생님을 모방한 것입니다. 그런 선생님께서 떠나셨다니, 저는 문득 생의 방향을 잃은 듯한 느낌이 듭니다.

한동안 무기력하고 방향 감각 없는 나날을 보낼 것 같습니다. 그보다 더 아픈 사실은 제가 얼마나 선생님을 사랑했는지, 선생님이 계셨다는 사실에 감사했는지 한 번도 말씀드리지 못했다는 점입니다. 최근에는 자주 찾아뵙지 못했다는 죄송함까지 안고 말았습니다. 하지만 무력감이나 죄송함조차 남은 이들의 이기심일 것입니다. 선생님께서는 부디 이 땅의 모든 것을 털어 버리시고 밝고 환한 곳으로 가시기를 기원합니다. 안녕히, 안녕히 가십시오."

위 글은 소설가 박완서 선생님이 돌아가셨을 때 한 일간지에 기고한 추모 글이다. 삼십 대 초반, 삶을 세 영역으로 나누고 각 영역마다 서로 다른 역할 모델을 정해 두었다. 작가로서의 삶을 배울 문학계의 선생님, 여성적 삶을 배울 여성계 선배, 비즈니스 측면을 배울 사업가 여성이 있었다. 이따금 뵐 때면 그분들의 언행에서 배울 점을 찾았고, 중요한 결정을 앞에 두고는 '그분이라면 어떻게 하셨을까?' 생각해 보았다. 그분들만 잘 따라 해도 인생의 절반은 거저 먹을 수 있을 듯했다.

시간이 흘러 이제 내가 그 시절 그분들의 나이가 되었다. 그 사이 많은 것들이 달라졌다. 문학적 삶의 모델로 삼았던 분은 세상을 떠나셨다. 여성적 삶의 모델로 삼았던 분에게서 배웠던 덕목들은 충분히 내면화한 후 지나간 가치가 되었다. 사업가 여성에게서 배우고자 했던 것들은 얼마간 환상이었음을 확인하는 것으로 끝났다.

훈습의 마지막 단계에서 가끔 새로운 역할 모델로 삼을 만한 사람이 있을까 주변을 둘러보곤 했다. 단체 여행을 할 때 자주 할머니들 곁에 머물렀던 데는 그런 이유도 있었다. 아직 구체적인 모델이나 비전을 찾아내지 못했지만 한 가지 믿는 구석이 있어 괜찮다고 느낀다. 모든 이들로부터 배우면 되기 때문이다.

인생은 '어떤 것'이 되는 기회
천진과 단순 ● 보호하기

　나이아가라폭포는 미국과 캐나다 국경에 위치하고 있었다. 그 폭포를 캐나다 쪽에서도 미국 쪽에서도 볼 수 있도록 투어 버스는 여러 곳에 정차했다. 하지만 어느 방향에서 보아도 폭포는 거대한 물줄기라는 사실 외에 감흥이 없었다. 헬기를 타고 공중으로 올라가 폭포 전체를 조망해도 마찬가지였다. 아무래도 영화를 너무 많이 보았구나 싶었다. '미션(Mission)'이나 '해피 투게더(Happy Together)'에서 보았던 장엄하거나 섬세한 영상들에 비해 현실의 폭포는 미흡하고 건조했다. 그저, 참 다양한 방법으로 폭포를 파는구나 생각했을 것이다.

   나이아가라폭포를 떠나기 직전, 마지막으로 유람선 관람 코스가 있었다. 유람선을 타고 폭포 물줄기가 내리꽂히는 용소를 향해 접근할 때 폭포 옆 단애에 무수히 둥지 튼 갈매기들이 먼저 보였다. 갈매기들은 물보라와 바람이 거센 환경에서도 가끔씩 날개를 펴고 선회하면서 빼어난 자태를 보여 주었다. 용소 가까이 다가갈수록 폭포 물줄기에서 솟구치는 물보라가 자욱해지면서, 물줄기가 만들어 내는 바람이 강하게 느껴졌다. 배는 물결과 폭포 바람에 밀리지 않기 위해 안간힘을 쓰는 듯했다.

   유람선이 용소에 멈춰 서자 눈앞에 보이는 것은 온통 물보라뿐이었다. 희게 부서지는, 세찬 물방울 입자들이 허공을 가득 채우고 있었다. 물보라는 상하좌우 모든 곳으로부터 날아와 몸을 두드려, 일회용 비옷을 입고 있어도 온몸이 흠뻑 젖는 듯했다. 몸뿐 아니라 내장과 마음까지 젖어 들었다. 폭포가 고스란히 가슴속으로 밀려들면서 일순간 정서의 어떤 경계, 유와 무를 가르는 선을 넘어갔다가 돌아온 것 같았다. 그것은 생의 한순간, 혹은 생 자체에 대한 은유 같기도 했다. 유람선이 폭포 물줄기 아래 멈춰 서 있던 시간은 고작 2분이나 3분쯤이었을 텐데, 과장한다면 그동안 한 생을 만난 것 같았다.

   여행에서 돌아와 마침 그 무렵 발간된 마종기 선생님의 시집 《하늘의 맨살》을 만났다. 선생님 시의 애독자로서 즉각 시집을 펼쳐 들었는데 첫 번째 수록 작품이 '노르웨이 폭포'였다.

네 얼굴과 내 얼굴이 겹치고 엉겨
한 개의 얼굴이 되는 곳을 아느냐.
내 목숨과 네 목숨이 서로 붙잡고
한 개의 숨소리만 내는 곳을 아느냐.

우리가 살아온 길과 물을 모두 모으면
사무치게 오래된 흐린 항구가 되느니
가난한 마을 작은 집의 나이 든 아내를 보면
그 긴 여행을 어찌 젖은 과거라고만 부르리.

 나이아가라폭포를 보고 온 직후여서 그랬을까? 첫 번째 연을 읽을 때 벌써 폭포 앞에서 느꼈던, 거대한 자연 앞에서 한 개 물방울이 되어 버리던 느낌이 되살아났다. 두 번째 연에서는 정서의 어떤 경계를 슬며시 넘어서던 바로 그 느낌이 떠올랐다. '가난한 마을 작은 집의 나이 든 아내를 보면'이라는 시구 앞에서는 느닷없이 울음이 올라왔다. 예상치 못한 반응에 그 자리에 무질러 앉고 말았다.
 앉은 자리에서 시집을 끝까지 읽어 내려가며 유독 슬픔을 자극하는 대목을 찾아보려 했다. 예전부터 마종기 선생님 시집을 읽을 때면 어김없이 눈물이 나곤 했다. 조국을 떠나시던 때의 청춘기 감성이 고스란히 냉동 보관되어 있어 그런 게 아닐까 혼자 추측하기도 했다. 그러다가 시집의 한 대목이 눈에 띄었다.

"어머니의 자장가를 들으면 너무 슬퍼서……."

슬픔에 공감하는 내면의 실체가 잡히는 듯했다. 유년기에 들은 자장가가 만들어 낸 슬픔의 정서가 시인 자신도 인식하지 못하는 곳에서 작동하면서 독자도 알아차리지 못하는 깊은 내면 정서에 감응하는 게 아닐까 싶었다.

프로이트는 예술가의 삶과 작품 연구를 즐겼고, '승화'는 그가 예술가들의 작업을 설명하기 위해 만들어 낸 개념이다. 예술가들이 무의식의 창고에 억압해 둔 에로스/타나토스 욕구들을 승화시켜 예술 작품을 만든다는 사실은 이제 상식이 되었다. 한 지인이 그 상식에 근거해서, 정신분석을 받을 때 내게 이런 질문을 한 적이 있었다.

"그렇게 무의식을 다 파헤쳐 내면 앞으로 무엇을 재산으로 글을 쓰려느냐?"

그때는 글쓰기에 대한 양가적 감정을 점검하고 있었다. 소설 쓰기가 한번 도전해 볼 만한 일이긴 해도, 첨단 기계 문명의 20세기에 15세기적 가내수공업을 이어 가고 있다는 생각이 없지 않았다. 가끔씩 어떤 게 진짜 삶인지 궁금해지곤 했다. 홀로 면벽한 채 남의 이야기나 읽고, 창백한 글이나 쓰고, 삶을 묘사하는 행위는 진짜 삶을 사는 게 아니지 않을까? 무의식을 비워 낸 후 더 이상 글을 쓰지 못한다면 그것도 괜찮다고 생각했다. 그때가 되면 진짜 삶을 살아 보리라. 그렇게 생각할 때 진짜 삶이란 봄에 감자 씨를 묻고 여름에 감자알을 캐내는 일, 파도치는 밤바다에서 집어등을 밝히고 살진 오징어를 건져 올리는 일 같았다.

일본 작가 마루야마 겐지는 문학에 대한 서슬 푸른 자긍심으로 유명한 작가이다. 그의 책에서 다음 구절을 읽었을 때 절로 고개를 끄덕였다.

"내게 유일한 관심사는 소설 언어라는 가장 인간적인 도구를 마음껏 구사한 소설을 통하여, 이 세상과 이 세상에 살고 있는 인간이라는 생물의 핵심에 얼마만큼 육박할 수 있느냐는 것이다. 소설을 써서 내가 얻는 이득은 원고료와 인세, 그리고 어떤 힘에도 오염되지 않은 독자의 감상이다."

그가 같은 책 다른 페이지에서는 이렇게 말하기도 한다.

"산기슭에 살면서 개나 기르고, 소설 따위나 쓰고, 양지 바른 곳에 웅크리고 있다니, 이렇게 비참하게 살 수밖에 없는가 하는 생각을 할 때마다 화가 치민다. 그래서 나는 악덕 부동산업자가 외제 차를 몰고 다니면서 땅을 마구 사들이는 것을 보거나 그런 이야기를 들을 때면 이런 생각을 한다. 아직은 젊다. 언젠가는 반드시 이런 생활에 종지부를 찍고 그들처럼 보란 듯이 살게 될 날이 있을 것이다. 그때야말로 있는 지혜를 다 쥐어짜 내서라도 속임수와 아첨과 남의 장사를 방해하는 일에 전념해 주리라고."

위의 두 단락은 마치 내 머릿속에서 뽑아낸 것 같아 혼자 슬며시 웃은 일이 있다.

글쓰기에 대한 양가적 감정이 언제 어떻게 통합되었는지 분명하지는 않다. 분명한 것은 글쓰기에 대한 모든 칭얼거림도 실은 불안감의 소산이었다는 사실을 알게 되었다는 점이다. 글쓰기에는 죄가 없었다. 글쓰기에 대해 가지고 있는 불안, 시기심, 나르시시즘 등이 문제였다. 그 지점에 도달하자 글쓰기에 대한 인식이 변화했다. 처음부터 글쓰기는 삶의 목표가 아니라 도구거나 방편이었다는 사실을 알아차리게 되었다.

작가로 살기 위해 가장 필요했던 것이 재능이나 열정이 아니라 용기라는 것도 알게 되었다. 글을 쓸 때 내부 검열자를 침묵시키면서 자기감정을 표현하는 일부터 불안을 떨쳐 내는 용기가 필요했다. 글쓰기가 공동체의 통념을 넘어서는 곳으로 나아갈 때도 용기가 필요했고, 내가 읽은 세계 명작과 내가 쓰는 글 사이의 간극을 확인하며 좌절할 때도 용기가 필요했다. 창조 작업이 신의 행위를 모방하는 일이라는 데서 오는 무의식적 두려움도 이겨 내야 했다. 책이 출간된 후에는 만 명의 독자로부터 만 가지 평가를 듣더라도 여전히 자기를 믿을 수 있는 용기가 필요했다. 그런 용기가 필요할 때마다 글쓰기 자체에 핑계를 대어 왔다는 사실이 환하게 이해되었다.

헤파이스토스 신전은 아크로폴리스 언덕 구석진 자리, 높은 지대에 자리 잡고 있었다. 멀리서는 웅장해 보이지만 막상 접근하려면 경사가 가파르고 다듬어지지 않은 진입로를 지나야 했다. 신전이 자리 잡고 있는 터는 좁았고, 신전 내부는 비밀의 공간을 보호하듯 무수한 기둥들로 분할되어 있었다. 높은 기반 위에 건립된 신전을 보려면 자연히 고개를 뒤로 젖히는 자세를 취할 수밖에 없었다. 그 자세로 신전을 한 바퀴 돌아보아도 남는 것은 모호함뿐이었다.

그리스 여행을 떠날 때 신전들에 대한 기대나 환상이 있었다. 신전 안에 들어가면 어떤 느낌이 들까 궁금했다. 개인적으로 헤파이스토스 신에게 관심이 많아 특히 그의 신전을 보고 싶었다. 아내 아프로디테가 인간과 신을 가리지 않고 많은 대상들과 자유로운 사랑을 하는 동안 그는 대장간에 머물면서 묵묵히 쇠를 두드렸다. 쇠를 달구고 두드려 인간과 신들이 필요로 하는 도구들을 만들었다. 아프로디테는 사랑과 예술의 여신이라 불리지만 그녀가 어떤 예술 작품을 창조했는지는 알려져 있지 않다.

거기에도 프로이트의 승화 개념이 적용될 수 있을 것이다. 에로스/타나토스 에너지를 사랑 행위에 직접 사용한 아프로디테는 남긴 예술품이 없고, 그 에너지를 승화시켜 많은 도구를 만들어 낸 헤파이스토스의 삶은 사랑도 없고 재미도 없어 보인다. 어느 쪽이 먼저인지는 모르겠다. 그가 열정을 창조 행위에 쏟아 그녀가 바깥으로 돌게 되었는지, 그녀가 다른 남자들을 찾아다니자 그가 열정을 대장간에 쏟았는지는.

진실이 어느 쪽이든 내가 궁금한 것은 다른 데 있었다. 어느 쪽이 진짜 삶일까? 두 가지 중 하나만 선택해야 한다면 어느 쪽이 나은 삶일까? 아프로디테처럼 살면서 예술 작품을 창조할 수는 없고, 헤파이스토스처럼 살면서 즐거운 향락을 누릴 수는 없음에 틀림없었다. 록 스타 중에도 마약과 여자에 빠져 생을 보내는 사람이 있고, 그런 동료를 소재로 삼아 곡을 쓰는 사람이 있다고 한다. 그것은 삶의 딜레마처럼 보였다.

오래도록 품어 왔던 의문에 답을 만난 것은 빅터 프랭클의 책에서였다. 그는 사람들이 삶을 대하는 태도를 세 가지로 분류하고 있었다. 창조 자아, 향유 자아, 태도 자아가 그것이었다. 아프로디테는 향유 자아를, 헤파이스토스는 창조 자아를 선택했던 게 아닐까 싶었다.

"인생은 어떤 것이 아니라 항상 어떤 것이 되는 기회, 바로 그것이다."

빅터 프랭클의 저 말은 내 의문에 대한 답이 되어 주었다. 누구나 자신에 대해, 자기 삶에 대해 원하는 태도를 취할 수 있으며, 삶은 선택의 문제일 뿐이었다. 헤파이스토스도 주변 변수와 무관하게, 자신의 삶을 스스로 선택했을 것이다.

헤파이스토스 신전에 서서 신전 주변을 몇 차례나 돌면서, 각 방향에서 볼 때 신전이 어떤 느낌을 주는지 느껴 보았다. 신전이 세워진 자리가 그의 대장간이 있던 곳인지는 알 수 없었다. 하지만 그가 대장간에 머물 때 어떤 마음이었을지는 짐작할 것 같았다. 아내의 삶과 자기 내면을 분리시키고, 일상을 최대한 단순하게 만들고, 마음도 천진한 상태로 머물렀던 게 아닐까 싶었다.

'단순과 천진'은 젊은 날부터 마음에 품고 거듭 확인해 온 가치였다. 이십 대 때 내 직업은 대중들이 관심을 갖는 사건이나 사람을 취재하여 글로 옮기는 일이었다. 당시 만났던 이들은 저마다 자기 분야에서 자기만의 세계를 확립한 사람들이었다. 그들을 만나기 전까지는 사회적으로 성공한 사람들에 대한 편견이 있었다. 그들이 성공을 위해 수단과 방법을 가리지 않았을 것이고, 능수능란하고 노회한 방법으로 욕구를 충족시켜 왔을 거라 생각했다.

사실은 그 반대였다. 자기 분야에서 개성과 전문성을 확립한 이들을 만날 때마다 그들이 놀랍도록 순수하고, 아이처럼 순진한 모습을 하고 있어서 당황했다. 처음 한두 번은 예외일 거라 생각했다. '이미 그 자리를 차지했으니 얼마든지 여유롭고 순진해도 되겠지.' 싶었다. '예술가나 지식인들만 순진하겠지, 전문 경영자들은 노회할 거야.' 생각하기도 했다. 전문 경영인을 만났을 때는 그런 생각도 오해라는 사실을 인정하게 되었다.

그 시절, 그들을 보면서 천진과 단순이 강한 추진력이고 지혜에 이르는 길임을 짐작했을 것이다. "궤변과 계략만 아니라면 모든 것을 이룰 수 있다."는 노자 말씀에 밑줄 그을 때는 단순과 천진이 도덕성과도 연결된다는 사실을 짐작할 수 있었다. 그때는 막연히 짐작했던 특성들이 알고 보니 헤파이스토스와 같은 성향이기도 했다.

요즈음도 텔레비전 토크쇼에 출연하는 과학자, 사진작가, 운동선수, 음악가 등을 보면 헤파이스토스가 현대에 살았다면 저런 모습이 아닐까 생각하게 된다. 그들은 하나같이 맑은 낯빛으로 천진한 웃음을 지으며 자기 분야 이외에는 맹탕이라고 말한다. 그런 얼굴을 만날 때마다 안심하는 마음이 된다. 순진하게 살다가 더러 사기를 당하더라도 그것이 옳다는 사실을 확인받는 기분이다.

고요히 혼자 머물며 단순과 천진을 보호하는 방법을 찾아낸 후 진짜 삶, 누구나 원하지만 쉽게 얻을 수 없는 삶의 비법을 손에 넣은 것 같았다. 프로이트적 무의식을 승화시키는 창조성 말고 어떻게 창의성을 잃지 않고 살 수 있을까 고민할 때 그 답도 찾은 것 같았다.

"너희가 어린아이와 같이 되지 않으면 결코 천국에 들어가지 못하느니라."는 성경 말씀의 핵심도 천진일 것이다. "온 힘을 다해 너의 천진을 보호하라."는 노자 말씀은 그 일이 온 힘을 쏟아야 할 만큼 어렵다는 경고일 것이다. 니체는 위의 설명을 한 문장으로 정리한다.

"정신은 낙타가 되어야 하고, 낙타는 사자가 되어야 하고, 사자는 아이가 되어야 한다."

낙타는 단순성과 인내, 사자는 용기, 아이는 천진을 의미할 것이다. 이십 대에 저 문장을 처음 만났을 때는 그 의미에 닿지 못했다. 먼 바다를 항해한 후에야 비로소 저 문장에 닻을 내렸다는 기분이 든다.

아무것도 원하지 않는 자리
자기 자신으로 ● 존재하기

　5월의 아테네는 지구 위의 한 도시 같지 않았다. 카모마일 꽃이 자잘하게 엎드려 있는 아폴론 신전을 걸을 때면 꿈속의 어느 장면에 머무는 듯했다. 바람 끝에 찬 기운이 묻어나는 파르테논 언덕길을 오르면 지난 삶의 어느 시기를 디디고 지나가는 것 같았다. 아크로폴리스 대리석 돌 더미에 앉아 있으면 과거로부터 불어오는 바람이 몸을 허공으로 들어 올리는 듯했다.
　그토록 비현실적이면서 몽환적인 느낌을 주는 여행지는 처음이었다. 그 몽환의 느낌은 봄빛 속에 퍼져 있는 꽃향기에서 오는 것도 같고, 시선을 끌어당기는 고대 건축물에서 오는 듯도 했고, 혹은 내 마음 깊은 곳에서 올라오는 것도 같았다. 평온하고 나른했다. 니코스 카잔차키스의 말이 틀림없었다.

"외국인이 그리스를 순례하는 것은 마음속에 아무런 갈등도 일으키지 않는 단순한 여행일 뿐이다. 하지만 그리스인의 그리스 여행은 희망과 공포, 고통과 동경, 갈등과 이완 등이 가득한 모순의 순례가 아닐 수 없다. 우리는 그리스 땅 어디에서나 때때로 수치심을 느끼는가 하면 때때로 장엄한 영광을 본다. 잔인한 질문이 마구 떠올라 그리스인 순례자의 머리를 사정없이 후려친다. 어떻게 저 무수한 경이로움들이 창조되었으며 그런 창조자의 후예인 우리는 지금 무엇을 하고 있는가."

니코스 카잔차키스는 내가 이십 대 때 한창 빠져들어 읽었던 작가이다. 그의 대표작은《그리스인 조르바》이지만 당시 나는《영혼의 자서전》을 더 좋아했다. 그 책은 74세에 사망한 작가가 72세에 쓴 작품이었다. 그런 책에는 70년 이상 살아 낸 자의 지혜와 통찰, 생의 비밀이 담겨 있을 거라 믿었다.

그리스 여행을 앞두고 카잔차키스의《모레아 기행》을 다시 읽다가 저 문장을 만났다. 조국에 대한 복잡하고 고통스러운 감정이 뚝뚝 떨어지는 저 문장은 그대로 21세기 그리스인들에게도 적용될 듯했고, 누구나 자기 조국에 대해 느끼는 감정일 것도 같았다. 그의 묘비명을 만난 것도 그때였다.

"나는 아무것도 원하지 않는다. 나는 아무것도 두렵지 않다. 나는 자유다."

　세 문장으로 된 묘비명을 접하는 순간, 거대한 수수께끼와 맞닥뜨린 기분이었다. 저 단순한 문장에는 틀림없이 깊고 중요한 의미가 담겨 있을 것 같았다. 내가 읽은 카잔차키스의 글은 인간의 깊이뿐 아니라 우주의 넓이까지 담고 있었기 때문에 당연히 그의 묘비명도 표면적인 의미가 전부는 아닐 거라 믿었다.

　아테네에 도착한 후, 아크로폴리스 언덕을 걸으면서, 파르테논 신전에서 바람을 맞으면서 자주 카잔차키스의 묘비명을 되뇌었다. 그가 그 문장들 뒤편에 숨겨 놓은 비밀에 닿고 싶었다. 공원을 가득 덮은 비둘기 떼를 보면서, 관광객들로 비좁은 도심 거리를 걸으며, 지하철을 타고 도시 외곽으로 나가 작은 마을을 걸으면서도 그 문장을 마음속에 품고 있었다.

　투어 상품에 참가해서 델피로 갈 때 할머니 안내인은 그리스가 자랑하는 유명인으로 소크라테스와 니코스 카잔차키스를 꼽았다. 그 할머니는 한 들판을 가리키면서 그곳이 오이디푸스가 아버지를 죽인 곳이라고 설명했다. 그리스에서는 그런 일이 많았다. 현실의 한 장소를 가리키며 신화 인물의 삶을 설명하면 머릿속에서 사실과 허구가 뒤섞이면서 비현실적인 몽환의 느낌에 사로잡히곤 했다.

　델피에 도착하자 왜 아폴론이 그곳에 살던 뱀 피톤을 죽이면서까지 그 자리를 차지하고 싶어 했는지 이해되었다. 신전 터를 병풍처럼 감싸고 있는 수직 암벽은 얼마나 웅장한지 시선을 돌려 한 번 훑어보는 것만으로도 절로 권위에 승복하는 마음이 되었다. 할머니 가이드는 일행을 이끌며 여러 유적을 설명했는데, 특히 아폴론 신이 무녀 피티아에게 신탁을 내리던 맷돌 모양의 신탁용 돌이 인상적이었다.

한 시간 동안 자유 시간이 주어졌을 때 나는 신탁용 돌 옆에 서서 신전 터를 감싸고 있는 수직 암벽을 올려다보았다. 그러면서 버릇처럼 니코스 카잔차키스의 묘비명을 중얼거렸다. 그런데 어느 순간, 거짓말처럼 그 의미가 환하게 밝아 오는 것 같았다. '나는 아무것도 원하지 않는다.'는 의존성, 결핍감, 시기심, 자동 강박 반복 추구와 관련되어 있었다. '나는 아무것도 두렵지 않다.'는 불안, 분노, 공포, 방어기제 등의 감정과 관련 있었다. '나는 자유다.'는 인정 지지 욕망, 존재 증명 시도, 내면의 감독관 등과 관련된 문장이었다. 세 범주의 감정들은 인간이 고통받는 내면의 모든 요소를 포괄하고 있었고, 유아기에 잘못 만들어 가진 생존법과 관련 있었다.

놀라운 느낌과 함께, 내가 아전인수 격으로 해석한 게 아닌가 하는 염려와 함께, 잠시 숨을 멈추고 서 있었다. 특히 '나는 자유다.'라는 문장이 놀라웠다. 앞의 두 문장은 정신분석 학문 내에서 자주 사용되는 언어들이지만 '자유'는 처음이었다. 가만히 서 있었더니 생각이 더 자라났다. 그의 묘비명이 불교에서 말하는 탐진치(貪嗔痴) 삼독(三毒)이나 기독교에서 규정한 일곱 가지 악이 해결된 지점과도 같은 게 아닐까 싶었다.

일곱 가지 악 중 색욕, 식욕, 탐욕, 시기심은 탐심(貪心), 분노는 진심(嗔心), 나태와 교만은 치심(痴心)의 범주에 포함되었다. 그리고 '나는 아무것도 원하지 않는다.'는 탐심이, '나는 아무것도 두렵지 않다.'는 진심이, '나는 자유다.'는 치심이 제거된 상태를 지칭하는 듯했다. 생각 중에 너무 놀라서 잠시 그 자리에 주저앉았다. 역시 카잔차키스였다. 천국이나 열반이 심리 상태에 대한 은유라면 카잔차키스의 묘비명은 바로 그 지점을 가리키는 게 틀림없었다. 정신분석학이 도달하고자 하는 지점도 같은 곳이었다.

서정주 시인의 시 '신부'는 애도 심리 에세이 《좋은 이별》에서 애도에 관한 사례로 인용한 바 있다. 그때 덜 말한 것이 있는데, 훈습 기간에 그 시가 더욱 여러 관점에서 읽혔다는 사실이었다.

'신부'를 처음 만난 것은 스무 살 무렵이었다. 2연으로 이루어진 그 시는 첫날밤에 신부가 음탕하다고 오해하여 그대로 줄행랑치는 신랑 이야기이다. 40년인가 50년이 지나간 후에 신랑이 우연히 신부네 집 앞을 지나다가 잠시 궁금해서 신부의 방문을 열고 들어간다. 그때 신랑이 목격한 장면은 이렇게 묘사되어 있다.

"신부는 귀밑머리만 풀린 첫날밤 모습 그대로 초록 저고리 다홍 치마로 아직도 고스란히 앉아 있었습니다. 안쓰러운 생각이 들어 그 어깨를 가서 어루만지니 그때서야 매운재가 되어 폭삭 내려앉아 버렸습니다. 초록 재와 다홍 재로 내려앉아 버렸습니다."

그 시를 처음 읽었을 때는 삶의 한 측면을 섬뜩하도록 아름답게 담아낸 점에 감탄했다. 그런 삶이나 사랑도 가능할 거라 생각되었고, 그것도 나쁘지 않다고 믿었다. 낭만적 사랑에서 여성이 감당하는 수동적 역할들, 인내나 기다림에 대해 그럴 수도 있다는 마음이었다. 가부장제 현실을 수용하면서 만들어 가진 페르소나의 언어였다.

페르소나는 가면이라는 의미로, 외부적 인격, 사회적 자기 등을 뜻한다. 생애 초기에는 그것을 만들어 가져야 하고, 그것을 완성하는 것이 인생 전반의 목표라 여긴다. 그러나 페르소나는 진정한 자기 자신이 아니며, 그것에 지나치게 사로잡히면 위험하고 미성숙한 사람이 된다. 군인처럼 강인함만 지나치게 드러내려 하거나, 선생님처럼 자신의 옳음만 보여 주려 애쓰게 되는 것이다.

융은 페르소나 밑에 묻어 둔 감정 무더기를 피라미드 형태로 구조화하고 콤플렉스, 그림자, 아니마/아니무스, 원형, 자기 등 여섯 층위로 설명했다. 그는 6층짜리 심리 구조에 집단 무의식이라는 이름을 붙였다. 나중에는 집단 무의식이라는 말이 그 의미를 제대로 전달하지 못한다면서 인류의 공통된 정신이라는 뜻과 초월성의 의미를 담아 '객관적 정신'이라 지칭하고 싶어 했다. 훈습 과정에서 진행 방향을 정하고 목표를 설정할 때 나는 융의 집단 무의식 피라미드를 염두에 두었다. 6층짜리 피라미드 계단을 짚어 가면서 어디쯤 걷고 있는지 점검해 나갔다.

서정주 시인의 '신부'가 다르게 이해된 것은 페미니즘 관점을 갖게 되었을 때였다. 그때 저 시는 일종의 음모처럼 보였다. 여성의 수동성과 피학성을 아름답게 묘사하여 여성 잔혹사를 미화하는 게 아닌가 싶었다. 여성에게는 삶에 대한 자율성도, 선택권도 없다는 이데올로기를 재생산해 내는 방식처럼 보였다. 그 관점을 갖게 되었을 때는 저 시를 아름답다고 생각했던 예전의 자신이 부끄러웠다. 그때는 내면의 아니마/아니무스가 갈등하면서 '페니스 엔비'에서 비롯된 경쟁심이 표면화되기도 했다.

아니마는 남성 속의 여성성, 아니무스는 여성 속의 남성성을 의미한다. 모든 인간이 본래는 두 성의 측면을 모두 가지고 있지만 성장 과정에서, 환경에 의해 그중 하나는 표면으로 드러내고 하나는 내면화한다. 성 역할을 구분하고 특정한 성 역할을 강요하는 문화에서는 반대 성의 에너지가 지나치게 억압되어 심리적 문제를 일으킨다고 한다.

얼마간 시간이 지난 후 '신부'는 다시 읽혔다. 이별과 애도에 대한 정신분석적 관점을 갖게 되었을 때 그 시는 일종의 풍자시 같았다. 사랑하고 이별하는 방법을 제대로 알지 못하는 우리 모습이 담긴 블랙 코미디였다. 친밀감에 대한 불안 때문에 도망친 신랑도, 이별의 뒤처리를 할 줄 모르는 신부도 똑같이 가여울 뿐이었다. 그 시에서 여성 억압을 읽었던 예전 생각이 조금 치우쳐 있었구나 싶기도 했다.

그때는 아니마/아니무스가 통합되면서 애도 불능 정서에서 비롯된 그림자를 알아보던 시기였을 것이다. 여성이 약자라는 생각에서 비롯된 콤플렉스도 있었을 것이다. 콤플렉스는 페르소나를 만드는 데 포함되지 못한 감정 덩어리이다. 숨기고 싶은 측면, 스스로 못났다고 생각하는 측면이 깊이 묻힌다. 그림자는 페르소나의 뒷면이다. 감정의 좋은 측면은 자기 것으로 삼고 미움, 질투, 시기심 등은 깊이 감추어져 그림자가 된다. 그림자는 개인적으로, 집단적으로 쉽게 외부로 투사된다고 한다.

경험에 의하면 프로이트 심리학이 끝나는 지점에서 융의 심리학이 시작되는 게 아닌가 싶었다. 프로이트의 성격 구조 이론은 유아기 생존법을 개선하는 데 도움이 되었다. 하지만 인간 정신에는 초자아, 자아, 원본능만으로 설명할 수 없는 영역이 있었다. 그때 융의 집단 무의식 개념을 차용하게 되었다. 융의 페르소나, 콤플렉스, 그림자 개념은 프로이트의 이상화된 자기 이미지, 억압과 회피, 투사 개념과 겹치는 측면이 있었다. 하지만 그 이외의 원형, 아니마/아니무스, 자기 등은 어디서도 만날 수 없는 개념이며, 인간을 더 깊이 이해하고자 할 때 도움이 되는 도구였다.

융의 원형 개념에 의하면 신부나 신랑도 오래도록 지속되어 온 인류의 한 모습일 뿐이었다. 남성은 바람둥이 연인의 원형을, 여성은 집을 지키고자 하는 화로의 여신 원형을 가졌다고 볼 수도 있을 것이다. 그들이 개별적이기는 해도 특별할 것은 없는 원형의 한 모습이었다.

원형은 개인의 내면에 인류가 사용해 온 특정한 인물 유형이 있다는 견해이다. 왕, 무사, 사랑하는 사람, 치유자, 마술사, 창조자 등이 그들이다. 페르소나는 원형들 중 한 가지를 선택하여 그 사회에 수용되는 아이덴티티를 만든다고 한다. 어떤 사람은 치유자가 되고 어떤 사람은 무사가 되어 인류가 만들어 둔 역할을 떠맡는다는 것이다. 그런데 현대인들의 원형에는 그림자가 섞여 들어 왕보다는 폭군이, 무사보다는 약탈자가, 마술사보다는 사기꾼이, 연인보다는 난봉꾼이 더 많이 나타난다고 한다.

융은 집단 무의식 피라미드 가장 아래에 '자기'를 배치했다. 그는 자기(Self)를 대문자로 특별하게 표기했다. 페르소나 밑에 구성되어 있는 콤플렉스, 그림자, 아니마/아니무스, 원형의 모든 측면을 통과하면서 그것을 자기 것으로 통합할 때 이루어지는 인격을 '자기'라고 불렀다. 자기에 도달한 상태를 '자기실현'이라 명명했는데 그 지점에 도달하면 다양한 관점이 수용되고 모든 갈등이 사라진 고요한 상태가 항상 유지되지 않을까 싶다. 또한 그곳은 니코스 카잔차키스의 묘비명과 은밀히 닿는 지점일 것이다.

서정주 시인의 '신부'는 가장 마지막에 또 다르게 읽혔다. 인과와 윤회를 핵심으로 하는 불교적 관점에서 보면 신부든 신랑이든 그들의 삶은 그들이 만든 그들 몫이었다. 그들은 여러 생을 거듭하면서 복잡한 인연으로 얽혀 있을 것이며, 서로의 삶에 그럴 만한 원인을 제공해 왔을 것이다. 특별히 가여울 것도 안타까울 것도 없는, 자연스러운 삶의 한 과정일 뿐이다. 그 관점 역시 카잔차키스의 묘비명과 은밀히 닿아 있는 듯 보인다.

훈습 기간에 새롭게 수용하고 실천한 삶의 덕목들은 현대인이 추구하는 삶의 가치들과 배치되는 것들이다. 더 많은 인맥을 갖고자 하는 이들 사이에서 '혼자 조용히 머물기'는 쉽지 않았다. 더 앞서 달리고자 하는 이들 사이에서 '열심히 살지 않기'나, 더 많은 힘과 정보를 갖고자 하는 이들 사이에서 '무력하고 모르는 채로 머물기'는 반사회적 행위처럼 느껴지기도 했다. 하지만 그곳에 현대인의 불안과 강박증을 해결하는 비밀이 있는 듯했다.

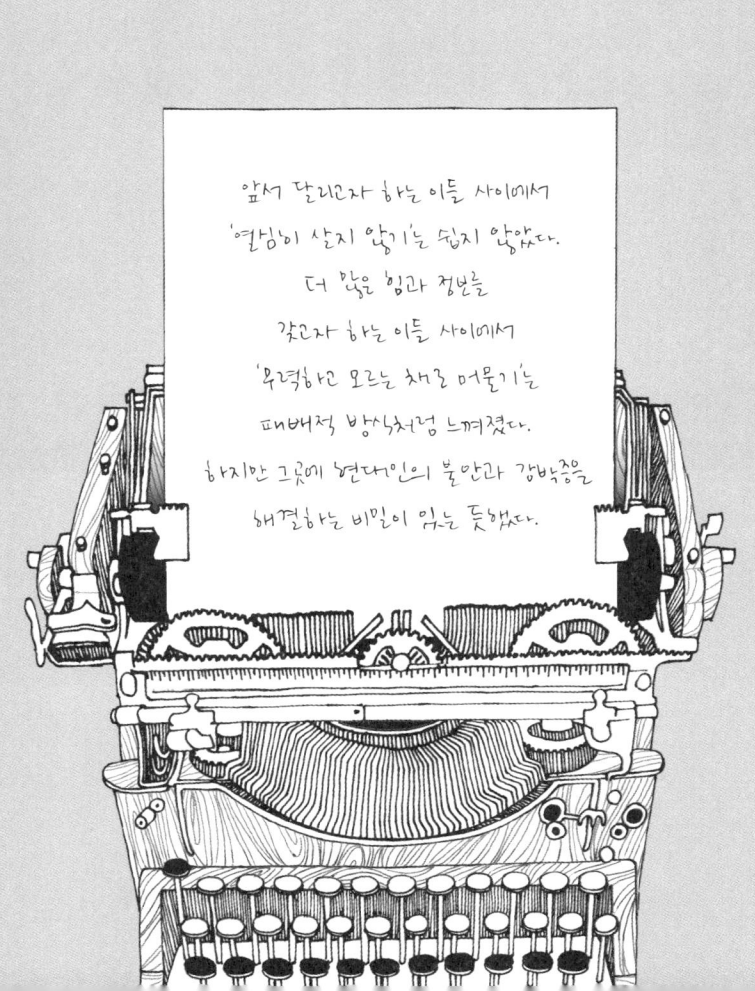

앞서 달리고자 하는 이들 사이에서
'열심히 살지 않기'는 쉽지 않았다.
더 많은 힘과 정보를
갖고자 하는 이들 사이에서
'무력하고 모르는 채로 머물기'는
패배적 방식처럼 느껴졌다.
하지만 그곳에 현대인의 불안과 강박증을
해결하는 비밀이 있는 듯했다.

경험 나누기

Chapter 3

후배 여성들과 함께 한 독서 모임은 나의 경험을
그들에게 나누어 주는 공간이었다.
그들에게는 새로운 촉진 환경이었고 내게는 훈습의 필수 과정이었다.
독서 모임을 통해 역전이와 투사적 동일시의 자리에 서 볼 수 있었다.

안아 주거나 담아 주기
중간 공간과 ● 촉진 환경

    그 후배 여성들을 처음 만난 것은 9년 전 연말, 겨울 저녁이었다. 그들은 인터넷 카페 '달팽이의 집' 구성원으로 김형경 소설에 공감하는 이들의 모임이라고 했다. 연말에 한 번씩 정기 모임을 갖는데, 그해 정기 모임에 나와 줄 수 있겠느냐고 연락을 해 왔다. 약속 장소는 홍대 근처 지하 찻집이었다.
    겨울 밤, 조명 흐린 계단을 내려가 지하 공간에 들어섰을 때, 그곳에는 이십 대에서 삼십 대쯤으로 보이는 여성들이 서른 명쯤 앉아 있었다. 그들의 첫인상은 내가 예상했던 젊음의 모습과 거리가 있어 보였다. 그들은 진지하다기보다 무거워 보였고, 겸손하다기보다는 소극적으로 보였다. 겨울 저녁, 지하 공간, 한 해를 마감하는 쓸쓸한 분위기, 어두운 색조의 겨울옷이 그런 이미지를 주었을 거라 생각했다. 모임이 끝날 때 그들은 매년 정기 모임에 자리를 함께 해 줄 수 있겠느냐고 물었다.

1년 후 그들을 다시 만난 것도 같은 시간 같은 공간에서였다. 그들에게는 전혀 시간이 흐르지 않은 듯 보였다. 1년 전과 같은 얼굴들이 그때와 다름없는 태도, 표정, 분위기를 이루며 앉아 있었다. 기어이, 지난 만남에서 회피하고자 했던 것들이 환히 보였다. 그들은 내게 이상화된 엄마 이미지를 투사하고 있고, 나는 '춥고 배고픈 자식을 방치한 채 화려하게 차려입고 외출하는 엄마' 같은 느낌을 받았다. 이상하게 불편한 감정이 오래 지속되었지만 그것을 무의식의 투사라 여기며 가만히 있었다.

그들을 세 번째 만난 것은 이전과 다른 환경에서였다. 햇살 화사한 가을 한낮, 북 페어 행사 일환으로 강연을 하게 되었는데 그 자리에 그들이 참석했다. 뒤풀이 장소에서 가까이 앉자 그동안 회피해 온 것들이 적나라하게 보였다. 그들 중 누구도 편안한 낯빛을 하고 있는 이가 없었다. 두통 때문에 미간을 찡그리고 있거나, 아토피 증상을 가지고 있거나, 그 자리를 통제하느라 숟가락도 들지 못하는 여성이 있었다. 무엇보다 그들은 전체적으로 미숙하고 어설프다는 느낌을 주었다.

'이런 데 쫓아다니지 말고 자기들 인생이나 잘 살지.'

절로 그런 생각이 들었다. 그들과 헤어져 돌아오는 길에야 뒤늦게 아차, 싶은 생각이 이어졌다. 예전의 내가 그랬던 것처럼 그들도 자기들이 원하는 것이 무엇인지 모르며, 인생을 잘 사는 법을 모르겠구나 싶었다.

그때부터 내면을 점검했다. 저들을 위해 무엇이든 해 주고 싶은 이 마음은 무엇인가. 그것은 내가 보살핌받고 싶은 욕구가 투사된 것이기도 하고, 《천 개의 공감》을 쓴 것과 같은 부채감이기도 하고, 이타적인 사람이라는 자기 이미지를 수호하기 위한 행위일 수도 있었다. 그것 외에도 또 다른 의미가 하나 있었다. 그것은 살면서 내가 받은 것들을 도로 나누어 주는 일이었다.

정신분석을 받으면서야 내가 소속된 공동체들로부터 많은 것을 받았다는 사실을 알게 되었다. 문학을 처음 공부하던 대학 시절에는 이미 문학청년으로 이름을 빛내고 있던 동기들이 만들어 내는 학교 분위기에 거저 업혀 간 면이 없지 않았다. 그들과 경험을 공유하면서, 동일시를 통해 그들을 배우면서 나의 문학을 만들어 갔을 것이다. 그 공간, 그 분위기가 아니었다면 작가가 될 수 있었을까 생각해 보면 선뜻 고개가 끄덕여지지 않는다.

직장 생활을 하던 이십 대에는 회사가 나를 사회적 개인으로 탄생시켰을 것이다. 직장 생활 첫 3년 동안은 마음이 몹시 힘들었는데, 그것이 사회에 적합한 개인으로 다시 태어나는 시간이었음을 나중에야 이해할 수 있었다. 그전까지는 직장 생활에 필요한 성격, 자질, 지혜 중 아무것도 가지고 있지 않았다. 특히 남성 중심의 직장 문화에 적응하기 위해 권위에 복종하는 법부터 다시 배워야 했다.

삼십 대 초반에는 '페미니즘 문학 소모임'의 도움을 받았다. 전업 작가가 되어 홀로 세상에 섰을 때, 내게는 여성적 삶에 대한 비전이 없었다. 그때 문학을 공부하는 페미니스트 친구들이 함께 모임을 하자고 제안해 왔다. 구성원 중 3분의 1은 창작하는 이들이었고, 나머지는 미국, 영국, 독일 등에서 문학과 페미니즘을 공부한 사람들이었다. 모임을 시작하면서 알아차린 사실은 구성원 가운데 내가 제일 무식하다는 점이었다. 그 모임 덕분에 나는 여성으로서, 여성 작가로서 새로운 정체성을 만들어 가질 수 있었다.

정신분석을 받을 때는 정신분석이라는 도구와 분석가가 만들어 주는 정서적 공간의 도움을 받았다. 그 과정에서 낡은 생존법을 버리고 중년 이후의 삶에 적합한 정체성과 가치관을 만들어 가질 수 있었다.

정신분석학에서는 그와 같은 환경을 '중간 공간'과 '촉진 환경'이라 명명한다. 중간 공간은 최초의 의존 대상인 부모, 가족을 떠나 개별적이고 자율적인 개인으로 태어나기 위해 머무는 장소이다. 그곳은 타인과의 동일시를 통해 정신적 성장이 일어나는 촉진 환경이 된다. 중간 공간과 촉진 환경 이론을 처음 제시한 사람은 도널드 위니캇인데 그는 중간 공간의 '안아 주기' 기능을 중요시한다. 그 속에서 느끼는 소속감, 안정감, 지지의 기능이 성장을 촉진시킨다고 제안한다. 윌프레드 비온은 비슷한 작업 과정을

'담아 주기'라는 용어로 정의한다.

무의식의 여러 측면을 고루 점검한 다음, 내가 경험한 중간 공간과 촉진 환경 정도를 팬 카페 구성원에게 나누어 줄 수 있을 거라 생각했다. 카페 운영자에게 메일을 보냈다.

"나와 함께 책 읽고 이야기 나누는 모임 해 보지 않을래요? 마음이 있다면 7, 8명쯤 사람을 모아 보세요."

모임 운영 방식은 페미니즘 문학 소모임을 모델로 삼기로 했다. 그 모임처럼 두 권의 책을 읽고 두 달에 한 번씩 만나 이야기 나누기로 했다. 책은 정신분석이나 심리학 책 가운데 내게 유익했던 것들을 소개하기로 했다. 독후감뿐 아니라 삶의 이야기들을 주고받으며 자기를 새롭게 이해하고, 삶의 방법들을 배우기를 기대했다.

첫 모임에서 후배 여성들에게 가장 먼저 말해 준 사실은 팬 카페라는 모임에 내포된 심리 작용에 대해서였다.

팬 카페는 의존성과 나르시시즘의 결집체이다. 1만 원짜리 책을 사서 읽고, 투자한 책값과 시간이 아깝지 않을 만한 정보나 감동을 얻었다면 그것으로 충분하다. 그 책이 마음에 들어 그 작가의 다른 책을 더 읽어 볼 수도 있을 것이다. 대부분의 독자들이 하는 일은 거기까지다.

책이 마음에 든다는 이유로 정체도 모르는 작가를 좋아하는 것은 '오버'의 시작이다. 팬 카페에 가입한다는 것은 나르시시즘적 자기 이미지를 작가에게 투사하기 시작했다는 뜻이고, 팬 카페 공간에서 무의식적 욕구를 충족시키고자 하는 의존성이 작동하고 있다는 뜻이다. 정기 모임에 작가를 보러 가는 것은 나르시시즘과 의존성이 만나 활짝 꽃피운 행위다. 한 작가의 책을 읽은 독자 가운데 지금 이 자리에 모인 여러분이 가장 의존적이고 자기애적인 사람이라는 사실을 먼저 인식했으면 좋겠다.

후배 여성들은 예상과 완전히 다른 내 말에 놀라는 듯했다. 모욕당한 표정을 짓기도 하고, 내 말을 이해하지 못하는 듯 황망한 낯빛을 하기도 했다. 그들에게 모임에서의 내 역할에 대해서도 설명했다. 나는 선배로서 내 경험을 나누어 주는 일을 할 뿐이다. 책을 소개하고, 모임 방향을 잡아 주고, 내가 얻은 지혜를 나눌 것이다. 그 과정에서 여러분이 스스로를 더 깊이 이해하게 되기를 바라고, 자신이 원하는 것을 알아내어 찾아 나가기 바란다.

그런 다음 책 읽는 법, 이야기하는 법, 이야기 듣는 법을 소개했다. 책을 읽을 때는 지식을 습득하기 위해서가 아니라 자기 내면을 비춰 보는 도구로써 읽을 것을 권했다. 모임에서 이야기할 때는 하소연하거나 투정부리듯 말하지 말고 자기 마음을 성찰하여 이해한 만큼 이야기할 것을 제안했다. 남의 이야기를 들을 때는 '충고, 탐색, 해석, 판단'의 잣대를 버리고 공감하는 마음으로 들을 것을 권했다.

마지막으로 제일 중요한 자율성의 원칙을 설명했다. 나는 모임을 제안했을 뿐, 그것을 선택하고 이 자리까지 온 것은 여러분의 자율 의지이다. 나는 여러분에게 아무런 통제도 가하지 않을 것이다. 책을 읽든 읽지 않든, 모임에 오든 오지 않든, 모임에서 이야기를 하든 하지 않든, 모든 것은 여러분이 스스로 선택하고 결정하는 일이다. 모임의 문도 항상 열려 있어 이 모임에서 좋은 것을 얻는다고 느끼면 계속 오고, 시간 낭비라고 느끼면 언제든 오지 않아도 된다고 덧붙였다. 모든 것은 철저하게 여러분의 자유 의지에 달려 있으며, 그것이 의존성을 알아차리는 첫 번째 방법이 되어 주었으면 좋겠다고 말했다.

후배 여성들은 무의식적으로 모임에 기대했던 인정, 지지, 보살핌, 따뜻한 분위기 같은 것들이 좌절당해 황망한 듯했다. 나는 처음부터 그들의 유아기 욕구를 좌절시키는 역할을 하기로 마음먹고 있었다. 유아기 의존성부터 알아차려야 독립된 개인으로 설 수 있을 것이기 때문이었다.

그렇게 시작한 첫 번째 독서 모임은 이제 7년째로 접어들었다. 첫 모임이 4년째 접어들던 연말에 팬 카페 정기 모임에서 운영자는 앞으로 정기 모임을 하지 않을 거라 말했다. 그녀는 3년간 독서 모임을 하면서 나와 안정적인 관계를 맺었다고 생각해서, 1년에 한 번씩 만나는 정기 모임이 의미가 없어졌을 것이다. 그 사실은 내가 아니라 다른 여성이 통찰해 냈다.

정기 모임을 없앤다고 말하는 그 자리에서 나는 다른 구성원들에게 그동안 별도의 독서 모임이 있었다는 사실을 밝혔다. 그것에 대해 미안하게 생각하고 있으며, 이제 두 번째 모임을 시작할 예정이니 원하는 사람은 참여하라고 제안했다. 그 행위에도 두 가지 마음이 있었다. 하나는 독서 모임에서 소외된 이들에 대한 미안함이었고, 다른 하나는 첫 번째 모임에서 얻은 경험을 바탕으로 다시 한 번 잘해 보고 싶은 마음이 있었다.

별도의 독서 모임이 있었다는 사실을 밝히자 놀라운 반응이 돌아왔다. 목소리 높여 오래 화를 내는 여성에서부터 그럴 수도 있겠다고 말하는 여성 사이에 다양한 스펙트럼의 반응이 있었다. 소외당한 느낌이다, 좀 황당하다, 정말 실망했다 등등. 심지어 이미 독서 모임을 하고 있던 구성원들도 자기들을 특별한 이너 서클로 생각했던 나르시시즘이 깨어지는 고통을 맛보는 듯했다. 나는 그 모든 감정들을 모임에서 이야기하고 점검하자고 제안했다.

처음에는 내 경험을 후배들과 나눈다고 생각했을 것이다. 하지만 독서 모임을 진행할수록 그것이 훈습 과정의 필수 요소임을 깨닫게 되었다. 그것은 단순히 경험을 나누거나, 무의식적으로 나를 보살피는 일 이상의 경험이었다. 또 한 번 촉진 환경을 갖는 일이었고, 그 환경 속에서 적극적으로 안아 주고 담아 주는 역할을 이행하는 일이었다. 무엇보다도 오래도록 헷갈려 온 감정 작용인 역전이와 투사적 동일시를 명확히 구분할 수 있었다.

현실에서 만나는 소모임들이 무의식적으로 원하는 게 무엇인지도 잘 보였다. 세 사람만 모이면 단체나 위원회를 만드는 이들이 원하는 것이 소속감과 안정감인 줄 알았다. 집단의 힘을 자기 것으로 사용하고자 하는 약자의 생존법이라고 생각했다. '테메노스'를 갖지 못한 이들이 외부에서 자기를 담아 줄 공간을 필요로 한다고도 생각했다. 자기가 소화시키지 못하는 감정을 그 공간에 토해 놓고 서로에게 소화시켜 달라고 하는 듯하다고 생각했다.

알고 보니 소모임을 꾸리는 이들이 진짜 원하는 것은 촉진 환경이었다. 성경 읽기 모임, 불교 대학, 철학 공부 모임, 고전 읽기 모임 등 대체로 무엇인가를 배우기 위한 모임이 많은 이유도 비로소 이해되었다. 소모임 공간에서 소속감, 안정감, 지지 기능을 주고받으며 정신적 성장을 촉진받는 광경이 선명히 보였다. 그것은 할머니 주변에 둥글게 모여 앉아 이야기 듣던 문화, 우물가에서 수다 떨던 문화가 사라진 자리에 만들어진 공간 같았다.

독서 모임은 '비밀의 원칙'을 첫 번째로 하고 있다. 그 공간 안에서 들은 이야기는 그 공간 안에 닫아 두기로 약속했다. 그래야만 방어적인 이들도 자기를 표현할 수 있는 안도감과 용기를 얻을 수 있기 때문이다. 그럼에도 그 경험은 나의 훈습 과정 중 중요한 부분이며 핵심이 되는 통찰을 담고 있어 그냥 지나칠 수 없었다.

그 경험을 쓰면서 몇 가지 원칙을 정했다. 첫째, 철저하게 나의 경험, 나의 통찰을 위주로 다룰 것이다. 둘째, 등장인물은 가명으로 처리하고 개인의 프라이버시에 해당되는 사건은 드러내지 않을 것이다. 셋째, 독서 모임 공간에서 일어난 전이, 역전이의 관계 작용을 중심으로 쓸 것이다. 심리적 변화는 전이 과정에서 일어나며, 특히 부정적 전이를 통해 유아기에 억압해 둔 분노, 불안, 시기심 등을 다시 경험하는 과정이 치유의 핵심이기 때문이다.

    그럼에도 독서 모임 구성원 가운데 이 글에 대해 특별한 감정을 느끼는 이가 있다면, 그 감정에 대해 모임에서 함께 이야기 나누어 보면 좋을 것이다. 우리는 그 정도의 신뢰와 자기 성찰 능력은 획득했을 것이라 믿고 싶다.

경험을 나눈다는 것

 내가 정신분석을 받은 시기는 1997년, 1998년 언저리였다. 그때 의사를 소개해 준 선배가 특별한 주의를 주었다.
 "어디 가서 정신분석받는다는 말 하지 마. 그러면 사람들은 네가 진짜 미친 줄 알아."
 그것은 당시 우리 사회의 기본 정서이고 상식이었다. 정신적인 문제로 병원을 찾으면 짧은 문진 후에 약을 처방하는 치료 방식이 대부분이었다. 하지만 나는 오래전부터 정신분석이나 심리학 책을 읽어 왔고, 외국에서는 그런 책들이 대중적 베스트셀러가 되어 있다는 사실을 알고 있었다. 그들은 정신과 상담 치료를 감기 치료처럼 여기고 있었으며, 의료보험이 적용되어 치료비 부담이 적은 나라도 있었다. 여러 가지 이유로 선배의 충고를 금세 잊어버렸다.

심지어 그 시기에 친구를 만날 때면 정신분석 작업과 새롭게 알게 된 무의식에 대해 이야기해 주는 것을 즐겼다. 나중에야 그 행위가 경험을 내면에 간직해 둘 줄 몰라서, 그 작업의 긴장을 조절하기 위해 그랬다는 무의식을 점검할 수 있었다. 하지만 그때, 친구들에게 나의 경험을 들려주었을 때 돌아오는 반응이 뜻밖이었다.

"어머, 나도 그런데……."

처음에는 성향이 비슷한 문단 친구들에게서 나오는 반응일 거라 생각했다. 그런데 고향에 내려가 농사짓거나 횟집을 운영하는 친구에게 말해 주어도 돌아오는 반응이 같았다. 내면에 억압해 온 분노에 대해, 시기심에서 비롯된 작은 습관들에 대해, 혹은 어떤 감정에 대해서든 친구들은 놀란 듯 자기와 똑같다고 말하곤 했다. 성향이 다르다고 여겨지는 페미니스트 친구나 후배들에게도 말해 보았다. 무의식적 의존성에 대해, 요구하지 못하는 성격에 대해. 그래도 반응이 똑같았다.

"어머, 나도 그런데……."

사실, 그때까지만 해도 나만 이상한 사람이라고 생각하고 있었다. 나만 성장기에 더 말썽을 부렸고, 남들이 웃는 농담에 대해 슬퍼했다. 대부분의 사람들이 동의하는 상식에 대해서도 나만 완연히 다른 입장을 갖는 경우가 많았다. 오래도록 나만 유별나다고 생각했는데, 내면 감정에 대해 이야기하자 모든 친구들이 자기도 나와 같다고 말했다.

《사랑을 선택하는 특별한 기준》은 그렇게 잉태된 작품이었다. 정신분석 경험에는 동시대 여성들이 공감하는 의미심장한 요소가 있으며, 그것을 글로 써서 독자들과 나누면 좋겠다고 생각했다. 동시대 여성들만 공감할 거라 생각했던 소설은 남성들에게도, 후배들에게도 계속 읽혀 나가며 경험을 공유하는 기제(機制)가 되어 주고 있다. 우리가 어떤 겉모습을 가지고 있든 인체를 구성하는 물질이 똑같고, 우리가 어떤 성격을 가지고 있든 인간 정신을 구성하는 요소가 똑같다는 명제가 새롭게 이해되었다.

처음 독서 모임을 만들 때 기대한 것은 그 정도 수준이었다. 서로의 경험을 주고받으며 타인을 있는 그대로 인식하고, 타인과 관계 맺는 법을 익히고, 세상을 더 넓게 이해해 나가면 좋겠다고 생각했다. 그러면 최소한 "나만 이상한 사람이 아닐까?" 하는 자폐 껍질을 깨고 나오고, "누구나 그런 거 아니야?" 하는 나르시시즘적 세계 인식은 벗어날 수 있을 거라 믿었다.

하지만 순진한 예상은 순식간에 어긋났고, 얼마 지나지 않아 놀랄 만한 반응과 맞닥뜨려야 했다. 팬 카페 구성원으로서 내게 긍정적 전이 상태에 있었던 이들은 모임 이후 그 뒷면에 있는 부정적 전이들을 일제히 나를 향해 쏟아 내기 시작했다. "나는 선배로서 내 경험을 여러분과 나눌 뿐이다. 나는 여러분의 언니도, 엄마도, 상담 선생님도 아니다."라고 아무리 이야기해도 그들은 내게 투사하는 무의식적 유아기 욕구를 거두지 못했다. 위로해 주고, 지지해 주고, 친절하게 대해 주기를 바라는 무의식적 욕구가 충족되지 않는 데서 오는 분노와 불안을 나를 향해 경험하기 시작했다.

그제야 독서 모임이 내가 그동안 경험한 중간 공간들과 어떻게 다른지 보이기 시작했다. 페미니즘 문학 소모임은 동년배 집단이었고 구성원들은 나보다 지식이나 지혜가 많은 이들이었다. 회사는 일차적이거나 퇴행적인 전이 감정이 표출될 수 없는 공간이었다. 대학 공간은 혹시 그런 감정이 있었다면 문학 작품을 습작하는 방식으로 승화되었을 것이다. 하지만 독서 모임에는 그와 같은 안전장치가 없었다. 10년에서 20년 정도 어린 후배들은 이미 팬카페라는 공간에서 이상화된 부모 이미지를 내게 투사하고 있었고, 독서 모임은 그 기대를 더욱 부풀렸을 것이다.

"분석가가 증오의 대상이 되는 것을 피할 수 있는 방법은 없다. (……) 분석가는 피분석가에 대한 모든 것을 이해하려고 하기 때문에 미움을 받게 된다. 그와 같은 행동은 현 상태를 위협하며 일종의 공격으로 경험되기 때문이다."

미국의 정신분석학자 로이 셰이퍼의 말이다.

독서 모임 여성들이 나를 미워하는 이유에는 여러 요소가 있는 듯했다. 자기를 표현하는 일에 대한 불안 때문에 미워하기도 하고, 이상화시켜 둔 자기 이미지에 적합하지 않은 해석을 해 줄 때도 그것을 받아들이지 못해 분노를 경험했다. 분노와 공격성을 표현하는 방법은 여러 가지였다. 소극적으로 비아냥거리기도 하고, 적극적으로 화를 내기도 하고, 입을 다물고 아무 말도 하지 않는 방식을 취하기도 했다. 자기 분노를 내게 돌려 나를 공격자로 만드는 방식으로 표현하기도 했다.

앞서 언급한 적 있는 다인이는 두 번째 독서 팀 구성원이다. 이상화된 자기 이미지를 내게 투사해 놓고 나를 좋아한다고 느껴 온 그녀는 나를 좋아한다고 느끼는 강도만큼 요구적이었다. 다른 구성원보다 나와 가까운 거리에 머물면서 자기가 원하는 것을 얻어 내는 것을 주요 생존법으로 사용하고 있었다. 그녀는 자주 시간을 내줄 것을 요구했고, 나는 형편에 따라 그녀의 요구를 들어주거나 좌절시키거나 했다. 그러면서 가끔 물었다.

"다인 씨, 나를 왜 그렇게 좋아하는 거예요?"

그녀는 오래도록 내 질문의 진의를 알아차리지 못하더니, 모임이 2년쯤 진행된 어느 날, 이렇게 말했다.

"내가 선생님을 왜 그렇게 좋아하는지, 처음으로 그 감정이 이상하다는 생각이 들었어요."

그녀는 내게 엄마 역할을 기대했고, 학창 시절 내내 엄마 역할을 해 줄 사람을 찾아내어 사용했다는 사실을 스스로 통찰해 냈다. 그럼에도 내게서 거두어 간 그 애착의 감정이 진짜로 누구를 향하는 것인지는 그때까지도 알아차리지 못하고 있었다. 아마 그 무렵쯤 그녀가 자기 습작 작품을 봐 달라고 요구했을 것이다.

 사실 나는 습작 작품을 검토해 달라는 작가 지망생들의 요구를 거절한다는 원칙을 세워 놓고 있었다. 우선 평가하는 일을 하기 싫었다. 몇 차례 그런 일을 해 본 결과, 개선할 점을 짚어 주면 그것을 기꺼이 받아들이는 사람이 거의 없었다. 오히려 자기애적 분노를 경험하는 사례가 대부분이었다. 그제야 그런 이들이 원하는 것이 무조건적인 인정과 지지라는 것을 알아차렸다. 그런 일이라면 반드시 내가 할 필요는 없었.

 그럼에도 다인이의 요청을 들어준 이유는 그것이 독서 모임의 연장이라고 판단했기 때문이었다. 그녀에게 원고를 보내라고 말하면서 이렇게 덧붙였다.

 "그 글이 다인 씨 자신에게만 의미 있는 글인지, 독자와 함께 나눌 만한 글인지 궁금하네요."

 그녀는 장편 소설 분량의 원고를 보내왔다. 글을 검토한 후 다시 만났을 때 그녀는 내가 한 말이 무슨 의미인지 모르겠다고 했다. 나는 그녀에게 작가들이 습작 기간에 오직 자기 자신에게만 의미 있는 글쓰기 시간을 갖는다고 말해 주었다. 그것은 자기표현을 연습하는 시간, 자기감정을 꺼내 보며 무의식적으로 자기를 치유하는 시간이 되어 준다. 미국 작가 나탈리 골드버그는 첫 작품을 발표하기 전까지 감정의 쓰레기 같은 측면을 표현한 원고를 한 트럭 분량 썼으며, 그 후에도 가끔은 집필 전에 불안감을 글로 표현하는 시간을 갖는다고 한다. 내가 보기에 다인 씨의 글은 아직 자신에게만 의미 있는 글쓰기 같아 보인다. 그런 이야기를 나누며 함께 걷고 있었는데, 10분쯤 후 그녀가 앞뒤 없이 이렇게 말했다.

"선생님이 제 글을 쓰레기라고 하셨잖아요."

그때는 내 말이 잘못 전달되었거나 그녀의 이해력이 부족한가 싶었다. 글이 쓰레기라는 뜻이 아니며, '감정의 쓰레기 같은 측면'이란 표현은 외국 작가의 말을 그대로 인용한 것이라고 정정해 주었다. 그녀와 헤어진 다음에야 그녀가 자기 글을 높이 평가해 주지 않은 사실에 대한 자기애적 분노를 그렇게 표현했음을 짐작할 수 있었다.

사실 다인이의 글에서 내가 놀랐던 점은 그녀가 보여 준 장편소설 분량의 원고가 대부분 내가 했던 말로 채워져 있었다는 점이었다. 둘이 만났을 때 들려준 이야기도 있었고, 모임에서 나눈 이야기도 있었다. 하지만 그녀가 왜 그런 방식으로 글쓰기를 했는지 이해하지 못했기 때문에 그 점에 대해서는 일단 침묵하기로 했다.

원고를 본 지 6개월쯤 지났을 때 다인이는 자신이 엄마와 분리되는 단계에서 문제가 있었다는 사실을 통찰해 내었다. 그녀의 통찰에서 나는 분리 이전, 엄마와 충분하고 안정적인 융합을 이뤄야 하는 상태에서부터 문제가 있었을지도 모른다는 사실을 짐작했다. 당연하다는 듯 요구적이었던 태도의 뿌리, 자기 소설을 나의 언어로 채워 놓은 이유도 거기 있는 듯했다. 그제야 나는 그녀에게, 그 글이 내가 한 말들로 이루어져 있었더라고 말해 보았다.

"네, 선생님 말씀이 내 말이라고 생각했어요."

그녀의 대답이 당당해서 나는 또 놀랐다. 그런 글쓰기가 잘못된 것이라는 인식은커녕, 그녀와 내가 동일한 존재가 아니라는 인식조차 없었다. 그 후 그녀는 내가 자신과 한 몸이 아니라는 사실을 받아들이는 데 애를 먹는 듯했다. 얼마 후 전화를 걸어 "선생님과 동등하게 되려면 어떻게 해야 해요?"하고 물었다. 엄마와 충분히 융합되고 싶은 유아기 욕구를 동등하다고 표현하는 것 같았다. 나는 그녀에게 "나와 동등해질 수는 없으며, 나와 동등해지려는 마음이 무엇인지 생각해 보라."고 말했다. 그런데 그 다음 모임에서 그녀가 이렇게 말했다.

"선생님이 '나와 동등해지려면 나만큼 출세해.'라고 하셨잖아요."

그때도 무언가 이상한 느낌이었지만, "내가 말한 건 그런 뜻이 아니라……." 하면서 그녀가 이제부터 성취해야 하는 분리, 개별화 작업에 대해 다시 설명했다. 그런데 그녀는 내 말을 튕겨 내듯 또 이렇게 말했다.

"제가 선생님이 말씀하시는 것과 같이 형편없는 사람이라는 사실을 받아들일 수 없어 그냥 이대로 살기로 했어요."

그제야 나는 그녀의 말에서 받아 온 이상하다는 느낌의 정체를 알아차렸다. 그녀는 원하는 것을 주지 않는 내게 화가 나 있었다.

자기 분노를 내게 투사해서 나를 공격자로 만드는 메커니즘을 작동시키고 있었다. 나는 그녀에게 다시 설명해 주었다. 나는 결코 누구의 글을 '쓰레기'라고 평가하거나, 내가 '출세했다'고 생각하거나, 타인에 대해 '형편없는 사람'이라는 표현을 쓴 적이 없다. 그건 내 말이 아니다. 그러자 그녀는 또 순순히 대답했다.

"네, 그것은 저의 언어예요."

그렇게 대답할 때에도 그 표현 속에 나를 가해 인물로 만드는 무의식이 깃들어 있다는 사실은 모르는 듯했다. 나는 그녀에게 다시 설명했다. 그녀가 자기 분노를 내게 투사해서 내가 자기를 공격한 듯 느끼면서 나를 두려워하고 미워하는 감정을 갖게 된다고. 그제야 그녀는 모임 처음부터 나를 향해 느껴 온 감정을 고백했다.

"사실은 모임에 올 때마다 선생님이 나를 미워하는 것같이 느껴져 긴장하곤 했어요. 그런데 막상 만나면 선생님이 아무렇지도 않은 모습을 보여 이상하다고 느낀 적이 많았어요."

그것이 유아기에 만들어 가진 '인지 왜곡'이며, 반복 경험을 통해 인식의 오류를 알아차리고 내면을 바로잡아 나가는 것을 '인지 치료'라 한다고 설명해 주었다. 그녀는 혼자 생각이 많았던 것 같았다. 다음 모임에서 이렇게 물었다.

"그럼 저는 선생님에게 어떤 존재예요?"

그 질문에는 두 가지 의미가 있는 듯했다. 나와 동일한 인물이라 느꼈던 인지 왜곡을 바로잡은 것, 내면의 의존 대상과 심리적으로 분리 개별화 작업을 시작했다는 것. 나는 그녀가 인식을 명료하게 할 수 있도록 객관적이고 냉정한 답을 제시했다.

"너는 그냥 내 후배들 가운데 한 사람이지."

"네에……."

길게 늘어뜨리는 대답에 실망과 냉소의 기미가 묻어났다. 내가 그녀의 질문과 대답 사이에 있는 감정들을 설명해 주자 "그동안 내가 선생님과 동등하다고 생각했어요."라고 답했다.

그렇게 다양한 층위의 감정 단계를 경험한 이후 그녀는 이제 나를 향해 분노를 체험하고 있다. 그 감정은 애착이 컸던 만큼 강하고, 집약적이며, 걷잡을 수 없는 성격을 띠고 있다. 그녀는 에로스/타나토스를 제대로 인식한 다음 그것을 통합하는 과정을 밟아 나가야 할 것이다. "다인 씨, 나를 왜 그렇게 좋아하는 거예요?"라던 질문은 이제 바뀌었다.

"다인 씨, 나를 왜 그렇게 미워하는 거예요?"

그녀는 지금 그 감정을 경험하고, 이해하려 애쓰고, 고통스러워 한다. 그녀에게 나는 다만 이렇게 말해 줄 뿐이다.

"만약 어떤 사람에 대해서도 몹시 좋다거나 싫다거나 하는 감정이 느껴지지 않으면 그때는 심리적 자립이 이루어졌다고 볼 수 있어요."

폭포처럼 쏟아지는 부정적 전이는 모임에서 가장 먼저 맞닥뜨린 단계였다. 후배 여성들이 그토록 재빨리, 그토록 당연하다는 듯, 그토록 진지하게 나를 미워하게 될 줄은 상상도 못했다. 부정적 전이에 대해서도 그것을 이해할 수 있도록 설명해 주는 방법밖에 없었다. 하지만 전이를 해석해 주면 그것이 자기 분노라는 사실을 받아들이지 못한 채 나르시시즘이 깨어지는 고통과 함께 나를 공격자처럼 느끼는 듯했다.

나는 그 분노를 고스란히 감당하는 수밖에 없었다. 그것이 중요한 회복 과정이기 때문이었다. 내게 분노를 표출하고, 그런 후에도 내가 보복하지 않는다는 것을 경험하는 일이 그들에게는 중요했다. 치료란 어린 시절에 위험하다고 느껴 억압하고 회피해 둔 감정을 다시 느끼는 일이고, 그것을 표현해도 괜찮다는 사실을 경험으로 체득하는 것이기 때문이다. 나중에는 스스로 그 감정을 소화시키고 돌보는 능력을 갖추는 지점까지 나아가면 더 좋을 것이다. 그동안 내가 할 일은 그들의 분노를 그냥 가만히 받아 주는 것뿐이었다.

독서 모임을 하면서 대부분의 소모임들이 좋지 않은 결말에 이르는 이유도 이해할 수 있었다. 어떤 크기의 모임이든 일단 세 명 이상 모이면 그곳에서는 집단 심리가 발현되는 것 같았다. 소모임은 저마다의 내면에 있는 초기 가족 경험을 비추는 거울이 되어 유아기에 억압해 둔 부정적 감정들이 일제히 쏟아져 나오도록 하는 듯했다.

독서 모임 여성들에게서도 그것이 보였다. 나를 향해 부모와의 관계에서 억압해 둔 감정을 경험하면서 동시에 구성원 서로를 향해서는 형제들과의 관계에서 회피해 둔 감정을 느끼는 듯했다. 카페 구성원이라는 이름으로 친밀감을 나누었을 이들이 모임을 할수록 관계가 서먹해졌다. 나와의 친밀도를 놓고 경쟁하기도 하고, 서로에게서 자기 그림자를 보면서 불편해했다.

"여러분이 진정으로 서로 이해하고 사랑하게 된다면, 그때는 건강하고 성숙한 사람이 되었다고 생각해도 좋아요."

그렇게 말해 주자 그들은 서로 이해하고 사랑하려 노력하는 듯 보인다. 시간을 내어 따로 만나기도 하고, 팬 카페에서도 적극 소통하려 애쓴다. 하지만 자기 내면에 닿지 못했기 때문에 어색하고 서투른 행동만이 부유하는 듯 보인다.

마음은 다만 거울일 뿐
역전이와 ●역할 반응

　이십 대 시절, 내가 위선자인가 고민한 적이 있었다. 내게는 고유한 성격이나 일관된 태도가 없는 듯, 만나는 사람마다 대하는 방식이 달랐다. 어떤 사람에게는 한없이 친절하다가 다른 사람에게는 비판적으로 굴었다. 어떤 사람을 만나면 자꾸 충고했고, 어떤 사람에게는 반복적으로 물질적 도움을 베풀었다. 그런 행동에 대한 의문이 풀린 것도 훈습 과정에서였다. 그런 마음 작용을 '역전이'라 하며, 내 쪽에서 고스란히 상대의 무의식을 비추는 상태임을 명료히 느끼게 되었다.

역전이를 처음 알아차리던 날을 분명하게 기억하고 있다. 그날 가벼운 발걸음으로 후배 여성을 만나러 갔다. 한낮의 찻집은 한가로웠고 내 마음은 평온했다. 후배 여성은 먼저 도착해 있었는데 평소와 다름없이 조용하고 여성적인 태도로 나를 맞았다. 우리는 평소와 다름없는 말투로 인사하고, 차를 주문하고, 일상 이야기를 나누며 차를 마셨다. 그런데 한순간, 마음이 캄캄해지면서 우울한 감정에 휩싸였다.

찻잔을 든 채 내면에서 느껴지는 그 낯선 감정을 가만히 지켜보았다. 숨 막히는 암울함, 통곡하고 싶은 슬픔, 몸이 비틀리는 좌절감 같은 게 감지되었다. 그것은 급작스럽고 근거 없는 감정이었다. 예전이라면 그 감정이 모두 내 것인 줄 알았겠지만 그때는 짚이는 데가 있어 후배를 건너다보았다. 그녀는 아무런 표정 변화 없이, 생각에 잠긴 듯한 낯빛으로 차를 마시고 있었다. 반신반의하는 마음으로 조심스럽게 그녀에게 물어보았다.

"혹시, 너 지금 우울하니?"

후배는 기다렸다는 듯 그렇다고 답했다. 그리고는 지난 사흘 동안 자기가 경험해 온 일들을 들려주었는데 그것은 부처님 가운데 토막도 돌아앉게 만든다는 속담과 관련된 내용이었다. 틀림없이 충격으로 마비되거나 분노, 배신감, 절망감을 느낄 법한 이야기이지만 후배는 일관되게 조용하고 낮은 목소리로 말했다. 이야기를 듣는 동안 나는 점점 더 우울하고 숨 막히는 상태가 되었다. 소리지르며 통곡하고 싶은 감정이 가장 강했다. 후배가 억압하거나 회피하고 있는 감정을 내가 비추듯이 고스란히 느끼는 것 같았다.

처음 역전이 감정이 세밀하게 구분되었을 때는 '아, 책에서 읽었던 내용이 이런 거였구나.' 하는 마음에 신기한 느낌도 있었다. 하지만 그 일을 알아차린 이후 일상 속에서 그런 일들이 늘 일어나고 있었다는 사실을 알게 되었다. 그 시기 '자기 분석 노트'에는 그런 사례들이 한참 기록되어 있다.

한 후배 여성을 만났을 때는 내면에 맷돌이 놓여 있는 듯한 암울함이 느껴졌는데, 그녀는 예의 바르고 선량하다는 페르소나를 가진 사람이었다. 만학도인 한 여성을 만났을 때는 파편화되는 느낌, 공격성과 시기심이 내면을 작살내고 있는 듯한 느낌이 들었다. 그녀는 성실하면서 이타적인 사람이라는 외부 이미지를 가지고 있었다. 관대하고 이해심 넓은 사람을 만났을 때 건너오는 묘한 경쟁심과 자기애적 우월감을 느끼기도 했고, 큰 목소리로 자신 있게 말하는 전문가 여성과 식사하는 동안 위축되고 연약한 어린아이 같은 느낌이 들기도 했다. 내 마음에 비추어 오는 낯선 감정들이 정말 상대방의 내면인 걸까 믿기지 않아 자꾸만 건너다보기도 했다.

심지어 그런 일들이 오래전부터 있어 왔고, 내가 위선자인가 고민했던 이유도 그런 심리 작용 때문이었음을 알게 되었다. 대학 시절 친구가 "걔는 자꾸 사람들 눈치를 봐."라고 말했다는 것을 전해 들은 일이 있었다. 그때 좀 이상한 느낌이었다. 나처럼 권위적인 것에 복종하기 어려워하고, 온전히 내 마음대로 생을 꾸려 온 사람이 눈치를 본다니, 혹시 그런 면이 억압되어 있는 걸까? 생각하고 넘어간 적이 있었다.

역전이를 세밀하게 알아차리던 시기에 우연히 그 친구와 마주 앉게 되었다. 그런데 얼마 지나지 않아, 까맣게 잊고 있던 친구의 말이 떠오르면서 내가 어떻게 행동하고 있는지가 보였다. 나는 말끝마다 친구를 건너다보면서 그녀의 표정을 살피고 있었다. 가만히 내면을 느껴 보면 뭔가 가짜 같다는 느낌, 거짓으로 만들어 가진 삶 위에 서 있다는 느낌이 들었다. 금방이라도 바람에 날려 갈 듯한 위태로움도 느껴졌는데 그것은 실존 자체에 대해 갖고 있는 감정 같았다. 놀란 마음으로 친구를 바라보았지만 친구는 의젓한 표정을 짓고 있었다.

무의식에 있던 감정 요소들이 의식 속으로 통합되고, 무의식의 창고가 비어 갈수록 상대에게서 건너오는 감정들이 세밀히 알아차려지는 듯했다. 그토록 색다른 감정들이 세밀하게 느껴지는 것도 믿을 수 없었지만, 오래도록 그 모든 감정들이 내 것인 줄 알았다는 사실이 더욱 어처구니없었다. 속은 듯한 기분이었다. 특정인을 사랑한다고 느꼈던 감정도 부분적으로는 상대방에게서 건너온 것이었구나 짐작되는 대목도 있었다.

"분석가는 자신의 욕망, 생각, 기억들을 모두 비운 상태로 분석에 임해야 한다."

정신분석가 윌프레드 비온의 말이 이것을 의미하는구나 싶었다. 그 시기에 나는 자기 분석 노트에 이렇게 메모해 두었다.

"누구든 마주 앉으면 처음 15분 내지 20분 동안 내면의 역전이 감정부터 점검하기. 상대의 감정에 휩싸이지 않도록 경계 지키기."

훈습의 전 과정에서 두 번째로 넘기 어려운 고비는 역전이였다. 역전이를 행동화하지 않는 일이었다. 그것이 역전이라는 것을 알아차리기도 전에 상대방에게서 건너오는 감정에 휩싸여 그대로 반응하는 일이 많았다. 내면에 분노가 많은 사람에게 반응하여 목소리 높여 많은 말을 하고 온 날은 입맛이 썼다. 그때는 자주 '마음은 다만 거울일 뿐'이라고 중얼거렸다.

독서 모임에서는 역전이가 더욱 확연히 보였다. 아니, 나의 역전이 행동화가 환하게 드러났다. 냉소적인 말투를 사용하는 여성에게는 나도 모르게 똑같이 비아냥거리는 말투가 나왔다. 구석 자리에 앉아 탐색하는 눈빛으로 내가 믿을 만한 사람인지 점검하는 여성에게는 나를 증명해 보이고자 하는 감정이 일었다. 등을 꼿꼿이 편 채 공주처럼 앉아 있는 여성에게는 조심스럽고 귀하게 대해주어야 할 것 같은 마음이 들었고, 어두운 낯빛으로 세상 모두를 경계하는 듯한 자세를 취하고 있는 이에게는 유난히 야단치는 말투를 사용했다. 낮은 목소리로 조심스럽게 말하는 여성에게는 아이 달래듯 차근차근한 말투가 나왔다.

정신분석가들의 기법 중 하나에 '역전이를 행동화하지 않기'가 있다. 전이 공격이든 전이 애착이든 그에 반응해서 올라오는 감정을 절대 행동으로 표현하지 않는 것이다. 오히려 당사자가 전이 감정을 충분히 표현할 수 있도록 도와주고, 그 감정의 근원에 대해 해석해 준다. 하지만 독서 모임에서 내가 역전이를 알아차렸을 때는 이미 행동화하고 난 후인 경우가 많았다. 특히 첫 번째 모임에서는 역전이 행동화가 거의 통제되지 않았다.

두 번째 모임을 시작할 때는 그것부터 경계하기로 다짐했다. 모임 구성원들에게도 내가 여러분을 각각 다르게 대하는 측면이 있을 거라고 예고했다. 하지만 모임 초기, 그들에게서 부정적 전이가 일어나 모임 공간에 분노의 감정이 가득 찰 때, 나도 그들의 분노에 반응하여 목소리가 크고 높아지기 일쑤였다. '역전이 전쟁'이라는 말이 눈앞에서 환하게 펼쳐지곤 했다. 시간이 지나면서 그들이 부정적 전이 감정을 이해하고, 분노의 진정한 대상이 내가 아님을 알아차리고, 분노의 근원을 더듬어 스스로 처리하게 되면서 모임 공간의 분노도 가라앉았다.

전이, 역전이의 충돌 작용을 모르는 한 여성은 모임 초기 분위기에 대해 아직도 의문을 가지고 있다. 그녀는 "초기 분위기는……."이라고 말꼬리를 흐리면서 내가 잘못했다고 믿는 듯했다. 그녀들에게 역전이 전쟁을 설명하지 않았기 때문일 것이다. 무엇보다 내가 능숙히 처리하지 못한 '역전이 행동화하지 않기'에 대해 변명하고 싶지 않아 가만히 있는 쪽을 택하고 있다.

∽

라인이는 두 번째 독서 팀에 뒤늦게 합류한 여성이었다. 다른 구성원들이 부정적 전이를 처리하고 해소해 나가는 시점에 등장하여 내게 지독한 전이 감정을 표출했다. 내가 누구인가에 대한 객관적 인식은 10퍼센트도 없이, 나를 고스란히 부모처럼 느끼고 있었다. 나를 사회적 관계를 맺는 사람으로 대하지도 않았고, 그 두 가지 행동법이 어떻게 다른지도 알지 못하는 상태였다.

라인이에 대해 내가 느끼는 역전이 감정도 상당히 강하고 공격적이었다. 다른 여성들과 서너 시간 동안 조용히 대화를 나누다가도 그녀 차례가 되면 이상하게 마음에 벽 같은 것이 세워지는 느낌이었다. 그녀가 유독 미숙하고 어처구니없는 언행을 보일 때면 순식간에 공격적인 감정에 휩싸이고, 야단치는 말투가 되었다. 격하게 반응한다는 사실을 알아차리고 중단하면 이상한 불쾌감이 뒤따랐다.

그녀가 유아기 욕구를 내게 투사하면서, 다정하고 친절하게 대해 주지 않는다고 나를 원망하면서 울 때 물어보았다.

"그렇다면 내가 자기를 어떻게 대해 줬으면 좋겠어요?"

그녀는 그 말도 공격으로 받아들였다.

"선생님이 무슨 말이든 하라고 했잖아요!"

나는 차근차근 다시 말했다.

"내 말을 잘 들어 봐요. 잘 듣고 대답해 봐요. 내가 자기를 어떻게 대해 줬으면 좋겠어요?"

그녀는 잠시 생각하더니 울컥 눈물을 쏟으며 말했다.

"그걸 모르겠어요."

라인이는 작은 일에도 곧잘 눈물을 흘리곤 했다. 모임에서 이야기를 꺼낼 때마다 울고, 내게 전화해서 무엇인가를 물어볼 때도 울고, 내가 어떤 말을 해 주기 위해 전화해도 울었다. 그녀에게 왜 우는지, 울 때마다 어떤 느낌이 드는지 물었더니 그녀는 비로소 그 상황에 대해 생각해 보기 시작했다. 잠시 이렇게 저렇게 생각하는 듯하더니, 이렇게 대답했다.

"그걸 모르겠어요."

그녀는 비로소 자신이 감정이나 내면 작용에 대해 아무것도 모른다는 사실 한 가지를 알게 된 것 같았다. 부모 이미지를 투사하지 않고는 타인과 관계 맺는 방식을 모른다는 사실도 알게 되었다. 사실 그녀는 부모와 어떻게 관계 맺어 왔는지 자신을 객관적으로 인식하지도 못했다.

라인이는 모임에 참석하기 시작한 후 옛 방식을 버리고 새 삶을 꾸려 가기 시작했다. 그중 한 가지 선택이 결혼이었다. 결혼을 앞두고 내게 전화해서 결혼을 할까요, 말까요 하고 물었다. 자기 인생의 중요한 결정을 스스로 하지 못하고 타인에게 넘기는 그 행위의 의미조차 알지 못하고 있었다. 나는 현시점에서 결혼할 때 걱정되는 점을 먼저 말하고, 그래도 다행인 점을 말해 준 다음 스스로 결정하도록 했다.

그녀는 결혼할 때 그 사실을 내게 알리지 않았다. 모임의 다른 후배 여성으로부터 청첩장을 받았느냐는 질문을 듣고서야 그녀가 결혼한다는 사실을 알았다. 그녀가 결혼을 반대하는 부모 이미지를 내게 투사하고 있다는 사실을 알고 있었으므로 그녀의 행동을 지켜보기로 했다. 그래도 축의금은 전달해 달라고 부탁하고 후배의 계좌번호를 확보했다.

결혼 소식을 들은 날과 결혼식 사이에는 2, 3주쯤 시간이 있었다. 언제 틈날 때 송금해야지 생각하고는 그만 그 사실을 까맣게 잊고 말았다. 어느 한가한 일요일 오전, 느긋한 마음으로 쉬고 있는데 문득, '아 참, 이즈음이 라인이 결혼식일 텐데…….' 하는 생각이 들었다. 메모를 확인해 보니 바로 그 순간 결혼식이 진행되고 있을 시간이었다. 잠시 황망한 느낌이 들었다. 그럼에도 이내 한 가지 짚이는 게 있었다. 내가 그녀에게 더 많은 역전이 분노를 경험하는 것처럼, 그 행위에도 무의식적 심리 작용이 있을 것 같았다. 내가 그녀의 초기 양육자처럼 행동하고 있는 게 아닌가 하는 것이었다.

심리학자 존 브래드쇼는 그런 행동을 '역할 반응'이라고 명명한다. 아이들은 가정 내에서 생존에 적합한 특정 역할을 떠맡는다는 것이다. 가족을 구원할 영웅이 되거나, 동생을 보살피는 대리 부모가 되거나, 마스코트, 희생양이 되기도 한다. 부모의 행동에 대응하여 만들어 가진 역할인데, 그런 이들은 치료 공간에서 치료자의 내면에 그들의 부모와 유사한 태도와 감정을 촉발시킨다. 치료자에게 그들의 부모가 했던 역할로 반응하게 한다는 것이다. 자신에게 필요한 것을 치료자에게 알려 주기 위해서라고 한다.

라인이는 결혼식 후에도 내게 연락하지 않았고, 그 다음 모임에도 빠졌다. 여전히 내게 부모 이미지를 투사하고 있고 나를 공격자처럼 느끼는 듯했다. 네 달 만에 모임에 올 때도 모임 시간이 절반쯤 지난 후 들어와 조심스러운 태도로 자리에 앉았다. 나는 먼저 결혼을 축하한다고 말한 후, 왜 내게 결혼식을 알리지 않았느냐고 물었다. 그녀는 그 질문을 또 비난처럼 들었다.

"선생님이 우리 부모님처럼 제 결혼을 반대하셨잖아요!"

나는 다시 잘 생각해 보고 대답하라고 말했다. 내가 결혼을 반대했는지, 예상 가능한 상황을 설명한 다음 스스로 결정하도록 했는지. 그제야 그녀는 어리둥절한 표정을 지었다. 그러나 인식의 오류에 대해서는 명확히 짚어 내지 못했다. 나는 결혼 날짜를 잊은 내 행동에 대해 통찰한 내용을 말해 주었다.

"혹시 내가 역할로 반응하는 게 아닌가 생각했어요. 라인 씨의 초기 양육 경험이 아기를 방치하고, 함부로 대하고, 격하게 야단치는 내용들로 구성되어 있는 건 아닌가 싶었어요."

내가 말을 마치기도 전에 그녀는 내면 깊은 곳에서 끌어올린 울음을 울기 시작했다.

최근 정신분석학은 분석 공간의 전이/역전이를 점검하는 기법을 주로 사용한다. 역전이는 정신분석학 용어이고 역할 반응은 심리학자가 만든 용어이다. 역전이가 감정 영역을 주로 설명하는 용어라면 역할 반응은 감정과 행위까지를 포함하는 용어에 가까워 보인다. 독서 모임 여성들이 내게 특정한 행동이나 감정을 유발시킬 때, 나의 태도에는 그들의 초기 양육자가 들어 있었다. 요즈음 나는 그들이 내게 어떤 역할을 하도록 만드는지 유심히 지켜본다. 어떤 여성은 나를 공격자로 만들고, 어떤 여성은 나를 무력하게 만든다. 어떤 여성은 시기심을, 어떤 여성은 하염없는 친절을 이끌어 낸다.

물러서거나 넘어서거나
저항 앞에 멈추어 설 때

마인이는 첫 번째 팀 구성원이었다. 그녀는 오래도록 박근혜 대표를 미워했다고 말했다. 박근혜 대표가 여당 중심인물인 것도, 차기 대선 후보로 거론되는 것도 싫었다. 신문이나 텔레비전 뉴스에서 그녀의 모습을 볼 때마다 울컥 분노가 치밀어 올랐다. 그녀는 자신의 분노가 정당하다고 생각했는데, 그 근거는 박근혜 씨가 독재자의 딸이기 때문이었다.

마인이는 책을 읽고 이야기 나눈 지 3년쯤 지났을 때 자기 내면의 분노를 알아차렸다. 오래 억압해 온 내면의 분노가 터지자 아무 데서나 작은 일에도 격노하는 자신을 발견했다. 목욕탕에서, 상점에서 작은 일에 근거 없이 크게 화를 내는구나 알아차리던 무렵, 내가 모임에 한 시간쯤 늦을 일이 있었다. 전화를 걸어 내가 갈 때까지 '김형경에 대해 어떻게 생각하느냐?'라는 주제로 서로 이야기를 나누어 보라고 했다. 특정인에 대해 저마다 어떻게 다르게 생각하는지 들어 보고, 그 이유도 내면에서 찾아보도록 했다.

늦게 도착해서 서로 이야기 잘 나누었느냐고 물은 후, "누가 내 욕 제일 많이 했어요?" 하고 질문했다. 그때 당당하게 "저요!"라고 대답한 사람도 마인이었다.

마인이는 당시 느끼던 분노가 사실은 최초의 대상을 향해 만들어 가진 유아기 감정이라는 사실을 모르고 있었다. 그 대상을 보호하기 위해 분노를 먼 곳으로 투사하는데, 그때 가장 만만한 대상이 되는 인물이 정치인이나 연예인이었다. 정치인에게 투사될 때는 자기가 정당하다는 나르시시즘이 섞이고, 연예인에게 투사될 때는 그들이 가진 것을 파괴하고 싶어 하는 시기심이 섞이기 쉬웠다.

모임 며칠 후 마인이에게서 메일이 왔다. 제법 긴 메일이었는데, 그녀가 통찰해 낸 핵심은 내면의 분노에 접근해 가고 있으며, 자기가 박근혜 대표를 미워했던 진짜 이유를 알아차렸다는 거였다. 정확한 문장은 아니지만 내용은 이런 요지였다.

"내가 박근혜 씨를 미워한 진짜 이유는 그녀를 시기하는 마음이었어요. 텔레비전에 나오는 그녀는 늘 힘 있고 멋져 보였어요. 게 다가 아름답기까지 했지요. 양옆에 남성 정치인들을 거느리고 걸어오는 그 당당한 모습을 몹시 부러워한다는 것을 알았어요."

마인이는 내면의 시기심과 거기서 비롯된 분노를 통찰해 낸 후 모임에 나오지 않았다. 박근혜 씨를 엉뚱하게 미워했다는 사실을 알아차린 후 그 감정은 거두어들였으나 거두어들인 감정을 투사할 다른 대상이 필요했을 것이다. 그 상황에서 가장 적합한 새로운 대상은 엄마 이미지가 투사되고 있는 나였다. 그녀는 나를 욕하던 마음과 나를 향해 경험하는 격노와 맞닥뜨린 무렵부터 모임에 나오지 않았다.

그것은 나에게 분노를 표출하게 될까 봐 두려워하는 행동이기도 하고, 분노를 표현했을 때 돌아올지도 모르는 보복을 두려워하는 것이기도 했다. 자기 분노를 끌어안는 일은 외면해 둔 고통 속으로 들어가는 일인데, 그 고통을 감당할 자신이 없기 때문인 것도 같았다. 분노를 경험하는 과정이 곧 치유라고 하지만 그것은 거듭 내면을 베이는 듯 고통스러운 일이기도 하다. 마인이는 분노를 자기 것으로 끌어안을 수도 없고, 새로운 대상인 내게 쏟아 낼 수도 없는 자리에서 멈춰 서고 말았다.

정신분석 용어로 그것은 저항이었다. 저항은 분석 치료의 여러 단계에서 항상 일어난다. 이상화시켜 둔 자기 이미지가 깨어질 때도, 자기 그림자를 끌어안을 때도 저항을 느낀다. 폭발하듯 터져 나오는 자기 분노에 스스로 놀랄 때, 방어기제가 해체되면서 낡은 생존법을 버려야 할 때도 저항이 일어난다. 저항도 해석해 주는 방식으로 다루는데 해석에 대해서조차 저항을 느끼는 경우가 많았다. 받아들일 준비가 되지 않은 상태에서 해 주는 해석은 대체로 공격처럼 받아들였다.

　나중에 나는 해석도 그만두고 무력한 채 머물며 아무것도 통제하지 않는 방법을 사용했다. 하지만 어떤 방법도 본인이 그것을 알아차리고, 그것을 넘어설 용기를 내지 않으면 아무 소용이 없었다. 심지어 독서 행위에도 저항이 있었다. 소개한 책 속에 자기가 인정할 수 없는 내용, 내면을 자극하는 요소가 있으면 "책이 읽히지 않는다."거나 "책이 재미없다."는 표현을 사용했다. 여러 사람에게 같은 책을 읽혀 보면 책 자체를 대하는 반응과 감정에서부터 저항이 이는 것을 알게 된다.

　마인이가 계속 모임에 나와 나에 대한 분노를 표현하고, 그 뿌리가 어디에 있는지 점검해 들어가면 내면을 알아차리는 중요한 전환점이 되었을 것이다. 그러나 그녀는 분노를 간접적으로 표현했다. 자기가 일상에서 경험하는 불편을 나와 모임 탓으로 돌리면서 원망하는 마음을 다른 구성원에게 표현했다. 그때도 나는 그녀의 자율성을 존중하며 가만히 있었다. 어떤 통제를 가하든 틀림없이 공격처럼 느낄 것이기 때문이었다.

　첫 팀의 구성원들은 3년쯤 지난 시점부터 저항을 느끼면서 모임에 나오지 않기 시작했다. 모임 때마다 구석에 조용히 앉아 한마디도 자기 이야기를 하지 않던 막내 여성은 3년쯤 지난 후, "다음부터는 자기를 좀 자극해야겠는데……."라고 말한 다음부터 영원히 모임에 나오지 않는다. 내게 분노와 시기심을 간접적으로 표현하면서도 꾸준히 나오던 여성은 분노의 감정이 정점을 찍을 때 "제가 두 달간 선생님을 미워했어요."라고 말한 후 모임에 나오지 않았다.

두 번째 모임을 할 때는 새로운 방법을 택했다. 모임을 시작할 때부터 의존성, 나르시시즘뿐 아니라 전이 저항이 있을 것을 미리 예고해 주었다. 이 작업을 하다 보면 머지않아 내게 화가 나거나 내가 불편해지면서 모임에 오기 싫어질 수도 있다고. 그때가 되면 모임에 계속 나와서 내가 왜, 어떻게, 얼마나 미운지 이야기하면 된다고 일러두었다. 그것이 전이 저항을 이겨 내는 방법이라고.

바인이는 두 번째 모임 구성원이었다. 마지막 정기 모임에서 그동안 독서 모임이 있었다는 사실을 밝혔을 때 가장 목소리 높여, 오래 화를 냈던 여성이었다. 나는 그 화나는 감정에 대해 독서 모임에서 말해 보자고 제안했다.

바인이는 첫 모임에서부터 작정한 듯, 정당한 권리인 듯 나를 공격하기 시작했다. 사회적 관계에서라면 내게 화를 내거나 공격할 이유가 전혀 없다는 사실을 인식조차 못할 만큼 나를 엄마 이미지와 혼돈하고 있었다. 그 후로도 바인이는 계속 내게 화를 내고, 노골적으로 나를 비웃었다. 내가 하는 말들에 꼬투리를 잡으며 비판했고, 수시로 "다음부터는 안 나올 거예요."라고 말했다. 그 말은 전형적으로 분노한 내면 아이가 사랑을 호소하는 표현이었다.

나는 거의 1년 동안 묵묵히 그녀의 분노와 공격을 받아 주었다. 그녀의 주된 심리 작용은 투사나 외재화여서, 나를 판단하고 다른 사람을 평가하면서 한 겹도 자기 내면을 들춰 보지 못했다. 저 분노의 뿌리는 얼마나 깊은 곳에 있는 걸까, 무엇이 두려워 저토록 화를 내는가 싶었지만 그녀 스스로 내면 통찰에 이를 때까지 내가 할 수 있는 일은 가만히 있는 것밖에 없었다. 그렇게 1년쯤 지났을 때 바인이가 문득 이런 말을 했다.

"선생님이 옳든 그르든 간에 한 사람에 대해 그렇게 행동하는 게 예의가 아니었다는 것을 알았어요."

그것은 바인이가 처음으로 자신을 성찰적으로 바라본 경험이었다. 하지만 다음 모임부터 그녀는 더 강도 높게 분노를 표출했고 나는 다시 어리둥절해졌다. 얼마 후 모임에서는 그녀의 격한 공격성과 맞닥뜨려야 했고, 급기야 역전이 전쟁이 불붙었다. 그녀의 감정이 내게 건너와 나의 심리적 현실이 되던 순간을 분명하게 알아차렸지만, 그것을 외부에 둘 수가 없었다. 그녀는 거듭 "다음부터는 오지 않겠다."는 말을 꺼냈고, 나는 거듭 "내게 화를 내는 네 마음이 무엇인지 알아차려 보라."고 말했다. 분노가 스며 있는 격앙된 의사소통이 끝난 후 그녀에게 오늘 이야기를 잘했고, 다음에도 꼭 와 주었으면 좋겠다고 말했다. 다음 시간에 그녀는 한결 편안해진 얼굴로 이렇게 말했다.

"제가 선생님과 싸운 것은 선생님이 나를 감당할 수 있는지 실험해 보기 위해서였어요."

바인이는 자신이 분노를 표현한 이유를 알고 있었다. 그 지점에서야 나도 그녀가 저항 앞에서 불안의 돌다리를 두드려 보고 있었다는 것을 더 잘 이해할 수 있었다. 자기를 표현하는 일 앞에서 불안해했고, 자기가 얼마나 불안한지 알아 달라고 호소했으며, 그렇게 화를 내도 내가 계속 안아 줄 수 있는지 실험했다. 다음 모임에서 그녀는 신뢰감과 안도감을 내비치면서 내면 깊은 곳의 이야기를 꺼냈다.

하지만 몇 회 지나지 않아 바인이는 다시 내게 화를 내기 시작했다. 내가 한 말 가운데 그녀의 마음에 걸린 대목이 있었는데, 그것을 꼬투리 삼아 다시 나를 공격했다. 내가 실수에 대해 사과하고, 왜 그 말이 마음에 걸렸는지 생각해 보라고 제안했지만 그녀는 여전히 자기 내면을 들춰 보지 못했다. 전번 분노가 절정이고, 그 후로는 분노의 근원을 성찰적으로 더듬어 볼 줄 알았는데 예상과 완전히 달랐다. 오히려 시간이 갈수록 나를 향한 공격성과 비웃음이 커져 갔다. 정신분석가의 책들을 보면 그런 분노를 표출하는 내담자를 하염없이, 인내를 가지고 2, 3년 동안 안아 주는 사례가 있는데, 그런 경우인가 싶었다.

바인이가 부정적 전이 감정을 투사할 때 나는 그녀의 분노에 휩쓸리지 않도록, 그것을 외부에 두도록 노력했다. 그럼에도 분노

덩어리는 내게로 건너와 구체적인 힘으로 가슴을 두드렸다. 떨리는 가슴을 참고 있으면 분노 덩어리에 눌려 거의 무력감이 느껴질 정도였다. 그것은 감정의 문제가 아니라 체력의 문제 같았다. 내가 저 분노를 언제까지 감당할 수 있을까 생각하면서 다만 이렇게 말했다.

"자기가 왜 나를 그토록 비웃고 공격하는지 이해되지 않아."

그것은 그녀에게 분노하는 자기 내면을 돌아보았으면 좋겠다는 의미였다. 하지만 그녀는 여전히 내게 언니나 엄마 같은 것을 요구하고 있었다. 나 역시 그것을 주는 사람이 아니며, 그것을 요구하는 자신의 내면을 알아차리라고 말했다. 이야기를 나누는 중에도 이 모임이 그녀에게 도움이 되는 걸까? 그녀는 이 모임에게 도움이 되는 걸까? 생각했다. 내가 그녀에게 해 줄 수 있는 일은 여기까지가 아닐까 싶기도 했다. 한순간 그녀가 목소리를 높여 이렇게 말했다.

"그렇다면 이 모임에 안 나올 거예요."

그 순간, 내 입에서도 평소와 다른 말이 나갔다.

"모임에 나오지 않으려면 그렇게 해요. 이제는 잡지 않을게."

잠시 정적이 지나간 후 내가 입을 열었다. 그럼에도 우리가 나누었던 시간들은 의미 있었음을, 이 모임의 문도 언제든 열려 있음을 기억하라고. 그날 이후 바인이는 모임에 오지 않는다. 그녀가 문제를 외부로 투사하지 않고 자기 성찰적으로 사고하고, 자발적으로 자신을 돌볼 준비가 된다면 언제든 돌아올 수 있을 거라 기대할 뿐이다.

바인이는 불안에 대한 저항을 가장 명료히 보여 주었다. 두 번째 팀에서는 그녀 외에는 저항 앞에서 물러선 사람이 없다. 저항을 미리 일러둔 점, 해석 시기를 조절한 점, 더 오래 안아 줄 수 있었던 점이 주효했던 것 같다. 그들은 저항을 알아차리고 자기만의 방식으로 넘어서려 애쓰기도 한다. 한 여성은 어느 날 메일을 보내 이렇게 물었다.

"자기를 보는 일이 힘들고 두려울 때 선생님은 어떻게 하셨어요?"

그녀는 사회복지학을 공부했기 때문에 심리 치료에 대한 사전 이해가 있었다. 나는 그녀에게 내 경험을 들려주었다. 그것이 저항이며, 넘어서야 하는 지점이라는 사실을 알고 있었기 때문에 멱살을 잡고 나를 끌고 가는 심정으로 그 지점을 지나갔다고.

저항 앞에서 물러서느냐 넘어서느냐는 비단 독서 모임이나 정신분석 작업에 국한되는 것만이 아닌 듯했다. 그것은 삶의 문제를 뚫고 나갈 수 있느냐 없느냐와 직결되는 것 같아 보인다. 거듭 직장을 바꾸는 이들은 불안 앞에서 물러서는 게 틀림없어 보인다. 불안을 유발하는 상황과 맞닥뜨릴 때마다 사람, 상황, 근무 조건 등을 탓하면서 출발선으로 되돌아오곤 한다. 독서 모임 여성들을 보면 삶의 열쇠는 불안을 처리하는 능력에 달려 있다는 말이 더 잘 이해된다.

생각은 생각하는 사람 없이 존재한다
투사적 동일시 ● 감정의 전염

내가 칩거의 글쓰기 방식을 갖게 된 데는 그럴 만한 이유가 있었다. 첫 장편 소설을 쓸 때 내게 이상한 습관이 있다는 사실을 알아차렸다. 한창 집중해서 작품을 쓰다가 잠깐 외출하여 친구나 지인을 만나고 오면 전까지 몰입해 있던 정서 상태가 간 곳이 없어지곤 했다. 소설 속에 만들어 둔 정서 공간과 외출하여 경험한 현실 공간이 서로 달라 그런 현상이 일어나는 듯했다.

다시 소설 속 정서로 되돌아갈 때까지는 하루나 이틀 정도의 시간이 필요했다. 그 시간 동안은 몽롱하고 혼돈스러운 상태가 지속

되었다. 여러 가지 감정들이 뒤섞여 소용돌이치는 상태, 혹은 이전과 다른 사람이 된 듯한 느낌이었다. 두 번만 외출하면 일주일을 공치게 되었고, 어찌어찌하다 보면 한 달이 그냥 흘러가 버렸다. 많은 시간을 허비하면서 정서의 특수한 작동 방식을 알아차린 후 글 쓰는 기간에는 아예 외출을 삼가기로 원칙을 세웠다. 하지만 왜 그런 일들이 일어나는지 이해하지 못했다.

그 다음에 알아차린 것은 내가 환경에 민감하게 영향을 받는다는 사실이었다. 특히 여행지에서 그것은 더 예민하게 감지되었다. 인도의 요가 학교 기숙사에 머물 때, 도착 첫날부터 감기에 걸린 듯 걷잡을 수 없는 무력감에 빠져들었다. 요가 학교에 머무는 닷새 동안 햇빛 잘 드는 벤치에 앉아 나른한 상태로 시간을 보냈다. 여행지를 옮기기 위해 요가 학교를 떠나자마자 감기도 무력감도 거짓말처럼 사라졌다.

그리스에서도 특별한 감정 상태를 경험했다. 그것은 평화롭고 만족스러운 감정이었다. 오래도록 관광객을 상대해 온 나라답게 그곳에서는 관광객으로서 불편하거나 불만스러운 구석이 없었다. 도심을 걸을 때 가끔 배낭 지퍼가 열려 있는 것만 제외하면 모든 것이 편안했고, 이따금 행복감이 느껴졌다. 그 행복감은 패셔너블한 옷차림으로 아테네 거리를 걷는 젊은 남녀들에게서 전해지는 감정 같았고, 4월의 햇살만큼이나 따스하고 화사했다.

그러나 이집트에 도착하자마자 그리스에서 느꼈던 평화나 행복감은 간 데 없이 사라졌다. 첫날 고작 3시간 걸었을 뿐인데도 이미 마음이 무겁게 가라앉는 게 느껴졌다. 더위, 먼지, 여성 비하적 분위기 등이 감지되면서 어디서 무엇을 보든 안타깝고 복잡한 심경이 되었다. 나흘째가 되었을 때 내 얼굴은 거리에서 만나는 이집트 사람들처럼 우울하고 무거운 표정으로 변해 있었다. 거울 속의 우울한 표정을 가만히 바라보며 이 표정은 어디서 온 것일까 생각했다.

그것은 오래된 의문이었다. 내가 유독 외부의 영향을 많이 받는 체질일까? 나는 마음에 줏대나 자기중심이 없는가? 혹시 마음이 창호지나 스펀지처럼 생겨 모든 기체가 투과하고 모든 액체를 흡수하는가? 그런 의문에 대한 답을 얻은 것도 훈습 과정에서였다.

내 안의 감정이 비워지자 외부에서 오는 감정들을 명료하게 알아차릴 수 있었다. 오래전부터 자주 감정 덩어리들을 옮겨 왔으며, 누구 것인지 알 수 없는 감정들에 뒤얽혀 혼돈스러운 내면인 채로 보낸 시간이 많았음을 알았다. 사람들이 서로 감정을 전염시키거나, 자기가 처리하지 못하는 감정을 타인에게 밀어 넣으며 갈등을 향해 치달아 가고 있는 상황도 보였다. 그 시기 자기 분석 노트에는 그런 사례들이 많이 기록되어 있다.

미술 전시회를 관람한 후 화가와 한 시간 정도 차를 마시며 이야기를 나누고 온 다음 날, 아침 산책을 하는데 내면에서 '짜증스럽다'는 감정이 느껴졌다. 그 감정을 표현하는 언어가 몸이 비틀리는 듯한 감각과 함께 체감되었다. 누군가 내 몸을 빨래처럼 쥐어짜는 듯한 감각이 있었고, 비틀리는 몸의 세포마다 짜증스럽다는 언어가 돋아나는 것 같았다.

후배 여성을 만나 식사하며 세 시간쯤 보내고 온 다음 날 아침, 몸과 마음이 바다 밑바닥에 누워 있는 듯한 암담함이 느껴졌다. 수압에 눌리는 듯한 압박감, 무력감이 전신에서 고르게 느껴졌다. 그것은 곧 우울증 발작이 일어날 것 같은 위험한 감정 같기도 했다. 내가 느꼈던 우울의 강도가 해저 1백 미터 정도의 어둠과 압력 수준이라면 그날 아침에 느낀 우울감은 해저 3천 미터쯤 되는 곳에서 느낄 법한 압력 같았다.

출판 일을 하는 지인을 만나고 온 다음 날 아침에는 문득 '불쾌하다'는 감정이 일어났다. 그 불쾌감은 사방에서 손가락이 불쑥불쑥 몸을 찌르는 듯한 감각이었다. 원하지 않는 일이나 상황을 떠안으면서 침범당한다고 느끼는 감정 같기도 했다. 불쾌하다는 감정 언어는 평소에 거의 사용하지 않는 것이어서 낯설었을 뿐 아니라 그런 감정도 구체적 물리력으로 느껴지는구나 싶어 놀랐다.

한 선배와 밥을 먹고 차를 마신 다음 날에는 '사는 게 이토록 지겨울 수가!' 하는 감정이 일어났다. 평소에 하고 싶은 일도 많고, 해야 하는 일도 많아 나는 무료할 겨를이 없었다. 오히려 이제는 생에 대한 호기심을 덜어 내고 덜 탐구적으로 살아야 하지 않을까 생각 중이었다. 그런데 사는 게 지겹다니, 그 언어는 내 것이 아니었다. 그 감정은 유난히 오래, 일주일 정도 내게 머물러 있어 조금 놀랐다.

'투사적 동일시'는 영국의 정신분석학자 멜라니 클라인이 처음 제안한 용어이다. 오래도록 나는 투사적 동일시를 제대로 이해하지 못했다. 정신분석가들 사이에서도 그 용어는 다양한 상황에 자의적으로 사용되는 듯했다. 그러다가 "생각은 생각하는 사람이 없는 곳에 존재한다."는 윌프레드 비온의 문장을 접했을 때에야 비로소 내가 경험하는 감정 작용을 이해하는 실마리를 찾아낼 수 있었다.

윌프레드 비온은 인도에서 태어난 영국의 정신분석가이다. 그는 멜라니 클라인의 제자로서 그녀에게서 분석을 받았는데, 그녀의 투사적 동일시 개념을 '감정의 전염'이라는 쉬운 용어로 설명했다. 윌프레드 비온을 통해서 내가 오래도록 느껴 온 불편과, 제대로 이해하지 못한 투사적 동일시 개념을 이해할 수 있었다.

투사적 동일시와 역전이가 어떻게 다른지도 경험 속에서 구분하게 되었다. 역전이가 상대방의 감정을 다만 거울처럼 비추는 작용인데 반해 투사적 동일시는 상대의 감정이 아예 이쪽으로 건너오는 것 같았다. 역전이는 마주 앉아 있는 동안 상대의 감정을 경험하지만 헤어진 후에는 서서히 흐려졌다. 투사적 동일시는 마주 앉아 있는 동안에는 내면에 별다른 동요가 없지만 헤어진 다음 날 아침 내면에서 올라오는 낯선 감정과 맞닥뜨리곤 했다. 투사적 동일시는 역전이보다 열 배쯤 강한 강도로 느껴졌고, 구체적 에너지처럼 건너오는 힘이었다.

특히 투사적 동일시는 '자동 강박 반복 추구'의 성격을 띠는 것 같았다. 즉시 해결하지 않으면 정서의 일부처럼 자리 잡기도 했다. 또한 투사적 동일시는 감정 덩어리만 건너오는 게 아니었다. 무의식이 표출되는 방식이 꿈, 언어, 증상인 것처럼 투사적 동일시에서 언어나 증상이 건너오기도 했다. 상대방이 하려고 하는 말을 내가 하고 있는 경우도 있었고, 내 생각을 상대방이 고스란히 말하는 때도 있었다. 투사적 동일시로 증상이 건너올 때는 그것이 명백한 통증으로 감지되었다.

다인이는 투사적 동일시로 통증을 건넨 여성이었다. 그녀는 첫 모임 이후 따로 시간을 내줄 것을 자주 요구했다. 처음 그녀를 만난 시기는 초겨울이었는데, 산책하고 밥 먹고 이야기하며 대여섯 시간을 함께 보냈다. 그런데 다음 날부터 감기처럼 몸이 아팠다. 찻집 야외 테이블에 앉아 있었더니 영락없이 감기에 걸렸구나 싶었다. 제법 독한 감기를 일주일쯤 앓고서야 몸이 회복되었다.

다인이는 두 달쯤 후 다시 시간을 내어 달라고 했다. 이번에는 옷을 따뜻하게 입고 나갔고, 식당에서 찻집으로 옮기면서 오직 따뜻한 실내에만 머물렀다. 그런데 이튿날 다시 감기 기운이 있었고 전번과 똑같은 증상으로 일주일을 아팠다. 그때는 몸만 아픈 게 아니라 감정에서도 이상한 느낌이 있었다. 마음이 천 갈래 만 갈래로 찢겨 어둠 속에서 휘날리는 듯했다. 찢긴 마음이 펄럭일 때마다 통증이 신경 마디를 오그라들게 했다. 그제야 그것이 단순한 감기가 아니라는 것을 알아차렸다.

그 후 다인이가 자기 의존성을 알아차리고 "이제는 혼자 해야겠어요."라고 이메일을 보낸 일이 있었다. 메일을 보낸 후 그녀는 진퇴양난에 빠진 듯했다. 혼자 하겠다고 했지만 아직 혼자 서기에는 역부족인 상태임에 틀림없었다. 어느 일요일 오전, 그녀는 내게 전화를 걸어 안부와 함께 몇 가지 궁금한 점을 물었다. 질문에 답한 후 내가 몹시 급한 원고에 쫓기는 상황임을 알려 주고 전화를 끊었다. 잠시 후 다인이에게서 문자가 왔다.

"사실은 좀 전에 통화할 때 선생님 집 근처에 있었어요. 지금은 돌아가는 버스를 타고 있어요."

그 문자를 받고 나는 아주 많이 놀랐다. 약속도 없이, 그토록 이른 시간에, 그토록 먼 곳까지 혼자 왔을 때는 어떤 마음일까 짚어 보았다. 그녀가 내면에서 원하는 것의 크기는 얼마만 한 것일까 싶기도 했다. 여러 생각 끝에 나는 그녀의 의존성을 좌절시키는 답장을 보냈다. 혼자 해 나가겠다고 말한 그녀의 자아 강도를 믿어 보기로 했다.

"집 앞에 와 있다고 해도 만날 수 없었을 거예요."

그녀는 큰 좌절감을 느꼈겠지만, 그 감정을 내게 직접 토로하지 않았다. 대신 다음 날 풍경 사진을 찍어 보내며 "혼자 보기 아까운 장면입니다."라고 문자를 보냈다. 계속해서 나를 두드리면서 보살펴 달라는 신호를 보내고 있었다. 나는 다시 한 번 냉정하게 그녀의 유아기 욕구를 좌절시켰다.

"혼자 보세요. 그 풍경과 감정을 혼자 경험하고 소화시키세요."

다인이는 더 이상 연락이 없었다. 그녀가 힘든 시간들을 보내고 있을 것이라 짐작되었지만 가만히 기다려 보기로 했다. 그 힘든 시간들은 그녀가 외면해 둔 유아기 욕구와 그것이 좌절당한 그 시기 고통을 경험하는 시간이며, 치유되는 과정이기 때문이었다.

열흘쯤 지난 후 나는 다인이에게 전화를 걸어 안부를 물었다. 그녀의 첫 대답은 "많이 아팠다."는 거였다. 독감에 걸린 듯 자리에 누워, 몸을 일으키지 못할 정도로 심하게 앓았다고 했다. 감기 증상을 물었더니 놀랍게도 내가 아팠던 증상과 똑같았다. 심지어 아픈 기간도 일치했다. 그녀에게는 그것이 치료되는 과정이라고 말했지만, 나는 혼자 많이 놀랐다.

그녀를 만난 후 앓았던 독감이 그녀가 내게 밀어 넣은 통증 덩어리였다. 다시 한 번 투사하려는 시도를 거절했더니 그녀가 되가지고 가서 고스란히 앓았구나 싶었다. 바로 그 고통 속에서 그녀는 나에 대한 강한 부정적 전이의 감정을 경험했다. 자기 분노를 내게 떠넘겨 내가 자기를 공격한다고 느꼈다. 자기는 아무것도 걸친 것 없는 아기인데, 선생님이 로마 군사처럼 창과 방패로 무장한 채 자기를 찌르려 한다는 이미지를 떠올리면서 두려워했다. 내가 자기를 미워한다고 느껴 분노를 경험하다가, 내가 아무렇지도 않게 전화해서 안부를 물으면 인지 왜곡을 알아차리게 되는 듯했다. 그 후 그녀는 나를 향해 느낀 두려움의 뿌리를 알아차릴 수 있는 외상 경험을 통찰해 냈다. 그것은 언어 이전의 시기에 있는 통증이었다.

오래도록 투사적 동일시에 대해 두 가지 의문이 있었다. 어떤 사람은 무의식 덩어리를 투사하고 어떤 사람은 그것을 받아서 동일시되는가? 어떤 사람은 감정만 투사하는데 어떤 사람은 통증을 전염시키는가? 다인이는 두 가지 의문에 대한 답을 모두 주었다.

몸의 통증까지 감염시키는 이들은 트라우마가 언어 발달 이전에 있는 듯했다. 언어화할 수 없는 상처를 고스란히 몸의 통증으로 느껴야 했던 아기의 고통은 고스란히 몸의 통증으로 건너오는 것 같았다. 다인이가 이런 말을 한 적이 있었다.

"예전에는 선생님을 만나고 오면 몸과 마음이 가볍고 상쾌했는데, 이제는 선생님을 뵈어도 그런 기분이 들지 않아요."

그때 나는 '곁에 가만히 있어 주기'를 원하는 사람들의 요구를 이해할 수 있었다. 그들은 정서적 공간만을 원하는 게 아니라, 그 공간 안에서 자기가 감당할 수 없는 통증의 덩어리들을 상대에게 밀어 넣는 작업을 하는 듯했다. 그렇지 않다면 그토록 순식간에 몸과 마음이 상쾌해지는 경험을 할 수는 없을 것이다.

또 한 가지 의문에 대한 답은 다인이가 자기 문제를 내면에서 알아차리고 경험하기 시작한 이후 내가 그녀의 병증에 감염되지 않는다는 사실에서 이해할 수 있었다. 무의식을 투사하는 사람은 늘 모든 문제를 투사, 외재화하는 이들이고, 내사를 받는 이들은 자기 문제를 성찰적으로 인식하는 데 익숙한 사람인 듯했다. 그러고 보면 일상에서도 자기 성찰적인 작업을 하는 이들을 만나면 투사적 동일시로 감정을 전염당하는 일이 거의 없었다.

사실 개인에게서 느껴지는 투사적 동일시보다 더 넘기 어려웠던 것은 독서 모임 이후에 찾아오는 몸과 마음의 피로감이었다. 독서 모임이 있은 다음 날에는 어김없이 온몸의 탈진감, 무력감, 허망함 등을 느끼곤 했다. 그런 경험이 여러 차례 반복된 다음에야 그것이 단순한 피로감이 아니라 투사적 동일시 증상임을 알아차렸다. 그 후 독서 모임 다음 날은 아무 약속도, 일거리도 만들지 않고 온전히 몸을 회복시키는 데 투자했다.

훈습의 전 과정에서 투사적 동일시는 세번째로 넘기 어려운 고비였다. 그 증상의 정체를 알아차리는 데도 오래 걸렸지만, 해법을 찾는 데도 시간이 필요했다. 문제를 해결해 나가는 과정에서 '목사들의 월요병'이라는 개념을 접하게 되었다. 목사이자 심리학자인 아치발트 하트의 《남성 우울증》이라는 책에 나오는 개념으로, 목사들이 주일 설교를 하고 난 다음 월요일에 특정한 증상을 경험한다고 기록되어 있었다.

"짜증스러움, 까다로움, 좌절에 대한 인내력 부족, 오랜 시간 동안의 부정적 감정 상태가 나타난다. 이 증상을 느낄 때는 물질 중독의 전형적인 금단 증상처럼 모든 것이 황폐해 보인다. (……) 가까운 사람 중에 목사의 아내가 있는데 그녀는 월요일 아침이면 짜증 내는 남편을 피해 가능한 한 일찍 집에서 나온다고 하였다."

저자는 그 증상을 '아드레날린 후 우울증'이라 명명하고 있었다. 주일 설교뿐 아니라 대중 강연, 세미나, 전화 통화, 사교 모임

등 아드레날린이 강하게 작용하는 일을 수행한 다음에는 아드레날린 후 우울증을 경험하게 된다고 설명하고 있었다. 목사뿐 아니라 심리적 압박이 심한 직종에서 일하는 변호사, 회계사, 연구원 등도 토요일 아침이면 그런 증상을 겪는다고 한다. 그들은 나락으로 떨어지는 느낌이 너무나 고통스러워 어떤 구실을 찾아서라도 자기만의 공간으로 돌아가 휴식을 취한다고 한다.

저 사례들은 내가 느끼는 투사적 동일시, 감정의 전염 증상과 흡사했다. 저자가 제시하는 회복법도 내가 사용해 온 내용과 비슷했다. 삶에서 반복되는 그 메커니즘을 이해하고, 외부에서 오는 감정의 습격에 대비하고, 운동과 휴식을 통해 건강을 관리하며, 몸과 마음이 온전히 회복될 때까지 고요히 머무는 것이다. 낯선 감정이 사라지고 본래의 고요한 마음 상태로 회복될 때까지, 생각하는 사람 없이 존재하는 생각이 떠나갈 때까지.

88만 원 세대를 위하여
부모 문제를 떠안은 세대

처음에는 우리의 젊은이들이 콤플렉스가 없는 세대라 생각했다. 평화로우면서도 기발한 창의력이 빛나는 그들의 시위 문화를 보면서 드디어 우리에게도 구질구질한 콤플렉스가 없는 세대가 나타났구나 싶었다. 그들은 가투에서 보도블록을 깨어 던지던 우리와도 달랐고, 가난의 경험 때문에 각종 경제 비리를 일으키며 돈만 쫓는 세대와도 달랐다. 전쟁과 관련된 이야기만 들어도 폭격 맞은 듯 반응하는 세대와도 달라 보였다. 드디어 우리에게도 결핍이나 콤플렉스 때문에 치우친 판단을 하지 않는 자유롭고 편안한 세대가 등장했구나 싶었다.

내가 그런 편견을 가지고 있어서였을 것이다. 오래도록 독서 모임 후배들의 내면에 닿는 실마리를 찾을 수 없었다. 한두 사람을 제외하고는 그들 모두 성장기에 눈에 띄는 상실이나 외상의 경험이 없었다. 부모가 생존해 있는 보통 가정에서 자랐고, 대학 교육을 받은 후 전문직이나 일반 회사에 근무 중이고, 그중 절반은 친밀감을 나누는 연인이 있었다. 표면적으로는 아무 문제없어 보이는데 정작 당사자들은 심리적 불편을 겪고 있었고, 가끔 입을 열어 내면을 토로하면 깜짝 놀라게 할 때가 많았다.

"나는 단 한순간도 행복하다고 느껴 본 적이 없어요."

"나는 10년 이상, 외출할 때마다 늘 우산을 가지고 다녀요."

"나는 존재 자체가 미안하고 부끄러워요."

그러던 중 우연히 어린이 놀이 치료 전문가인 정혜자 선생님의 책 《어린이 마음 치료》 서문을 읽게 되었다.

"나의 유년은 전쟁과 함께 흘러갔다. 그 시절 나는 대문에 걸터앉아 돌아오지 않는 아버지를 하염없이 기다렸고, 일터에 빼앗긴 어머니를 대신하여 동생들을 돌보며 집을 지켰다. 때로는 혼자 남아 둥지로 돌아가는 참새들을 부러워하며, 붉은 노을을 입고서 포성에 묻힌 어머니의 발자국 소리에 귀를 모았다. 저마다 생존의 몸부림이 처절한 시절이어서 그때 내가 겪은 외로움, 그 곁에 들러붙은 두려움과 배고픔과 기다림에 대해 어느 누구도 마음을 공유해 줄 수 없었다. 다만 그것을 홀로 감당해야 했다."

아이가 그것을 홀로 어떻게 감당할 수 있었을까? 아마도 정혜자 선생님은 그 문제를 해결하기 위해 심리학을 공부하고 어린이 심리 치료 전문가가 되셨을 것이다.

정신분석학에는 "부모가 해결하지 못한 심리적 문제는 자녀가 떠안는다."는 명제가 정립되어 있고 사례도 많이 제시되어 있었다. 알프레드 알바레즈의 《자살의 연구》는 자살에 대한 문학적, 역사적 연구를 집대성한 책이다. 저자는 평생 우울증에 시달리면서 자살 충동을 느끼곤 했다. 그는 자주 내면에서 올라오는 '죽어 버려야지' 하는 생각에 휩싸이곤 했다. 그것은 "마치 지층 깊은 곳이나 한두 세기 전으로부터 바람에 실려 울려 오는 듯한 내면의 목소리였다."고 기술하고 있다. 그는 결국 자살을 시도했고, 다행히 살아난 후 정신분석을 받고야 그 목소리의 정체를 알아차렸다. 그것은 아기를 곁에 두고 자살을 시도했던 엄마 목소리였다.

앤드류 솔로몬은 거듭 우울증 발작을 경험하면서, 극복 과정에서 《한낮의 우울》이라는 책을 썼다. 저자는 그 책의 도입부에서 자기는 부유한 가정에서 훌륭한 부모로부터 좋은 보살핌을 받았고, 성장기에 어떤 트라우마도 없다고 밝히고 있다. 실제로 그의 아버지는 제약 회사 소유주로서, 아들을 위해 우울증 치료약 개발에 노력을 집중했다. 그는 자기 우울증에 대해 단 한 가지 의심해 볼 문제가 있다면 엄마가 우울한 사람이었고, 병약해서 늘 병상에 누워 지냈던 점이라고 했다.

그제야 나는 독서 모임 여성들의 부모가 전쟁 때 태어난 아기이거나, 전쟁 시기에 아동기를 보낸 게 아닐까 생각해 보게 되었다. 아무 외상도 없어 보이는 그들이 혹시 부모 세대의 불안을 고스란히 물려받은 게 아닐까 싶었다. 모임에서 다음과 같이 질문할 때도 열 명 가운데 서너 명이 그렇다고 대답할 줄 알았다.

"혹시 여러분 부모님이 1951, 52, 53년생이세요?"

그들은 놀란 듯한 시선으로 나를 바라보며 아무도 대답하지 않았다. 다시 한 번 "그래요?" 하고 물었더니 그제야 모두 고개를 끄덕였다. 믿기지 않아 다시 한 번 확인했을 것이다. 두 번째 독서 모임 구성원 모두가 부모 가운데 적어도 한 분은 전쟁 중에 태어났거나 그 시기에 아동기를 보낸 이들이었다.

후배 여성들에게 내가 이해한 사실을 설명해 주자 그 친구들도 자기 내면을 통찰해 보이기 시작했다. 삼십 대 초반의 한 여성은 가끔 내면에서 '돈이 무섭다'는 느낌이 올라온다고 했다. 부유한 부모 덕분에 원하는 것을 모두 누렸고, 지금은 직접 돈을 벌고 있어 경제적 결핍을 느낀 적이 없는데 간혹 그런 생각과 함께 불안감을 경험한다고 했다. 그녀는 빈손으로 출발해서 자수성가한 아버지를 이해하고 나자 그 목소리가 아버지의 것이었음을 짐작할 수 있었다.

또 다른 삼십 대 여성은 자녀에게 비판적이고 자주 화를 내는 아버지를 가지고 있었다. 그녀는 성장기에 단 한 번도 칭찬이나 지지하는 말을 들은 적이 없었다. 그런 아버지 말씀 가운데 이해할 수 없는 게 있었는데, 늘 화를 내면서도 아버지가 "화를 많이 참고 있다, 아주 조금밖에 화를 안 내는 거다."라고 하신다는 거였다. 그녀는 1952년에 태어난 아버지의 불안하고 두려운 내면을 짐작해 보면서야 아버지의 말을 이해하게 되었다.

로널드 페어베언은 제2차 세계대전 중 일본에 주둔한 미군들의 군의관으로 근무한 정신분석학자이다. 그는 군인 환자들을 치료한 경험을 토대로 1943년에 '전쟁 신경증'에 관한 논문을 발표했다. 군인들은 포탄 폭발이나 자동차 사고를 경험할 때 심리적 외상을 입는 일이 흔하다. 그는 저서 《성격에 관한 정신분석학적 연구》에서 그것은 뇌 손상과 관계없으며, 다음과 같은 상황에서도 흔히 발생한다고 기술하고 있다.

"폭파된 수송선 선실에 갇히거나, 피난민 행렬이나 사람이 많은 시장이 폭격되는 모습을 목격하거나, 포로가 되지 않으려고 적의 목을 조르거나, 상관 때문에 절망하거나, 동성애자에게 시달리거나…… 많은 경우 군대 생활은 그 자체가 외상적 상황에 가까우며, 작은 사건도 깊은 외상이 될 수 있다."

전쟁에 참가한 군인이나 전쟁에서 가족을 잃은 성인들만 외상을 입는 게 아니었다. 오히려 어린아이의 경우가 더 심각해 보였다. 안나 프로이트는 도로시 벌링엄과 공동으로 제2차 세계대전 중 영국이 폭격당했을 때 가족 없는 아이들이 겪는 혼란을 폭넓게 연구했다. 심리적 충격을 경험한 아이들에게는 체중 감소, 키가 자라지 않는 현상, 항문 괄약근 기능 저하, 언어 발달 지연 등의 장애가 나타난다는 사실을 밝혀냈다.

제2차 세계대전이 끝난 후 영국 정부는 소아과 의사이면서 정신분석학자인 도널드 위니캇에게 의뢰하여 전쟁을 경험한 아동과 청소년들을 어떻게 돌보아야 하는지 연구하게 했다. 《박탈과 비행》에는 위니캇이 연구 결과를 여러 해에 걸쳐 경찰관, 시설 관리자, 임시 부모, 교사들을 상대로 강의한 내용이 수록되어 있다.

사실 이런 책들을 읽을 때마다 우리나라 상황을 떠올리지 않을 수 없었다. 우리는 전쟁뿐 아니라 긴 식민지 시대를 겪었는데, 그 사건들이 끼친 심리적 영향이나, 그것을 경험한 아이들을 돌보는 문제에 대해 아무도 말한 적이 없기 때문이다. 안정감, 존엄성, 애착 등 여러 분야에서 균열과 상실을 경험했을 텐데, 그와 관련된 외상이 짐작할 수 없을 만큼 깊을 텐데…….

그런 염려가 독서 모임 후배 여성들에게서 구체적으로 보이는 듯했다. 우리가 정신 치료에 대한 무지와 편견에 사로잡혀 있는 동안 기어이 모든 증상을 후손들에게 물려주었구나 싶었다.

한때는 우리 젊은이들이 엄살을 부리는가 싶었다. 그들이 스스로를 '88만 원 세대'라고 부를 때는 그 말 자체가 잘 이해되지 않았다. 내 기억으로는 1983년 중학교 교사 초봉은 28만 원이었고, 수당까지 합치면 30만 원이 조금 넘는 액수였다. 당시 출판사에 근무하던 후배가 "한 달 월급으로 출근하기 위한 옷 한 벌을 살 수 없어요."라고 했던 말도 기억한다. 그래도 우리는 그것이 잘못되었다고 느끼거나 불평하지 않았다. 누구나 시작은 원래 미약한 거라 믿었다.

우리 젊은이들이 스스로를 '삼포 세대(연애, 결혼, 출산 세 가지를 포기한 세대)'라고 명명할 때는 가슴이 내려앉았다. 어느 세대도 그토록 패배적인 용어로 자신을 규정하지는 않기 때문이었다. 자기네를 4·19 세대, 5·16 세대라고 명명하는 이들은 역사를 만들었다는 자긍심을 이름에 담았다. 386 세대나 민주화 운동 세대라고 이름 짓는 이들은 자기애적 특별함을 높이 내세웠다. 그런데 삼포 세대라니, 우리 젊은이들이 패배 의식에 사로잡혀 있는가 싶었다.

독서 모임 여성들을 더 깊이 이해하게 되자, 그런 현상이 젊은이들에게 널리 퍼져 있다는 것을 알게 되었다. 그들이 콤플렉스가 없는 세대가 아니라 콤플렉스를 물려받은 세대라는 게 잘 보였다. 88만 원의 문제가 아니라 불안감을 처리할 줄 모른다는 것이 이해되었다. 패배 의식이나 무력감을 어떻게 부모 세대로부터 물려받았는지도 짐작할 수 있었다. 심지어 여전히 위 세대로부터 분노를 투사받는 현장을 생생하게 목격하기도 했다.

은행 창구에서 차례를 기다리다가 느닷없이 화를 내는 노인을 본 적이 있었다. 나보다 늦게 은행에 들어선 노인은 갑자기 목소리 높여 화를 내며 "왜 이렇게 오래 걸리느냐, 일부러 늦게 처리하는 게 아니냐."고 울분을 터뜨렸다. 창구 여직원이 방문 차례대로 처리하는 중이라고 설명하자 창구 뒤쪽 관리자를 가리키며 "저기, 아무 일도 하지 않고 노는 사람은 뭐냐?"고 소리쳤다. 작은 불편에도 마치 폭탄 맞은 듯 반응하는 노인을 보면 그가 혹시 전쟁을 경험한 아기가 아니었을까 혼자 생각하게 된다.

마트 계산대에서 화를 내는 할머니를 보면서도 그런 생각을 한 일이 있다. 그분은 할인 쿠폰을 내밀었다가 그것을 사용하려면 저쪽 창구에 가서 어떤 절차를 밟아야 한다는 안내를 받자 왈칵 화를 냈다. "뭐가 그렇게 복잡해!" 그러고는 세상이 자기를 공격한다고 느끼는 듯한 말들을 쏟아 냈다. "얄팍한 상술로 사람을 꼬이려 드느냐, 골탕 먹이려고 일부러 일을 복잡하게 만든 거 아니냐." 그때도 할머니의 나이를 짐작하면서 이 할머니는 몇 살 때 전쟁을 경험하신 걸까 혼자 짚어 보았다.

사실 그런 상황에서 내가 더 유심히 보는 사람은 느닷없이 화를 뒤집어쓰는 은행 창구나 마트 계산대의 젊은 여성들이다. 이유 없이, 예고 없이 분노의 폭격을 맞은 여성은 낯빛이 딱딱하게 굳어 가면서 그것을 참아 내려 애쓴다. 아직 어린 그녀들이 이유 없이 받아안은 저 분노를 어떻게 소화시킬까 생각하면 내 속이 불편해진다. 유아기 전쟁 트라우마를 처리하지 못해 노년이 되어서까지 작은 일에도 불안해하고, 분노하고, 망상을 짓는 노인들을 보는 일은 가슴 아프다. 그 감정을 고스란히 물려받아 이유 없이 분노와 불안에 처하게 된 젊은이들을 보는 일은 더욱 안타깝다.

기성세대의 불안감은 계약직이라는 고용 제도를 만들어 젊은

이들에게 취업의 불안을 떠안겼다. 가난 속에서 어렵게 공부한 세대의 시기심은 등록금을 올려서 젊은이들이 어렵게 공부하도록 만들고 있다. 콩나물시루 같은 피난 열차를 경험한 세대는 초고속 열차를 만들 때도 무릎을 펴기 힘들 정도로 의자 간격을 좁게 만드는 게 아닐까 싶다. 우리 사회 곳곳에서 만나는 불편과 비리는 제대로 처리하지 못한 내면의 불안이나 분노가 표출되는 방식일 것이다.

젊은이들의 문제를 풀 때도 패러다임의 변화가 필요하지 않을까 싶다. 아기를 통제하는 것에서 부모가 변화하는 쪽으로 육아법을 개선하듯, 사회 권력을 쥐고 있는 기성세대들이 먼저 자기 내면의 불안을 알아보고 해결해야 하지 않을까 싶다. 그래야 자녀에게 불안감을 물려주지 않을 수 있고, 불편한 사회 제도도 개선할 수 있고, 젊은이들을 보살피는 방법을 찾아낼 수 있을 것이다.

존 브래드쇼는 "개인은 자기 안에 온 가족을 지니고 있다."는 명제의 가족 체계 이론을 제시하는 심리학자이다. 그의 책《가족》에는 다음과 같은 구절이 있다.

"가족 지도를 처음 그렸을 때 나는 새로운 인식을 갖게 되었고, 그로 인해 위로받았다. 처음으로 나의 내면에 나 자신이나 가족 구성원 중 한 사람보다 훨씬 큰 무언가가 있다는 것을 알 수 있었다. 여러 세대 동안 이어져 내려오는 상처와 고통을 내가 짊어지고 있다는 것을 보게 되었다. (……) 모든 사람에게 책임이 있지만 어느 누구도 비난받아서는 안 된다."

독서 모임 후배들에게 '물려받은 불안'에 대해 설명해 주자 그들은 여러 가지 태도로 반응했다. 그것으로 자기 문제를 합리화하거나, 그 이론을 더 자세히 공부하면서 지식화하거나, 그 감정들을 더 세밀히 경험하고 알아차리고자 노력했다. 하지만 그들 중 누구도 자기감정을 부모와 이야기하는 사람은 없었다.

사실 내가 진심으로 걱정하는 점은 다른 데 있다. 분노가 투사될수록 강해지듯이, 신경증도 세대를 넘어 전이될수록 증상이 강화된다고 한다. 그리하여 신경증이 세 번째 세대에 이르면 정신증에 가까워진다는 글을 읽은 적이 있다. 그것이 검증된 이론인지는 알 수 없지만 위험한 일임에는 틀림없을 것이다. 우리 젊은이들은 불안과 분노를 유산으로 넘겨받은 두 번째 세대이다.

강호동에게 배우기
자기실현의 ● 역할 모델

이 글을 쓰면서 독서 모임을 되돌아보게 되었다. 처음 그 일을 시작할 때는 그저 경험을 나눈다고 생각했다. 나만 이상한 사람이 아니다, 누구나 그런 것은 아니다 정도의 인식만 할 수 있어도 오래된 마음의 감옥에서 나오는 길이 열린다고 믿었다. 내가 '거저 받았으니 거저 준다.'고 생각했을 것이다.

역전이에 휩싸이고 투사적 동일시로 인해 힘든 시간을 보낼 때는 주제넘은 짓을 한 게 아닌가 싶었다. 부정적 전이를 오래 안아 주면서 힘이 부족하다는 것을 절감할 때는 항복하는 마음으로 도

망치고 싶었다. 그래도 참아 낸 것은 후배 여성들의 힘이었다. 분노를 투사하는 그들이 정작 더 힘든 시간을 보내고 있다는 것을 알기 때문이었다. 그들은 이상화된 자기 이미지를 깨면서, 회피해 둔 유아기 분노를 경험하면서, 부정적 감정을 자기 것으로 끌어안으며 매 순간 힘들어했다. 그 힘든 작업이 어디로 가는지 알고 싶어 하며 물었다.

"언젠가는 이 혼돈을 벗어날 수 있는 거예요?"

놀라운 통찰과 그에 따르는 고통을 한 고비 넘긴 후에는 이렇게 묻는다.

"이런 고통이 또 오나요? 다음에는 덜 아플까요?"

그때는 '아무리 힘들어도 물러서지 않는다.'는 말을 생각하면서 그 고비를 넘겼다.

그들은 더 나은 도움을 받기 위해 테라피 쇼핑을 하기도 하고, 두려워하던 대상 속으로 걸어 들어가는 경험을 하기도 한다. 묵은 감정을 꺼내 보면서 묵은 물건을 정리하고, 라식 수술을 하거나 치아 교정기를 끼고 나타난다. 템플 스테이를 다녀오거나 먼 나라로 여행을 떠나기도 한다. 나는 그녀들이 시도하는 모든 행위가 다 자기를 찾기 위한 일이며, 그 경험들을 통해 자기 삶을 만들어 가고, 새로운 자기 이야기를 써 나가는 거라 믿는다. 그들은 누구의 영향도, 간섭도 받지 않고 오직 스스로의 선택에 의해 자기 삶을 주도해 나가고 있다.

사인이와 아인이는 팬 카페를 만들고 운영을 주도하던 두 주축

인물이었다. 처음 만났을 때 그들은 나이도, 성향도, 성격도 비슷해 보였다. 그들은 첫 번째 독서 모임 구성원이 되었고, 출발선에서 똑같이 출발했다.

독서 모임이 2년쯤 진행된 어느 날, 사인이는 지하철 창에 비친 자기 얼굴을 보는데 이런 생각이 들더라고 했다.

'나를, 내 인생을 왜 이렇게 방치하고 있었지?'

그 말을 한 다음부터 사인이는 조용히, 그러나 적극적으로 자기 삶을 바꾸어 나가기 시작했다. 아토피를 치료하고, 라식 수술을 하고, 갈등 구조 속에서 고통스럽게 버티던 회사에 사표를 냈다. 퇴직금을 주지 않으려는 회사와 싸워 퇴직금을 받아 냈고, 전공을 바꾸어 다시 공부를 시작했다. 실직의 불안을 견뎌 낸 후 적성에 맞고 안정적인 직업을 다시 구했고, 직장에서 연하남을 만나 사랑하고 결혼했다. 결혼 초기의 관계 갈등을 잘 처리해 냈고 지금은 아기를 임신 중이다.

사인이는 독서 모임 기간 동안 가장 적극적으로 인생을 변화시킨 사례에 속한다. 삶의 외형이나 행동을 바꾸어 나갔을 뿐 아니라 심리 내면도 용기 있고 지혜롭게 통찰해 들어갔다. 물론 그 모든 일은 스스로 선택하고 노력하여 이뤄 낸 결과이다.

아인이는 처음 만났을 때 가장 어른스러워 보이는 페르소나를 가지고 있었다. 하지만 그녀는 지금도 9년 전과 똑같은 외모, 말투, 방식으로 똑같은 일상을 살아가고 있다. 그녀가 오래도록 긍정적 전이 상태에 머무르면서 그 모임을 안정적이고 따뜻한 중간 공간으로 사용하는 이유를 이해할 수 있었다. 그녀는 영아기부터 잘못된 방식으로 자기를 사용한 아기였다. 그녀의 내면 아기가 자라는 데 최소한 6, 7년은 필요하지 않을까 생각하고 있었다.

아인이가 "초보 운전 딱지를 1년 이상 붙이고 다니는 게 이상한 일이에요?"라 물을 때는 많이 놀랐다. 그것을 왜 오래 붙여 두고 싶었느냐고 물었다.

"그러면 사람들이 조심해 주고, 보호해 주고 그러잖아요."

그녀의 의존 상태를 어디서부터 인식시켜야 할지 알 수 없었다.

아인이는 지식화 방어기제를 작동시키며 처음 3년 동안은 책 읽기가 재미있다고 했다. 다음 3년 동안은 책이 재미없고 모임이 불편했지만 그런 내면을 표현하지 않은 채 한 차례도 모임에 빠지지 않고 참석했다. 그녀도 "불안하고 분노에 찬 내면을 억압하느라 인생을 몽땅 억눌러 놓는 사람이 있다."는 이론은 알고 있다. 하지만 자기가 그런 사람이라는 사실은 상상조차 못하고 있다. 사실 그녀는 아직 한 꺼풀도 자기 내면을 들춰 보지 못한 상태이다.

모임이 7년째 접어들었을 때 나는 아인이를 자극하여 한 꺼풀 안쪽의 감정을 직면시키기로 결심했다. 그만한 시간이면 나와의 관계에서 적절한 신뢰가 정립되었을 거라 믿었다. 나는 적극적으로, 냉정하게 그녀의 내면에 있는 불안, 분노를 자극하는 발언을 했다. "그녀는 무엇이 어떻게 된 상태인지도 모르는 채로" 놀람, 슬픔, 불안, 분노, 고통 등의 감정을 한꺼번에 경험했다. 처음은 약하게, 두 번째는 강하게.

현재 아인이는 나에 대한 부정적 전이 감정을 체험 중이다. 벌써 두 번의 모임에 빠졌고 그때마다 회사 일을 핑계로 대고 있다. 전화 통화를 하면서 기분을 물었을 때 그녀는 자신이 "이 모임의 성격을 오해하고 있었다는 것을 알았다."고 말했다. 감정을 말해 보라고 했더니 서늘한 기분이 들었다고 했다. 그녀는 비로소 내가 언니나 엄마가 아니고, 모임이 1차 집단이 아니라는 사실을 수용하는 듯하다. 하지만 더 깊은 감정까지는 내려가지 못하는 것 같다. 사실, 독서 모임 여성 중에는 내면의 감정과 전혀 접촉하지 못하는 경우도 더러 있다.

사인이와 아인이를 보면서 두 사람의 차이는 어디에서 비롯되는 걸까 많이 생각해 보았다. 왜 똑같은 책을 읽고, 똑같은 모임을 했는데 사람마다 그토록 결과가 다른 걸까, 짐작해 낼 수 있는 이유가 몇 가지 있었다. 결정적 트라우마가 얼마나 깊은 곳에 있는가 하는 것, 성장기에 부모가, 특히 엄마가 곁에 있었는가 하는 것, 지금이라도 곁에 엄마가 있는가 하는 것. 물론 거칠게 짚어 낸 짐작일 뿐, 다른 변수가 많을 것이다.

후배 여성들은 독서 모임을 한 후 자주 놀란다. 내가 그들이 기대했던 것과 다른 것을 줄 때도 놀라고, 자기 내면에서 낯선 것과 만날 때도 놀란다. 자기 꿈이 어린 시절 결핍의 언어거나, 부모 꿈을 내면화시킨 것임을 알아차릴 때는 황당해한다. 새로운 꿈을 찾아내고, 구체적인 변화를 시도하고, 현재 직업 속에서 새로운 비전을 모색하기도 한다. 다양한 방법으로 자기를 만들어 가면서 메일로, 문자로, 자주 질문을 던진다.

"생의 에너지는 어디서 나와요?"

내면화시켜 둔 아버지의 꿈을 버린 여성이 했던 질문이다. 그녀는 생의 목표에서 생의 에너지가 나온다는 사실을 직관적으로 알고 있어서, 꿈을 잃자 생의 방향성과 에너지가 사라진 느낌에 휩싸였다.

"페니스 엔비와 오이디푸스 콤플렉스는 어떻게 다른가요?"

이성 관계에서 불안을 느끼며 물러서곤 하던 여성의 질문이다. 페니스 엔비가 이성 관계에 영향을 미치는가 하는 질문은 자주 받는 것이다.

"페르소나는 무조건 나쁜 건가요?"

그들은 자기가 그동안 엉뚱한 방향으로 가고 있었고, 생을 낭비했다고 느끼는 듯했다. 하지만 그 과정 역시 필요한 삶이었으며, 생애 초기에는 이상화된 자기 이미지, 혹은 페르소나를 만들어 가지는 게 중요하다고 말해 준다. 다만 어느 시점이 되면 그것이 자기를 가두는 틀이 되며, 그때부터 새로운 정체성과 가치관을 만들어 가면 된다고 말해 준다. 그러면 그녀들은 또 묻는다.

"자기실현을 이룬다는 것을 실제로 보여 줄 만한 사람은 누가 있나요?"

후배 여성들은 현실 속에서 적절한 모델을 갖고 싶은 듯했다. 내가 속한 공동체에도 훌륭한 분이 많지만 그녀들과 내가 함께 아는 사람 중에서 예를 들어야 했다. 그때 망설임 없이 내세울 만한 사람은 연예인 강호동 씨이다.

나는 그가 진행하는 프로그램을 즐겨 보며, 그가 어떻게 말하고 행동하는지 유심히 관찰한다. 그의 성공 기법을 스무 가지쯤 말할 수 있지만 후배 여성들에게는 융의 집단 무의식 피라미드에 적용시켜 그에게서 배울 것을 설명해 주었다.

강호동 씨는 우선 페르소나가 없어 보인다. 그가 씨름 왕에서 방송인으로 전업한 후 머리에 땜방 분장을 하고 바보 캐릭터를 연기할 때부터 나는 그를 유심히 보았다. 얼마나 큰 자신감이면 저런 분장을 하고 바보처럼 구는 모습을 당당히 보여 줄 수 있을까 싶었다. 그때부터 그가 먼 곳을 바라보는 승부사일 거라 짐작했다. 그에게는 반드시 지켜 내고 싶어 하는 자기 이미지가 없어 보였다. 색동옷을 입고 볼에 곤지를 찍고 출연할 수 있었던 것도 자유로움의 증거일 것이다.

또한 그에게는 콤플렉스가 없어 보인다. 그는 누구를 이겨야겠다는 마음이나, 누구보다 잘 나가고 싶다는 욕구를 보이지 않는다. 실제로도 그는 누구도 이기지 않는다. 그가 진행하는 프로그램을 보고 있으면 그가 모든 게임에서 지는 쪽을 택한다는 것을 알 수 있다. 일부러 져 주는 게 아니냐는 비난을 받지 않기 위해 팽팽히 대결하다가 마지못해 패배하는 모습을 연출한다. 패배한 사실에 대해서는 진심으로, 오래 애통해한다. 그가 '지는 게 이기는 거다.'라는 전략을 사용할 수 있는 이유는 이미 천하장사가 되어 모두를 이긴 경험을 했기 때문일지도 모르겠다.

강호동 씨에게는 그림자도 없어 보인다. 그는 자기 내면의 어두운 면을 투사하여 남을 공격하는 행위를 하지 않는다. 누구에게도 '충고, 탐색, 해석, 비판'의 언어를 사용하지 않으며, 말을 되갚아 주는 방식으로 대응하지도 않는다. 진행자 중에는 패널의 말에 해석이나 판단을 내밀며 흐름을 끊는 이도 있는데, 그는 아예 존재조차 느껴지지 않을 정도로 출연자만을 부각시키는 데 능숙하다.

아니마/아니무스는 그에게서 가장 늦게 통합된 듯 보였다. 경상도 '싸나이'로서 그는 남성적인 형제애 영역에서는 행동에 스스럼이 없어 보였다. 하지만 여성 출연자를 대할 때는 상대적으로 부자연스러웠고 가끔은 여성을 투명 인간처럼 대했다. 하지만 결혼한 후 아니마/아니무스 영역에서도 완전한 통합을 이룬 듯 보인다.

그에게서 무엇보다 빛나는 점은 다양한 원형들이 활성화되어 있는 측면이다. 그는 한 살짜리 아기와 '까꿍' 하면서 이야기할 때는 아기 같고, 아흔 넘은 노인과 대화를 이어갈 때는 지혜로운 노인 같다. 후배들을 보호하는 형 역할도, 카리스마 넘치는 리더 역할도 능숙해 보인다. 아내를 사랑하는 러버와 아들을 보호하는 아버지 모습도 있고, 냉철한 전략가의 태도도 보인다. 가끔 돌멩이나 다람쥐와 대화를 시도하는 모습을 보면 그가 얼마나 많은 원형들을 활성화시켜 자기 것으로 사용하는지 놀라게 된다.

그렇게 집단 무의식의 여러 단계를 통합한 까닭에 그는 당당하고 자유로운 자기 자신으로 존재한다. 자기중심에 든든히 서서 여러 입장을 배려하는 공감 능력을 보인다. 눈앞 출연자의 입장과 그의 이미지, 시청자의 반응, 제작자의 의도, 사회적 약자의 입장 등을 동시에 고려하면서 프로그램을 끌고 나간다. 그것이 계산된 행위가 아니라 몸에 밴 본성처럼 자연스럽다.

자기 자신으로 존재하면서 강호동 씨가 사용하는 성공 기법 중 가장 눈에 띄는 것은 '천진함'으로 보인다. 집단 무의식과 잘 소통하고, 공동체 욕구를 잘 읽어 내는 역량은 천진함에서 나오는 듯하다. 그는 자기가 아는 것을 자랑하지 않으며, 타인의 언어를 듣기 위해 귀를 열고 있다. 그가 선택한 천진의 상태를 사람들은 바보 캐릭터, 무식의 아이콘이라 말하지만 그는 그런 말을 듣는 것조차 즐기는 듯하다.

또한 그는 권력을 나누어 주는 리더이다. 그는 "그날 컨디션이 좋은 사람을 알아보고 그를 중심으로 프로그램을 운용한다."고 밝힌 적이 있다. 그는 후배들의 역량을 잘 알아보고 그것을 꽃피울 수 있도록 배려한다. 힘뿐만 아니라 언어도 나누어 주기 때문에 늘 상대에게 질문하여 상대의 말을 이끌어 낸다. 힘을 틀어쥐고 모든 상황을 통제하려는 사람은 리더가 아니라 불안한 사람이라는 사실을 그는 알고 있는 게 틀림없다.

그는 차별화 전략을 쓴다. 그는 "씨름은 심리전이고 방송은 체력전"이라고 말한 바 있다. 힘을 가지고 싸우는 이들 사이에서는 머리를 쓰고, 재능과 두뇌로 싸우는 이들 사이에서는 체력을 사용한다. 차별화된 무기로 상대방의 허를 찌른다.

그 외에도 그가 사용하는 변칙과 파격의 기법, 과장과 극단화 기법, 원원에 도달하는 협상법, 서너 수를 내다보는 전략, 조용히 자기 삶을 주도하는 방식 등 더 많은 성공 기법들이 있다. 그런 기법들을 그가 의식적으로 사용하는지 무의식적으로 즉각 작동시키는지 알기 위해 나는 더욱 유심히 그를 보곤 한다.

'강호동에게 배우기'를 설명해 준 다음, 후배 여성들은 그를 유심히 본 모양이다. 저마다 여러 가지 질문을 해 온다. 그녀들 중에는 내 말을 찰떡같이 알아들은 이도 있고 쑥떡처럼 여기는 이도 있는 듯하다. 집단 무의식을 통합하는 일 역시 경험해 본 다음에야 이해할 수 있는 영역인지도 모르겠다. 그녀들이 낡은 생존법, 이상화시켜 둔 자기를 해체하고 집단 무의식의 여러 단계를 통합해 들어가는 데 시간이 얼마나 걸릴지 알 수 없다. 어디까지 해낼 수 있을지도 알 수 없다. 다만 나는 그들이 원할 때 그곳에 있어 주기로 했다. 단 한 사람이라도 나를 원한다면 그 자리에 있어 주기로 약속했다.

이 글을 쓰면서 다시 생각해 보니 겁 없이 일을 벌여서 그나마 다행스럽게 지나왔다는 생각이 든다. 독서 모임은 훈습 과정에 꼭 필요한 단계였다. 그 모임 덕분에 역전이와 투사적 동일시 감정 작용을 명료히 인식할 수 있었고, 고요함을 오래 유지하는 힘을

기를 수 있었다.

  독서 모임을 함께 해 온 후배 여성들에게는 특별히 존경과 감사를 보낸다. 그들은 내가 범하는 시행착오, 역전이 행동화, 독한 해석, 의도적인 직면시키기 등을 믿고 수용해 주었다. 앞에서는 전이, 역전이 관계를 중심으로 기술하느라 부정적인 면이 표현되었지만 실제로 그들은 내가 아는 후배 여성들 가운데 가장 용기 있고 건강한 이들이다. 그들은 적어도 '내가 괜찮지 않다'는 사실을 인정하고 문제를 해결해 나가면서 적극적으로 삶을 운영하고 있다. 다시 한 번 감사의 뜻을 전한다.

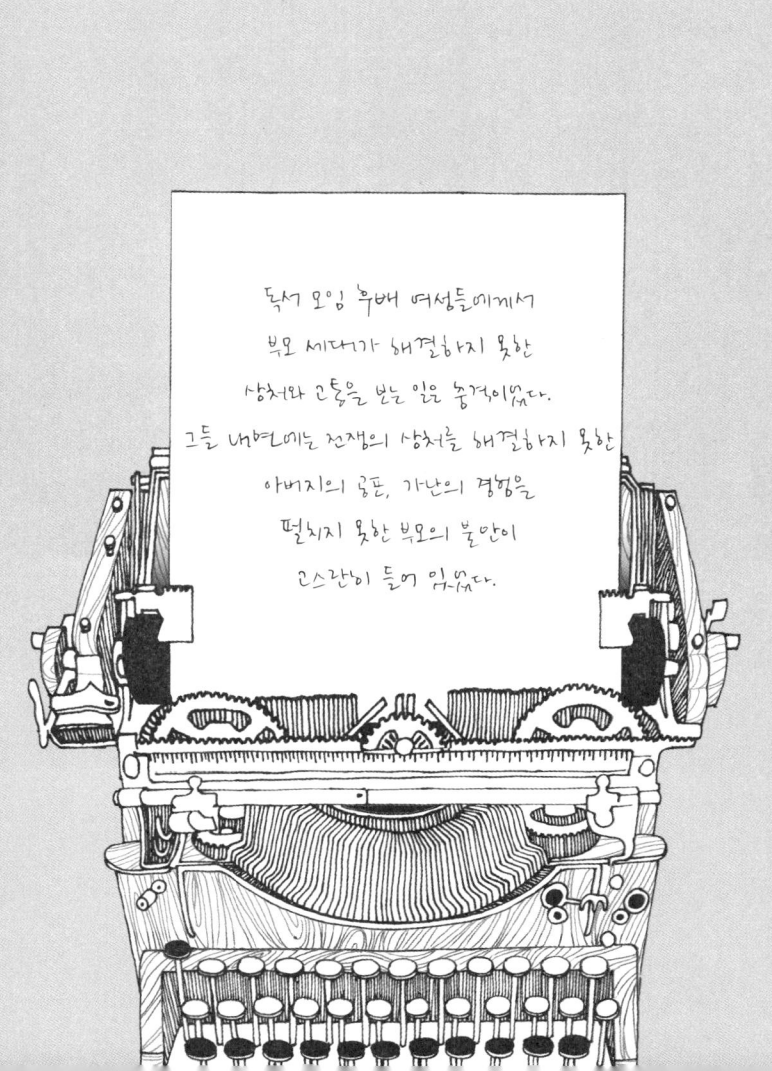

독서 모임 후배 여성들에게서
부모 세대가 해결하지 못한
상처와 고통을 보는 일은 충격이었다.
그들 내면에는 전쟁의 상처를 해결하지 못한
아버지의 공포, 가난의 경험을
펼치지 못한 부모의 불안이
고스란히 들어 있었다.

Chapter 4

정신분석을 넘어서

훈습 작업의 마지막은 종교적 관습을 수용하는 것으로 마무리되었다.
그것은 영적 건강의 개념을 이해하고, 그 실천법을 체득해 나가는 과정이었다.
사석에서 이야기 나눌 때 지인들로부터
"그 이야기를 책으로 써 달라."는 요청을 받곤 하던 대목이었다.

내 힘으로는 어쩔 수 없습니다
중독 치료 ● 첫 단계

자인이는 고등학교 시절 짝꿍 친구였다. 성실한 모범생에 독실한 기독교인이었고 친구들과 떠들썩하게 어울려 노는 일이 없었다. 점심 도시락을 까먹기 전에도 기도했고, 시험지를 풀기 전에도 기도를 했다. 여러 면에서 친구와 대척점에 서 있었던 나는 하나님이 잃어버린 한 마리 양처럼 보였던 듯하다. 자인이는 자주 나를 교회에 데려가려 했고, 나를 위해 기도한다고 말했다.

당시 자인이는 반드시 하나님을 믿어야 천국에 갈 수 있다고 말했다. 나는 하나님을 믿지 않아도 바르고 착하게 살면 되는 거 아니냐고 물었다. 그녀는 단호하게, 아무리 착하게 살아도 하나님을 믿지 않는 사람은 천국에 갈 수 없고, 오직 하나님을 믿는 사람만이 하나님 나라에 들어갈 수 있다고 대답했다. 그렇다면 나쁜 행동을 많이 한 사람도 하나님만 믿으면 천국에 갈 수 있느냐고 다시 물었고 그녀는 그렇다고 대답했다. 열여섯, 열일곱 살 시절 이야기다.

대학에 진학하여 서울로 온 후 자인이는 일요일이면 내가 다니는 학교 근처 교회로 예배를 드리러 왔다. 교회도 가고 친구도 보고, 무엇보다 친구를 교회에 데려가려는 마음이 있었다. 자인이의 정성에 마음이 움직였던 것 같다. 대학 1학년 봄에 그녀를 따라 교회에 갔다. 하필이면 그날은 부활절 예배를 드리는 날이었다. 생전 처음 본 예배 광경은 거대한 의문, 커다란 수수께끼 같았다. 종교가 무엇이길래 이토록 많은 사람들이, 이토록 한 호흡으로, 이토록 간절하게 한 가지 행동을 하는 것일까?

교회에 다녀온 후 신자가 되기는커녕 지식화 방어기제를 발동시켰다. 종교 경전들을 구해 읽으며 신과 종교의 실체와 내막을 알고 싶어 했다. 그리고 더 큰 의문에 빠졌다. 성경 속 하나님은 에덴동산에서 아담과 이브를 쫓아낸 뒤 에덴 주위로 불칼을 세워 그들이 들어오지 못하게 했다. 하나님 아버지는 질투하고 보복하는 캐릭터로 인간 아버지보다 냉정해 보였다. 불경의 공(空) 사상은 어떻게 비어 있다고 인식해야 하는지 알 수 없었다. 눈앞에 존재하는 엄연한 물질들의 세계와 공 사이의 거리가 가늠되지 않았다.

코란에는 남자만 인간으로서 존엄하고 여자는 집에서 키우는 가축과 비슷하게 대하고 있었다. 그곳의 여자는 소유, 교환하는 통제 대상이었다. "저 만물이나 인류의 습속은 …… 모이면 떠나가고, 명예를 이루면 비방을 받고, 모가 나면 깎이고, 높아지면 비평을 받으며, 하는 일이 있으면 깨어지고, 어질면 음모를 받으며, 순진하면 속으므로 어찌 화를 면할 수 있겠는가? 그러니 슬프도다, 제자들아! 잘 기억해 두어라, 오직 도덕의 고향이 있을 뿐이다."

도덕의 고향이 있을 뿐이라니, 장자도 이해할 수 없기는 마찬가지였다. 스무 살 무렵의 좁은 시각과 얕은 이해력이 그 책들에 담긴 의미의 10분의 1에도 닿지 못했다는 사실을 나중에야 알게 되었다.

그 후로도 이십 대 내내 틈틈이 종교 경전들을 읽었다. 유교 경전은 대체로 그 시대 윤리 교과서 같은 성격이지만 유일하게 《중용》만이 초월적 요소를 담고 있어 종교적 성격을 띤다는 사실을 나중에 알았다. 힌두교에는 경전이 없지만 1980년대에 국내에는 힌두교 구루들의 가르침을 담은 책이 많이 번역되었다. 라즈니시, 마하리시, 크리슈나무르티 등의 책들에는 알아듣기 쉬운 지혜와 위로가 담겨 있었다.

친구 자인이는 대학 2학년 때 가족과 함께 미국으로 이민 갔다. 이따금 귀국할 때마다 그녀의 신앙은 더욱 돈독해지는 듯했다. 미국에서 소명처럼 전도 활동을 하고 있었다. 거리를 배회하는 흑인이나 라틴계 청소년들을 대상으로 주님 말씀을 전한다고 했다. 자녀들이 성장해서 자립하면 남편과 함께 제3세계로 전도 활동을 떠날 계획도 세워 놓았다. 그녀가 15년쯤 전 귀국했을 때 이렇게 말한 일이 있다.

"알코올이나 마약 중독자 같은 사람들은 주님 힘이 아니면 치료될 수 없어."

고등학교 시절, 하나님과 천국에 대한 의견에 동의할 수 없었던 것과는 달리 그때는 자인이의 말이 귀에 깊숙이 들어왔다. 그동안 인간 심리에 대해 좀 더 알게 되었고, 무엇보다 알코올 중독 치료 12단계 프로그램의 첫 단계가 "내 힘으로는 어쩔 수 없습니다."라고 선언하는 일이라는 것을 알고 있었다.

"욕동을 통제함으로써 신경증을 치유한다는 주장은 이론적으로는 항상 옳지만 실제로도 항상 옳은 것은 아니다. 분석을 한다고 해서 욕동을 완전히 통제할 수 있다고 보증할 수 없기 때문이다. (……) 최종 결과는 항상 서로 싸우는 마음 영역들의 상대적인 힘에 달려 있는 것이다."

프로이트는 분석 작업을 통해 욕동과 자아의 갈등, 욕동의 요구를 영원히 없애는 것이 불가능하며 바람직하지도 않다고 한다. 오히려 욕동이 자아와 조화를 이루어 제멋대로 충족을 추구하지 않도록 하는 상태를 지향한다. 프로이트는 그것을 '욕동 길들이기'라 명명한다. 프로이트의 저 방식은 담배를 끊을 수는 없고, 다만 흡연 욕구를 조절할 수밖에 없다는 얘기로 들린다.

현대인이 가장 쉽게 중독되고 널리 중독되어 있는 대상은 알코올인 것 같다. 미국에는 'AA(Alcoholic Anonymous)'라 약칭되는 익명의 알코올 중독자 자조 모임이 있다. 그 모임에 대해 존 브래드쇼의 《가족》에는 다음과 같이 소개되어 있다.

"단주 모임 창시자였던 빌과 밥 박사는 알코올 중독의 궁극적인 문제가 무엇인지에 대해 분명한 생각을 갖고 있었다. 그들은 그것이 '영적인 파산'이라고 믿었다. 모든 중독은 영적으로 뒤틀린 상태이고, 작은 우상 숭배이다."

나는 저 문장을 읽으면서 기독교의 '우상 숭배'라는 말을 제대로 이해할 수 있었다. 우상 숭배란 사람들이 저마다 불안을 달래고 존재를 증명하기 위해 매달리는 '자동 강박 반복 추구'의 대상을 의미하는 것 같았다. 술이나 담배뿐 아니라 섹스, 스타일, 스피드, 스캔들 등 현대인들이 내면의 불안과 접촉하지 않기 위해 매달리는 외부의 모든 대상들이 우상으로 보인다. 세속적 권력이나 명예, 창조적 표현 행위 등도 그 본질에 있어서는 별로 다르지 않을 것이다. 우상 숭배는 욕동에 이끌려 다니는 일이고, 그것은 곧잘 중독으로 치닫는다.

익명의 알코올 중독자 모임에서는 중독을 치료하는 12단계 프로그램을 사용한다. 그 첫 번째는 '내 힘으로는 어쩔 수 없다.'고 인정하는 단계이다.

1. 우리는 우리의 중독적/강박적 행동이 무엇이든 그에 대해 무력하며, 스스로 삶을 관리할 수 없게 되었다는 사실을 깨닫고

시인했다.

저 선언은 더 이상 자신을 통제하려는 모든 시도를 내려놓는 것을 의미한다. 중독자는 내면의 불안을 통제하거나 회피하기 위해 중독 대상에 매달리면서 동시에 자기 삶과 주변 환경을 강박적으로 통제하고자 한다. 통제 행동을 중단하는 일 앞에서조차 엄청난 불안을 느낀다. 스스로 삶을 관리할 수 없다고 인정하는 것은 그동안 사용해 온 모든 방어기제들을 버린다는 의미이다.

나는 담배를 끊을 때 친구 자인이의 말과 'AA 12단계 프로그램'을 응용했다. 의지로 통제할 수 있는 지점까지는 내 힘으로 하고, 의지와 흡연 욕구의 갈등이 절정으로 치닫는 지점에서는 더 큰 힘과 그 환경을 빌리기로 했다. 사찰의 3박 4일짜리 수련 법회에 참가 신청을 하고 그 사흘 전부터 금연했다. 금연 나흘째 되는 날 절에 들어가 술, 담배, 커피, 전화 없는 엄격한 수행자의 삶 속에 나를 밀어 넣었다. 무엇보다 "내 힘으로는 어쩔 수 없습니다." 하고 되뇌었다. 수련 법회가 끝났을 때 살이 2킬로그램쯤 빠져 있었고, 지방 덩어리와 함께 흡연 욕구가 사라졌다.

정신분석학은 처음부터 종교에 관해 연구했다. 프로이트는 과학적 태도를 지닌 무신론자였다. 그는 종교를 죄의식에서 벗어나려는 강박 신경증, 불멸의 환상을 통해 죽음에 대한 두려움을 제거하기 위한 장치, 오이디푸스 투쟁의 연장 등으로 보았다. 종교를 '인민의 아편'이라고 보는 마르크스주의 입장과 별반 다르지 않았다.

프로이트 학파 현대 정신분석학자들은 종교에 대해 다른 통찰을 내놓고 있다. 자아 심리학자인 하인츠 하트만은 종교가 신경증적 유아기 욕망 상태의 자아를 긍정적이고 적응적인 자아로 바꾸어 주는 역할을 한다고 말한다. 자기 정체성 개념을 정립한 에릭 에릭슨은 종교가 삶의 의미와 정체성 형성 욕구를 충족시키도록 도와준다고 말한다. 중간 대상 개념을 제안한 도널드 위니캇은 종교를 중간 공간과 촉진 환경이라고 본다. 그들은 종교가 인간에게 미치는 긍정적 기능을 찾아내어 그것을 정신 치료에 사용하고자 노력한다.

티베트 여행을 할 때, 여행 7일째쯤 되는 날 식당에서 있었던 일이다. 나와 한 테이블에 앉았던 오십 대 여성은 음식이 차려지는 동안은 식탁에 앉아 있었다. 사람들이 식사를 시작하자 음식 접시 하나하나를 유심히 바라보더니 조심스럽게 일어나 식당 밖으로 나갔다.

사람들은 그녀가 여행 내내 아무것도 먹지 못했다고 말했다. 신체는 해발 5천 미터 환경에 적응하지 못해 나타나는 고산증을 경험하고 있었다. 통통한 편이었던 얼굴은 반쪽이라고 해도 될 만큼 홀쭉해져 있었다. 나는 고산증에 대한 대책으로 '쓰러지지 않을 만큼만 먹기'라는 규칙을 정해 두었기 때문에 밥을 물에 말아 서너 숟가락 뜬 후 자리에서 일어났다. 식당 밖으로 나가니 그녀가 식당 앞 빈터에 앉아 있었다. 곁에 앉으며 "식사를 전혀 못해서 어떻게 해요?"라고 말을 건넸다. 그런데 돌아온 대답이 내 예상을 훌쩍 넘어섰다.

"아니에요, 나는 지금까지 살아 온 어느 순간보다 행복하고 환희로운 상태에 있어요."

당연히 놀란 눈빛으로, 고개까지 돌려 그녀의 얼굴을 바라보았다. 반쪽이 된 얼굴에 환하고 맑은 미소가 실려 있었다.

"나는 탐진치 삼독 중 식탐을 못 끊어서 늘 애먹었어요. 다른 건 웬만큼 참아지는데 식탐은 내 힘으로는 어떻게 할 수가 없었어요. 그런데 기차에서 토한 후부터 내 몸에서 식욕이 사라졌어요. 그 후로 계속 나를 실험하고 있는데, 아까 보셨죠? 내가 음식을 보고도 가만히 있었던 거. 그것이 너무나 경이롭고 행복해서 혼자 내면 가득 환희를 경험하고 있어요."

그녀의 말이 내 뱃속을 곧장 뚫고 들어오는 것 같은 충격을 주었다. 그녀는 식욕의 '자동 강박 반복 추구'의 특성을 알고 있었고, 그것을 본인의 힘으로는 어쩔 수 없다는 것을 시인하고 있었다. 무엇보다 식탐을 객관적인 실체처럼 말했다. 내가 놀라서 침묵하는 동안 그녀는 몸에서 사라진 욕동에 대해 보충 설명했다.

"그런데 내가 기차에서 토할 때 등을 두드려 준 거사님이 계셨어요. 괜히 그분이 잘못될 것 같아서, 그분을 뵐 때마다 미안하다고 말하고 있어요."

 표현의 정확성에 두 번째로 놀랐다. 그녀는 욕동이 객관적인 실체일 뿐만 아니라 여기저기 옮겨 다니기도 한다고 믿고 있었다. 환희에 찬 아주머니도, 충격을 먹은 나도 한동안 조용히 앉아 있기만 했다.

 '탐진치 삼독'이라는 말을 처음 만난 시기는 이십 대 중반이었다. 사찰 해우소에 쭈그리고 앉아 문에 붙어 있는 금언에서 탐진치 삼독이라는 말을 만났을 때, 그것을 왜 독이라고까지 표현할까 궁금했다. 내 속을 들여다보면 욕심, 화, 어리석음이 가득하고 타인들도 별반 다르지 않아 보였다. 그것은 인간의 속성이자 생의 추진력으로 보이기도 했다. 그때는 우리가 유아기에 만들어 가진 결핍과 욕동의 힘으로 살아가며, 중년기에 이르면 그런 삶에 한계를 만난다는 사실을 알지 못했다.

 훈습이 6, 7년쯤 지났을 때 다시 막다른 곳에 도달한 느낌과 맞닥뜨렸다. 마지막 한 고비를 넘기지 못한다는 느낌이 있었다. 정신분석과 심리적 방법으로 해 볼 만큼 해 봤는데, 근본적으로 내가 원하는 상태가 오지 않았다. 마음이 산처럼 평온하고 바다처럼 관대하고 만나는 모든 사물이 이해되는, 그런 상태에 도달하지 못했다. 프로이트 말처럼 문제가 근본적으로 해결된 게 아니라 '욕동 길들이기'를 반복하는 것 같았다. 방향 감각이 없고, 내면이 빈 듯한 시간을 반년쯤 보낸 후에야 비로소 알아차렸을 것이다. '아, 이 지점에서 정신분석학자나 심리학자들이 종교로 건너가는 모

양이구나.'

　프로이트 정신분석학이 끝나는 지점에서 융의 학문이 필요했듯이, 융의 정신분석학은 자연스럽게 종교로 넘어가게 되어 있었다. 융은 개인이 자기실현을 이루는 과정을 종교 전통 속에서 찾아냈다. 앞에서는 말하지 않았지만 사실 융이 대문자로 표기하는 '자기(Self)' 개념에는 종교적이며 초월적인 의미가 내포되어 있다. 그는 "모든 사람은 자기 내부에 인류의 집단적인 지혜를 소유하고 있다."고 제안한다. 그것은 부처님이 깨달음을 얻은 후 "일체 중생이 여래의 지혜를 갖추고 있구나."라고 말씀하신 것과 같은 지점을 가리키는 것으로 보인다.

　"융에게 있어서 분석의 목표는 개인의 신경증을 치료하는 것뿐 아니라 자기 안에 비밀스럽게 감추어져 있는 '신성한 것(The Sacred)'들을 재발견해 내는 데 있다. 이러한 목표를 수행한다는 점에서 융의 심리학은 하나의 변형된 신학이 되었다."

　제임스 존스의 《현대 정신분석과 종교》의 한 구절이다. 현대 정신분석학은 종교의 지혜를 치료 방법으로 사용하며, 종교를 인간 발달의 자연적인 과정으로 본다. 샤론 미자레스의 《현대 심리학과 고대의 지혜》는 세계의 모든 종교 전통 속에 내재된 정신 치료적 요소를 탐구한 책이다. 그 책에는 다음과 같은 구절이 있다.

　"점점 많은 목사, 랍비, 신부, 그리고 영적 지도자들이 개인적 영적 발전을 촉진시키기 위해 심리학적 원리를 사용해야 한다는 것을 인식하고 있다. (……) 심리학자들도 영적 믿음과 수행이 심리 치료에 있어서 매우 중요한 촉진적 역할을 한다는 것을 확신하게 되었다."

　실제로 기독교 국가에는 정신분석학과 기독교 신학을 접목한 상담 심리학이 널리 발달되어 사용되고 있다. 일본에는 불교와 심리 치료가 접합된 치료 기법이 정립되어 있다. 힌두교와 요가를 받아들인 미국에서는 명상과 심리 치료, 초월성과 심리 치료에 대한 연구서가 많이 나와 있다. 그 책들은 모두 정신분석학을 연구한 후 막다른 곳에 도달한 느낌을 가진 학자들이 자기 학문을 종교 쪽으로 확장시킨 결과물이다. 치료자들도 '내 힘으로는 어쩔 수 없습니다.'라고 인정하는 셈이다.

　불교는 탐진치 삼독 외에 인간을 어리석음에 묶어 두는 네 가지 심리 요소를 더 제안한다. 교만, 의심, 편견이나 고집, 애착 혹은 음욕이 그것이다. 불교의 '탐진치만의견애(貪瞋癡慢疑見愛)'는 기독교의 일곱 가지 악과 거의 동일하다. 7악도 7독도 인간을 죽음에 이르게 한다고 말한다.

　나는 조심스럽게, 프로이트가 근본적으로 해결할 수 없다고 말한 욕동이 7독, 7악과 관련되어 있는 게 아닌가 짐작한다. 7독이나 7악은 대체로 '자동 강박 반복 추구'의 성격을 띠며, 인간을 휘몰아 가는 광포한 에너지이다. 우리가 내면에 있는 인류의 지혜, 부처님이 말씀하신 여래의 지혜에 닿지 못하는 이유도 7독이나 7악에 가려져 있기 때문인 듯하다. 티베트 여행에서 만난 오십 대 여성의 말에 놀란 이유도 그것이었다. 그분 말씀은 영적 건강의 본질과 그 작동 방식에 대해 내가 짐작하는 내용과 일치하고 있었다.

　훈습의 막바지에서 이상하게 길을 잃은 듯한 시간을 6개월쯤 보낸 후 다시 종교를 수용했다. 정신분석을 시작할 때, 당분간은 종교를 멀리했으면 좋겠다는 분석가의 제안을 받아들여 한동안 종교를 멀리해 왔지만 훈습의 마지막은 종교로 마무리되었다. 4장은 내가 이해한 영적 건강과 종교의 지혜에 대한 내용을 담았다. 사실 이 영역은 쓰기가 조심스러웠다. 많은 경험 가운데 어디까지 말해야 할지, 이성과 합리로 무장한 이들을 어떻게 납득시킬지, 낯선 것에 대한 불안을 작동시키는 이들의 방어를 어떻게 뚫을지 생각이 많았다. 그럼에도 이 글을 쓰기로 결심한 이유는 사석에서 이야기 나눌 때 "그것을 책으로 써 달라."고 요청받는 대목이 대체로 영적 건강에 관한 것이기 때문이었다.

끝낼 수 있는 분석, 끝낼 수 없는 분석
채식과 ●영적 건강

인도 요가 여행의 첫 방문지는 오로빌 요가 공동체였다. 새벽에 그곳에 도착해 잠시 쉰 후 아침 식사를 하러 갔을 때 야외 식당에 차려진 음식은 빵, 커피, 익힌 야채 몇 종류가 전부였다. 뷔페식으로 차려진 식단 앞에서 나는 아무 생각 없이 "달걀 프라이 같은 것은 없느냐?"고 물었다. 달걀은 여행지 아침 식단에 늘 나오는 식품이었고, 계란과 우유는 손쉽게 영양 균형을 맞추는 식품으로 애용하고 있었다. 그런데 여행 동료가 이상하다는 눈빛으로 나를 바라보았다. 내가 여전히 아무 생각 없는 눈빛으로 그녀를 마주 보자 비로소 한 마디 일러 주었다.

"여기는 채식만 하는 곳이에요."

그곳 요가 공동체 구성원과 요가 수행자뿐 아니라 요가를 공부하는 여행 친구들도 대체로 채식주의자라는 사실을 인도까지 가서, 첫 식사를 하면서야 알게 되었다. 그래도 채식의 개념을 제대로 이해하지 못해 "그럼 우유도 없느냐?"고 물었다.

마음의 준비 없이, 원한 적 없는 채식 환경으로 들어가려니 이상한 서운함이 느껴졌다. 빵과 커피, 야채 한두 조각을 삼키면서 계속 이런 식단이라면 영양에 결핍이 오지 않을까 걱정되었다.

그런데 이상했다. 채식을 한 후 날로 몸이 가벼워지는 느낌이었다. 식후에 뱃속에서 느껴지던 불편함도, 영양부족으로 힘이 달린다는 감각도 없었다. 오히려 몸이 개운해지자 마음에도 더 깊은 고요가 찾아왔다. 아쉬람을 떠나 요가 학교로 갔을 때도 일관되게 채식 식단을 만났다.

인도에 머무르는 동안 이왕이면 채식주의자처럼 살아 보기로 했다. 일반 식당에 들어가서도 '채식주의자 메뉴'에서 음식을 선택했고, 뷔페에서도 채식주의자 코너에서 음식을 담았다. 단지 호기심에서 여행 기간 동안만 채식을 했는데, 2주 만에 몸무게는 4킬로그램 줄었고 체형은 이십 대로 돌아가 있었다.

첫 채식 경험은 일과성으로 지나갔다. 채식이 몸과 마음에 미치는 영향을 경험했음에도 지혜가 부족해 그 경험이 주는 교훈을 알아차리지 못했다. 여행에서 돌아온 후 영양을 보충한다는 이유로

추어탕을 먹었고, 식단에는 여전히 우유와 달걀을 포함시켰다. 2주일 만에 체중과 체형은 다시 이전으로 돌아갔다.

또한 외출하여 음식을 먹으면 몸이 불편해지는 증상도 되풀이되었다. 그것은 오래전부터 겪어 온 불편이어서 삶의 일부가 되어 있었다. 외식을 하면 사소하게는 체하는 일에서부터 말초신경에 통증이 오거나, 심할 때는 입술이 부풀어 오르는 식중독 증상이 나타났다. 식당 음식들이 신선하지 않은 재료나 화학조미료를 많이 사용하기 때문에 그런가 짐작하면서 불편한 시간을 보냈다.

훈습 기간에는 외식 후 경험하는 불편에 투사적 동일시 증상이 동반된다는 사실을 알아차리게 되었다. 앞에서 투사적 동일시를 말할 때 주로 감정 영역에 대해서만 언급했지만 실은 병증의 감염이 더 잦았고 해결하기 어려운 문제였다. 마음이 비워지자 투사적 동일시로 건너오는 감정이 세밀하게 구분되었듯, 몸이 건강해지자 그렇게 건너오는 증상도 세밀하게 느껴졌다.

한 친구를 만나 점심 식사를 한 일이 있었다. 그 친구는 평소에 몸이 약하고 자주 아프기 때문에 만나서 나눈 첫 인사도 건강에 관한 것이었다. 친구는 건강은 많이 괜찮아졌는데 얼굴에서 땀이 나는 증상 때문에 외출을 꺼리게 된다고 말했다. 그 말을 들을 때 이렇게 생각했다.

'이마가 아니라 얼굴에서 땀이 난다니, 그건 어떤 상태지?'

친구와 식사 후 차를 마시고 헤어졌는데 그 다음 날부터 감기처럼 몸이 아프면서 얼굴에서 땀이 나기 시작했다. 볼이나 턱에서 물 흐르듯 땀이 날 수 있다는 사실을 그때 처음 경험했다. 독감 같은 증상은 사흘 만에 회복되었다.

동년배의 지인을 만나 식사할 때도 그런 경험이 있었다. 그녀는 며칠 동안 우울감 때문에 자리에 누워 있다가 겨우 몸을 일으켜 점심 약속에 나왔다고 했다. 실제로 회복기 환자처럼 힘없어 보였는데 식사하는 동안 활기를 찾아갔다. 식사를 마친 후 그녀는 이렇게 말했다.

"선생님하고 식사하고 나니 눈앞이 환해지네요. 며칠 동안 몸이 무거우면서 눈이 침침했는데."

그 말을 들을 때는 이렇게 생각했다.

'설마, 눈이 침침해지는 증상 같은 게 옮겨 오지는 않겠지.'

식사 후 차 마시며 이야기 나누고 두 시간 만에 헤어졌는데, 돌아서서 몇 걸음 걷지 않아 눈앞이 흐릿하게 어두워졌다. 연회색 선글라스를 쓴 듯 사물이 흐려 보이며 '눈앞이 침침하다'는 증상이 몸으로 이해되었다. 그때도 몸살처럼 고스란히 이틀을 앓고 나서야 회복되었다.

투사적 동일시로 증상을 옮겨 오면 몸이 아플 뿐 아니라 정신적 무력감, 우울증 증상이 동반되었다. 한 번씩 그런 일이 있으면 자연스럽게 회복될 때까지 고스란히 병증을 앓아야 했다. 동일시되는 대상의 상태에 따라 증상과 앓는 기간에 차이가 있는 듯했다. 상대가 큰 병을 앓고 있을 때는 내가 느끼는 고통도 더 심했다.

한 선배 여성과 지방 행사에 당일치기로 다녀온 일이 있었다. 아침에 만나 세 시간 거리의 지방 도시에서 볼일을 본 후 저녁차로 귀가했다. 이튿날부터 피로감과는 다른 무력감에 휩싸여 고스란히 일주일을 앓았다. 당시 그분은 신체 내부에 종양이 발견되어 치료 중이었는데, 그때 내가 경험했던 통증은 죽음처럼 깊었다. 병원에 가서 모든 검사를 받았지만 아무 이상 없다는 결과가 나왔다.

그러고 보니 삼십 대 후반, 맨 처음 몸이 아팠을 때에도 똑같은 일이 있었다. 그때도 한 선배 여성과 점심 약속이 있었다. 식사 후 차를 마시는 동안 점차 몸이 무거워지더니 금방 그 자리에 쓰러질 것처럼 몸이 아파 왔다. 그것은 이상한 느낌이었다. 거대한 쇳덩어리가 온몸을 누르는 듯한데, 쇳덩어리에 구멍이 하나도 없어 숨조차 잘 쉬어지지 않았다. 오후 볼일을 취소하고 집으로 돌아와 앓아누웠다가 닷새 만에 일어났다. 그때도 병원에서 아무 이상이 없다는 진단을 받았다. 그로부터 6개월쯤 후 그 선배 여성이 암 진단을 받았다는 소식을 전해 들었다.

훈습의 막바지, 투사적 동일시로 거듭 병증을 옮겨 오면서야 처음으로 그것이 영적 건강의 영역에 해당되는 일이 아닐까 생각해 보았다. 인간 건강을 신체적, 정신적, 영적 건강 세 차원으로 다루어야 한다는 말을 들었을 때도 영적 건강의 실체를 몸으로 감지할 수 있었던 것은 아니었다. 하지만 몸과 마음의 건강이 충분히 회복된 상태에서도 거듭 증상에 감염된 듯 앓으면서야 비로소 그것이 투사적 동일시 문제만은 아니구나 싶었다.

영적 건강의 관점을 가지고 주변을 둘러보자 그런 경험을 하는 이들이 보이기 시작했다. 침을 놓아 아픈 사람을 치료하면 본인이 그 증상을 고스란히 앓는다는 침술사를 알고 있다. 옆에 있는 사람의 복통이나 관절 통증을 당사자보다 생생하게 경험하는 중년의 만신도 알고 있다. 동년배 여성 중에도 병증의 공간 이동에 대해 말한 이가 있었다. 그는 특정한 친구와 전화 통화를 하고 나면 늘 머리가 아프곤 했다. 그래서 한 번은 미안한 마음을 곁들여 친구에게 말해 보았다.

"이상해, 너랑 통화하고 나면 늘 머리가 아파."

그랬더니 친구의 명쾌한 대답이 돌아왔다.

"알고 있었어. 내가 머리 아플 때마다 너한테 전화했고, 너랑 통화하고 나면 두통이 사라지곤 했어."

그 여성의 말을 듣고 난 후에야 내게도 그런 경험이 있었음을 떠올릴 수 있었다. 어떤 사람과 통화하고 난 후 갑자기 두통이나 어깨 통증이 시작되던 일이 있었다. 그것은 명료하게 몸에서 느껴지는 물리적 힘이었다.

아치발트 하트의 《남성 우울증》에는 전화 통화 후에도 '아드레날린 후 우울증'이 발생한다고 씌어 있었다. 사실 앞에서 저 책에 언급된 '목사들의 월요병'에 대해 말할 때 짜증, 무력감, 공격성, 비관적 사고 등 심리적 증상만 말했다. 하지만 그 책에는 '아드레날린 후 우울증'이라는 명명 하에 신체적 증상들이 더 많이 소개되어 있다. 빈번한 긴장성 두통, 심장박동이 빠르거나 부정기적임, 가슴이 타는 듯한 위통, 이를 갈거나 턱의 통증, 피로감과 에너지 고갈, 관절 쑤심과 근육 통증 등등.

프로이트는 '욕동 길들이기'를 제안했지만 그 과정과 방법에 대해서 답하기는 쉽지 않다고 말했다. 어느 정도 치유된 듯하다가도 다시 욕동이 폭발하는 내담자에 대해 그는《끝이 있는 분석과 끝이 없는 분석》에서 이렇게 기록하고 있다.

"단지 우리는 다음과 같이 말할 수 있다. '결국 마녀의 도움을 요청해야 한다.' 그것은 마녀 메타 심리학(Hexa Metapsychologie)을 말한다. 메타 심리학적으로 생각하고 이론화하지 않으면 여기서 한 발짝도 나갈 수 없다. 그러나 불행하게도 여기서도 마녀의 정보는 분명하지도 명확하지도 않다." 알코올 중독자 치료 12단계 프로그램은 무신론자인 프로이트가 "결국 마녀의 도움을 요청해야 한다."고 말한 지점에서 하나님의 도움을 요청한다. 12단계 프로그램 중 2, 3단계 지침은 다음과 같다.

2. 우리는 우리 자신보다 위대하신 힘이 우리를 건전한 본정신으로 돌아오게 해 줄 수 있다는 것을 믿게 되었다.

3. 우리가 이해하게 된 그 하나님의 보살피심에 우리의 의지와 생명을 완전히 맡기기로 결정했다.

친구 자인이가 "알코올이나 마약 중독자 같은 사람들은 주님 힘이 아니면 치료될 수 없어."라고 말한 바로 그 지점이다. 12단계 프로그램은 이 단계에서 중독을 다루는 유일한 방법은 인간의 한계를 분명하게 수용하고, 더 큰 힘에 순복하는 일이라고 제안한다. 기독교 문화에서 순복이라 지칭하는 상태를 불교 용어로는 조복 또는 항복이라 일컫는다.

순복, 혹은 조복은 영적 건강을 지키는 첫 번째 방법으로 보인다. 그리고 보면 마태복음과 요한복음에서 예수님이 인간을 위해 가장 많이 하신 일은 병자를 낫게 하는 것이었다. 그것이 은유나 상징이 아닐 거라는 데 비로소 생각이 미쳤다. 불경 곳곳에도 불보살님을 지극히 믿거나 명호만 염해도 모든 병고액난으로부터 보호를 받는다고 기록되어 있다. 실제로 염불이나 기도로 병을 고친 사례도 많이 만난다. 성경에서는 건강의 반대 개념으로 마귀, 사탄 등의 용어를, 불경에서는 마장, 마구니 등의 용어를 사용한다. 내가 느끼기에 저것은 7독, 7악의 다른 이름이며, 프로이트가 해결하지 못한 '욕동'과 관련 있는 듯하다. 그제야 '목사들의 월요병'이 성경 구절임을 알아차렸다.

"그는 몸소 우리의 병약함을 떠맡으시고, 우리의 질병을 짊어지셨다."

유마 거사의 말씀도 새롭게 이해되었다.

"중생이 다 아프기 때문에 내가 아프다."

오래도록 저 문장은 불교적 자비를 표현하는 비유라고 생각했다. 알고 보니 유마 거사의 병도 투사적 동일시로 인한 병증의 전염이거나 '아드레날린 후 우울증'이구나 싶었다.

훈습의 전 과정에서 가장 넘기 어려웠던 마지막 고비는 투사적 동일시로 병증을 옮겨 오는 문제를 해결하는 일이었다. 그것은 영적 건강의 개념을 수용하고 영적 건강법을 사용해야 하는 문제임에 틀림없었다. 다시 종교를 받아들인 후 나는 영적 건강을 지키는 첫 번째 방법, '믿음'을 수용했다.

영적 건강의 개념을 이해하니 영적 건강을 다루는 법이 이미 종교 전통 속에 담겨 있음을 알게 되었다. 다시 종교를 수용한 후 《오대산 노스님의 인과 이야기》라는 책을 만난 것은 행운이었다. 그 책에는 중국 오대산에서 수행한 묘법 스님의 중생 교화 기록이 담겨 있었다. 묘법 스님은 문화혁명 때 공산당 정권의 불교 파괴 정책을 피해 오대산 깊숙이 들어간 후 그곳에서 30년간 폐관 수행을 하셨다.

중국이 개혁 개방된 후 세상에 나와 중생을 교화하셨는데, 생생한 인과 법문과 업장 소멸 방법을 일러 줌으로써 중생들을 편안케 하셨다. 묘법 스님을 모시던 과경이라는 거사가 스님의 교화 방법을 더 많은 사람들과 나누고 싶어 책으로 출판했고, 번역자도 그 책을 혼자 읽기 아까워 한국어 출판을 결심했다고 밝히고 있다. 책에 이런 구절이 있었다.

"많은 환자들은 살생, 육식으로 말미암아 질병을 불러들입니다.

가령 잡아먹은 고기가 돼지, 소, 양, 닭, 오리, 물고기 등일 경우 이들의 '신식(神識)'이 의탁할 곳이 없어졌기 때문에 복수하기 위하여 자기를 잡아먹은 몸에 붙는 것인데, 이 사람이 먹는 고기가 많아짐에 따라 그의 몸에 붙는 동물의 신식도 더욱 많아져서 어떤 부위에 병의 둥지가 형성되며, 심해지면 통증을 느끼면서 병이 발생되는 것입니다."

각 개인이 겪는 불편함이 무엇이든 간에 스님은 우선 "육식을 철저히 금하라."고 이르셨다. 그 책에서 '신식'이라는 용어를 접하면서 영적 건강의 의미가 세밀하게 짐작되었다. 2주간의 인도 여행에서 경험했던 채식이 무슨 의미였는지도 알아차렸다. 기억을 돌이켜 보니 병을 옮겨 올 때마다 외식에서 고기를 먹었다는 사실이 확연히 드러났다. 곱창전골에서 갈비찜, 생선회에서 매운탕까지 육식 아닌 것이 없었다.

그러고 보면 모든 종교에 식습관과 관련된 특별한 전통이 있었다. 불교나 힌두교 수행자들은 전적으로 채식을 하고, 요가 수행에는 길거나 짧은 단식 수행법이 있었다. "나의 기뻐하는 금식은 포박의 사슬을 끊으며"는 성경 구절이고, "병은 입으로 들어온다."는 오대산 노스님의 게송 구절이다. 이슬람교도 라마단 기간을 정해 음식에 대해 특별한 관습을 지키고 있다.

《오대산 노스님의 인과 이야기》를 읽은 후 곧바로 채식을 실천했다. 그 후로는 병증을 옮겨 와 심하게 앓는 일이 서서히 사라져 갔다. 채식을 한 후부터 만나는 사람들에게서 낯빛이 맑아졌다는 인사를 듣기 시작했고, 표준 체중으로 되돌아갔다. 채식은 영적 건강을 지키는 두 번째 방법이었다. 윌프레드 비온의 투사적 동일시에 대한 명제 "생각은 생각하는 사람이 없는 곳에 존재한다."는 말은 동시에 '병증은 아픈 사람이 없는 곳에 존재한다.'라는 정의로 바꾸어도 무방할 것 같았다.

실존주의 심리학자들이 궁극적으로 지향하는 지점은 영적 건강 영역이다.

"영적 건강은 인간 본질의 한 부분이다. 이것은 인간 본성을 규정하는 특성 가운데 하나다. 이것이 없는 인간 본성은 충분히 인간다울 수 없다."

실존주의 심리학자 아브라함 매슬로의 말이다. 빅터 프랭클은 자신의 심리학을 '로고테라피'라고 명명한다. 로고스와 테라피의 합성어로 신에 의한 치료, 혹은 영적 치유 정도의 의미가 될 것이다. 실존주의 심리학자들은 인간의 실존이 더 높은 곳을 지향할 때 그 의미를 확보한다고 주장한다. "중년기 이후에는 삶의 목표를 조정해야 하며, 그것은 보다 형이상학적인 것이 되어야 한다."는 실존주의 심리학자들의 주장이 무슨 의미인지 그제야 제대로 이해할 수 있었다.

그러나 학자에 따라 영적 건강을 대하는 방법에는 차이가 있다. 선악의 개념이 분명하고 이성적 사고를 신봉하는 학자는 근본적으로 제거할 수 없는 욕동과 만날 때 그것을 악으로 규정한다. 스콧 펙은 1970년대 후반 심리학 서적 《끝나지 않은 길》을 대중적 베스트셀러로 만든 학자이다. 그가 1983년에 출간한 《거짓의 사람들》은 축사 의식으로 악을 퇴치하고자 시도한 치료법을 담고 있다. 그 책을 낸 후 그는 완전히 종교 쪽으로 돌아섰다.

칼 융은 외할아버지와 아버지, 삼촌들이 목사인 집안에서 태어나 성장기 내내 축사 의식을 보고 자랐다. 그는 영적 건강의 본질을 알고 있었지만 그것을 과학적 사유를 거쳐 이성의 언어로 표현하고자 애썼다. 그는 인간이 지닌 원형으로서의 종교적 성향을 이해하고, 그것을 자기실현을 이루는 도구로 제안했다. 그의 자아실현 개념에는 인간 내부에 있는 종교적 성향이나 본질이 완전히 발아되고 통합되는 이미지가 포함된다.

스콧 펙의 방식이 해리나 축출이라면 융의 방식은 통합과 수용에 가까울 것이다. 무의식 깊이 외면해 둔 7악 7독을 의식 속으로 통합해 내면 외부에서 무엇이 오더라도 그것을 외부에 세워 둘 수 있을 것이다. 독서 모임의 두 번째 팀에게는 6개월쯤 지나면서부터 욕동과 영적 건강의 개념에 대해 설명해 주었다. 책 읽고 경험을 나누는 작업과 별도로 저마다의 종교 활동을 하면 좋겠다고 제안했다. 그래서인지 두 번째 팀은 첫 팀보다 진도가 빠르고 저항 앞에서 떠난 사람도 한 사람밖에 없다.

내가 바뀌면 세상이 변한다
정신분석과 ● 인격 변화

어렸을 때, 마음이 어디 있는지 궁금했던 적이 있다. 마음이 가슴이나 머리에 있는가 싶었지만 그곳에는 심장이나 뇌가 있을 뿐이었다. 문학작품을 습작하던 대학 시절에는 창의성이 어디서 오는지 궁금했다. 습작할 때는 보통의 의식보다 더 깊은 마음이 되는 것 같지만 거기에 어떤 작용이 있는지는 알 수 없었다.

훈습 기간에 이해한 마음은 빈 거울이거나 생각하는 사람 없이 존재하는 것이었다. 역전이를 일으키거나 투사적 동일시하는 객관적 증상일 뿐 실체가 없었다.

《원각경》 '보안보살장'에는 다음과 같은 구절이 있었다.

"사대(地水火風, 인체를 이루는 요소)와 육근(眼耳鼻舌身意, 감각을 수용하는 여섯 기관)이 안팎으로 합하여 이루어졌는데, 허망되어 인연 기운이 그 안에 쌓이고 모여 인연상이 있는 듯한 것을 마음이라 하느니라. 이 허망한 마음이 만약 육진이 없으면 있을 수 없는 것이고, 사대가 흩어지면 육진도 얻지 못할 것이니라. 이 가운데 인연과 티끌이 뿔뿔이 흩어져 없어지면 마침내 인연의 마음도 볼 수 없으리라."

그 인연상을 불교에서는 '아뢰야식'이라 하고, 지혜나 창의성이 그곳에서 나온다고 한다. 어렸을 때 마음이 어디에 있는지 의문을 품은 지 거의 30년 만에 답을 만난 것 같았다. 종교 전통 속에 인류의 지혜가 있다는 말은 그럴 때 참인 듯했다.

처음부터 모든 종교의 경전을 두루 읽은 탓인지 내게는 종교에 관한 분별이 없다. 그런 성향에 대해 가끔은 브레이크가 걸린 듯 스스로를 점검하게 된다. 줏대가 없거나, 박쥐 같은 태도거나, 얄미운 실용주의자 태도가 아닐까 싶기도 하다. 하지만 나는 기본적으로 종교란 언어와 상징이 다를 뿐 그 본질은 똑같다고 생각한다.

소크라테스, 공자, 노자, 예수, 마호메트, 석가모니는 비슷한 시기에 세상에 오셨다. 2천 년 내지 2천 5백 년 전 인류가 야만의 광포함으로 인해 자멸의 길로 치달을 때 세상에 오셔서 인류를 지속 가능하게 하는 가치들을 가르치셨다. 모든 종교의 본질은 인류를 지속시키는 데 있다고 믿고 있다.

종교의 여러 요소 중 첫 번째로 동일한 것은 삼위일체, 혹은 삼신불이라고 일컫는 체상용(體相用) 시스템이라고 생각한다. 길, 진리, 생명의 본체로서의 하나님이나 법신불이 계시고, 그분의 형상으로서 세상에 나오신 성인과 화신불이 계시며, 진리가 작용하는 방식으로서의 성령, 보신불이 계시다. 유교에는 체용 요소만 있고 상은 없지만, 그 영역을 조상 상징으로 대체하고 있다고 생각된다.

그래서인지 여행을 다니면 종교의 상호 영향 관계가 주로 눈에 들어온다. 기도 방식이 비슷하고, 향과 촛불을 사용하는 요소가 비슷하고, 황금빛 칠이 비슷하고, 보석 장식이 비슷했다. 애뮬릿(amulet)의 사용도 비슷했다. 불교의 염주, 가톨릭의 묵주, 이슬람의 프레이어스 비즈가 비슷했다. 이집트의 4천 년 전 석상들조차 하나같이 손에 애뮬릿을 쥐고 있었다. 불교 국가 티베트의 젬스톤과 이슬람 국가 터키의 데블 아이는 색깔만 다를 뿐 똑같은 문양이었다. 애뮬릿에 소원을 성취하고 두려움을 물리치는 기능을 부여하는 것이 비슷했고, 그것을 자동차 룸미러에 걸어 두는 풍습도 비슷했다.

종교를 인정하지 않는 중국 자동차 룸미러에는 빨간색 실로 뜬 매듭 공예품이 걸려 있었다. 운전자의 취향에 따라 매듭 공예에는 다양한 물체들이 매달려 있었는데 처음 중국에 갔던 2001년에는 마오쩌둥의 얼굴이 많았다. 나무판에 찍힌 얼굴도 있었고 타원형 청동 판에 부조로 새겨진 얼굴도 있었다. 2003년에 다시 중국에 갔을 때는 마오쩌둥의 사진이 보이지 않았다. 대신 7복신(七福神)이 새겨진 나무판, 여러 가지 모양의 종, 두툼한 종이에 쓰인 평안부(平安符), 다양한 형태의 불상 등이 있었다. 그중 빨간색 나무판에 검은 글씨로 세로로 쓰인 '만사순심(萬事順心)'이라는 구절이 인상적이었다.

타히티 자동차들에는 조개껍질을 엮어 만든 장식품이 걸려 있었다. 심플하게 하나만 걸린 것, 여러 개가 주렁주렁 걸린 것, 짧은 것, 긴 것, 흰색, 노란색 혹은 자주색 등등. 조개를 다양한 형태로 염색하고 세공한 그것 역시 단순한 장식품이 아니라 특별한 애니미즘의 의미를 담고 있지 않을까 생각하곤 했다.

종교의 공통점 가운데 가장 중요한 대목은 권계와 금계가 비슷하다는 점일 것이다. 기독교는 믿음, 소망, 사랑이 제일이라고 하고, 불교는 지혜, 자비, 발원을 제일이라고 한다. 맹자의 4단론은 인의예지이고, 공자의 다섯 덕성은 온화, 선량, 공순, 겸양, 근검이다. 《시경》의 첫 장에는 "선을 쌓은 집안에는 넉넉한 경사가 있다."고 하고, 《주역》의 마지막 괘는 "오직 겸손의 괘만이 좋은 결과들을 가진다."고 한다.

권계는 자기를 실현하고 성장시키는 데 도움이 되고, 금계는 자기를 보호하고 지키는 데 유익한 듯하다. 불교에서는 "계율은 핵우산처럼 그 사람을 지켜 준다."고 말한다. 성경에도 "네가 생명에 들어가기를 원하면 계명들을 지켜라."고 기록되어 있다. 저 말씀들은 내가 이해한, 영적 건강을 지키는 세 번째 방법이었다.

알코올 중독 치료 12단계 프로그램의 4단계부터 7단계까지의 강령은 금계와 권계를 기반으로 하는 내용이다.

4. 우리는 두려움 없이 우리의 도덕적 생활을 철저하게 검토했다.

5. 우리가 잘못했던 점을 하나님과 나 자신 그리고 다른 사람에게 솔직하고 정확하게 시인했다.

6. 우리의 이러한 성격상의 모든 결함을 하나님께서 제거해 주시도록 준비를 철저히 했다.

7. 우리는 겸손한 마음으로 하나님께서 우리의 약점들을 없애 주시기를 간청했다.

이 단계는 수치심에서 죄책감으로 옮겨 가는 단계라고 한다. 수치심을 투사하여 타인을 비난하기보다는 잘못이 내게 있다고 관점을 바꾸는 단계일 것이다.
이 지점에서 정신분석과 심리 치료에 대한 오래된 질문이 나올 수 있을 것이다. 정신분석이 인격이나 성품을 변화시킬 수 있는가? 심리 상담은 일시적 증상 완화에 효과가 있고, 정신분석은 심리 구조를 재편성하여 인격의 변화를 시도한다. 하지만 아무리 정신분석을 해 봐야 인격의 변화는커녕 욕동 통제도 어렵다고 말한다.

정신분석학자 크리스토퍼 볼라스는 이 지점에서 '변형적 대상관계'라는 용어를 제안한다. 어떤 대상과의 관계 경험에서 정신에 변형이 일어나는 현상에 주목한다. 생애 초기 어머니에 대한 변형적 유대 관계는 너무나 강하여 개인은 삶 전체를 통해 변형적 대상관계를 갈망하게 된다. 볼라스는 '심미'라고 부르는 황홀경의 순간에도 새로운 변형적 대상을 향한 통합, 촉진이 일어나며, 그 대상은 예술이나 과학뿐 아니라 성스러운 것도 포함된다고 제안한다.

제임스 존스는 볼라스의 연구를 원용하여 "개인이 종교적 환경에서 성스러운 것을 향해 변형적 대상관계를 가질 때 성품의 변화가 일어난다."고 말한다. 하나님 앞에 엎드려 기도할 때, 성경을 읽을 때 거룩한 대상을 향한 변형이 일어난다고 한다. 실제로 유대교에서는 결혼한 남성이 1년간 사회생활을 접고 탈무드를 공부하도록 하는 전통이 있는데, 그렇게 하면 성품의 변화가 일어난다고 믿는다.

불교에서는 수행을 하는데도 성품에 변화가 일어나지 않으면 수행 방법이 잘못되지 않았는지 점검해 보아야 한다고 이른다. 경전을 읽든 염불을 하든 한 가지 수행을 꾸준히 하면 업장이 소멸되어 본래 가지고 있는 지혜와 덕성이 드러난다고 한다. 성경에서 말하는, "육체의 가시가 떠나고 능력이 온전하게 되는" 상태와 같을 것이다. 특히 《금강경》은 그것을 수지독송(受持讀誦)하는 것만으로도 능히 번뇌 망상을 끊어 주고 지혜를 밝혀 주는 경전이라고 한다.

로고테라피를 제안한 빅터 프랭클은 제2차 세계대전 때 아우슈비츠 수용소에 수감되었다가 살아난 유대인 심리학자이다. 그는 수용소에서 절망감과 자기 파괴적인 감정에 지배당하다가 하나의 문장 때문에 삶 쪽으로 돌아섰다고 고백한다. 어느 날 귓가에 들린 마태복음 구절이었다.

"네 마음을 다하고, 네 목숨을 다하고, 네 뜻을 다하여 주 너의 하나님을 사랑하여라."

그 순간 삶의 의지를 다잡았고, 언젠가는 그 경험을 인류에게 유익하게 쓰리라는 소명을 품은 채 죽음 같은 시간을 이겨 냈다. 그의 정신분석 책에서 저 대목을 처음 읽었을 때 나는 그 의미를 온전히 이해할 수 없었다. 하나님을 사랑하는 것과 생의 의지 사이에 어떤 비밀 작용이 있는지 짐작되지 않았다. 하나님을 사랑하기 위해서 살아야 한다는 건지, 하나님을 사랑하라는 말이 곧 일체 생명을 소중히 여기라는 뜻인지, 하나님을 사랑하는 일로써 모든 수난을 이겨 낼 힘을 얻었다는 것인지 분명치가 않았다.

멍청한 의문을 품은 채 기독교인 친구나 선후배를 만나면 질문을 내밀곤 했다. 그 구절에 내포된 진짜 의미가 무엇인가요? 삶의 의지와 주님 사랑은 어떤 관계가 있나요? 기독교인 친구도, 문학을 연구하는 선배도, 목회 일을 하시는 선생님도 나름대로 어떠한 답을 주셨다. 하지만 그것이 마음에 흡족하지 않았다. 내가 원하는 대답은 다른 것 같은데 그것이 무엇인지는 모른 채 답답함 속에서 시간이 지나갔다.

몇 년 전, 이어령 선생님의 《지성에서 영성으로》라는 책을 만나게 되었다. 십 대 후반, 그분의 《흙 속에 저 바람 속에》를 읽으며 세상과 사물을 이렇게 볼 수도 있구나 하는 놀라운 심정을 품은 이후 그 성함을 잊은 적이 없었다. 지성의 칼날을 휘두르시던 분이 출간한 영성에 관한 책이라니, 기대감으로 펼쳐 보았다. 영성을 수용하시는 과정에서 거듭 이성과 논리로 검증하는 대목도 인상적이었지만 책 뒷부분에 실린 따님의 신앙 고백이 마음을 울렸다. 그곳에 다음과 같은 대목이 있었다.

"저는 몸이 안 좋아서 호텔 방에서 성경 구절을 읽고 있는데 (……) 마태복음 말씀에서 '네 마음을 다하고 목숨을 다하고 뜻을 다하여 주 너의 하나님을 사랑하라 하셨으니 …… 네 이웃을 네 자신같이 사랑하라 하셨으니'이었습니다. 그 말씀이 전기처럼 살아나서 마치 하나님이 제 앞에서 음성으로 말씀하시는 것처럼 들렸어요. 침대에서 그 구절을 읽다가 떨어져서 바닥에 엎드려 울기 시작했습니다. 방에 마치 하나님이 걸어 들어오신 것과 같은, 전류처럼 강한 그런 임하심이 있었습니다."

저 대목을 읽으면서야 나는 비로소 오래 품었던 의문의 답을 얻는 듯했다. 하나님을 사랑하는 것과 삶을 포기하지 않는 것 사이에는 이성의 언어나 논리적 검증으로 설명할 수 없는 관계가 있었음을 알아차렸다. 그동안 들었던 어떤 답도 흡족하지 않았던 이유가 이해되었다. 그것은 언어나 논리로 설명할 수 있는 게 아니라 몸, 감성, 정신, 영적 영역을 총동원하여 스스로 체험해야 하는 영역의 일이었다.

빅터 프랭클도 내면으로부터 그 문장이 울려 나왔을 때 마치 그 말씀이 전기처럼 살아나는 듯한 경험이 있었을 것이다. 다만 그는 학자로서 그 이야기까지는 기록하지 않은 듯했다. "이전 것은 지나갔으니 보라 새것이 되었도다."라는 성경 말씀이 이르는 지점을 지났을 것 같았다.

이어령 선생님의 따님은 저 체험 이후 "제가 정말 마음을 다해서 예수님을 사랑하는 사람이 아니며, 내 이웃을 내 몸처럼 사랑하지 못하는 이기적인 사람이라는 것을 그때 깨닫게 해 주셔서 제게 회개의 영이 임하여 많이 울었습니다. (……) 그날 제가 하나님을 정말 강하게 만난 것이, 그것이 바로 부흥, 영혼의 부흥인 것 같아요."라고 기록하고 있다.

나는 저 대목을 읽으면서 비로소 《화엄경》 '약찬게'에 나오는 '초발심시변정각(初發心時邊正覺)'이라는 불교 용어를 제대로 이해할 수 있었다. 첫 발심을 일으키는 순간 가장 바른 깨달음을 이룬다는 저 말뜻이 늘 의아했다. 어떻게 발심하는 순간 과거, 현재,

미래 부처님의 공덕과 지혜를 모두 알 수 있을까? 하지만 빅터 프랭클이나 이어령 선생님 따님 경험을 보면, 저 상태가 이미 정각의 지점과 다를 바 없어 보인다.

초발심이란 단순히 종교를 수용하겠다고 마음먹는 단계가 아니라, 회개나 개심의 순간을 의미하는 듯했다. 불교 용어로는 보살심을 내는 순간을 의미할 것이다. "내 경험을 인류에게 유익하게 사용하고", "내 이웃을 내 몸처럼 사랑하는" 마음을 내는 상태일 것이다. 그런 순간이면 성스러운 외부의 힘이 작용할 수도 있을 것 같다. 기독교에서 말하는 "성령이 임한다"거나 불교에서 말하는 "가피를 입는다"는 말이 실제적으로 작용하는 상태로 보인다. 곧 성품에 변화가 일어나는 거룩한 순간일 것이다.

불교 수행에는 돈오점수, 돈오돈수 등 수행 방법에 대한 여러 의견이 있는 것으로 알고 있다. 계율을 지키고 경전을 읽으면서 수행하는 단계가 '점수'라면, 불보살의 가피를 입어 일시에 일어나는 변화는 '돈수'가 아닐까 생각해 본다. 물론 개인적인 생각일 뿐이다.

이 지점에서, 영적 건강을 지키는 네 번째 방법은 회개, 혹은 참회가 아닐까 생각한다. 종교에 따라 원죄를 회개하거나 세세생생 지은 업장을 참회하는 장치가 마련되어 있는 이유도 그것일 것이다. 회개나 참회 이후에야 '영혼의 부흥'이나 '보리심을 내는' 상태로 성품의 변화가 이어지지 않을까 싶다.

제럴드 메이는 신학과 심리학을 연구한 학자로 특히 영성을 연구한다. 그의 저서 《영혼의 어두운 밤》은 살아가는 동안 누구나 한 번쯤 경험한다는 '영혼의 어두운 밤'에 대해 연구한 책이다. 왜, 어디서 오는지 알 수 없는 고난으로 인해 삶이 암흑으로 변하는 시기에 대해 그는 다음과 같이 말하고 있다.

"영혼의 어두운 밤을 경험할 때마다 우리는 선물을 받게 됩니다. 우리는 전보다 더 자유롭고, 쓸모 있고, 동정적이며, 감사할 줄 아는 사람이 됩니다. 모른다는 것, 통제할 수 없다는 것과 마찬가지로 자유와 감사는 어두운 밤이 주는 특성입니다. (……) 어두운 밤은 정말로 좋은 것입니다. 그것은 우리를 집착과 충동으로부터 해방시켜 주고 우리가 좀 더 자유롭게 살아가고 사랑할 수 있는 힘을 주는 지속적인 영성 과정입니다."

그 모든 선물이 우리에게 전해지는 방식은 '우리의 지식과 이해를 넘어선 방법으로, 신비스럽게, 비밀스럽게' 이루어진다고 한다. 저 말은 성령이 임하는 방식에 대한 설명으로 들린다.

그렇다면 이런 질문이 남는다. 인간의 성장과 성품의 변화는 정신분석적 치료 없이 종교적 수행만으로도 충분하지 않은가? 그것에 대한 답은 저스틴 프랭크의 《부시의 정신분석》에 잘 나타나 있다. 주님의 힘에 의지하여 술을 끊었다는 부시의 고백을 인용한 후 저자는 이렇게 설명한다.

"(부시는) 알코올 중독에서 중독을 치료하지 않은 채 알코올만 제거함으로써, 술을 끊기 전에 지녔던 인생에 대한 건강하지 못한 접근 방식에서 특징적으로 드러나는 이기적인(결국 자기 파괴적인) 태도와 행위들에 많이 의존하게 된다."

그런 사람을 '술 마시지 않는 알코올 중독자'라 부른다고 한다.

심리학자 존 브래드쇼는 《가족》에서 자기가 알코올을 끊었지만 중독 성향을 제거하지 못해 술 대신 다른 중독 대상을 거듭 추구했다는 사실을 나중에 알아차렸다고 고백하고 있다. 정신분석적 심리 치료는 강박 충동을 알아차리고 불안을 관리할 수 있는 역량을 키우도록 도움을 준다.

종교적 신념이 병리적 증상인가 건강의 표지인가를 나누는 기준도 이 지점에 있다. 유아적 의존 욕구나 강박 특성이 점검되지 않은 상태에서 종교를 받아들일 때 그것은 병적 의존 대상이 되기 쉽다. 그때 종교는 불안을 덮어 두는 가리개나 내적 고통으로부터 회피하여 숨는 곳이 된다.

순전히 개인적 경험에 의해 이야기하면, 정신분석을 받기 전의 종교는 의존 대상이었다. 나는 엄마 무릎에 앉는 아기처럼 법당에 가만히 앉아 있는 것을 좋아했다. 훈습 마지막 단계에서 다시 수용한 종교는 인류의 지혜가 숨겨져 있는 보물 창고였다. 그곳에는 내가 그토록 궁금해했던 인간과 삶에 대한 해답들, 해법들이 가득했다.

보시는 지혜다, 회향은 장양이다
정신분석과 ● 실존 문제

앞서 이집트 여행을 이야기하면서 부정적 경험을 많이 언급했지만, 사실 여행을 하다 보면 친절을 더 많이 만난다. 여행지의 상인이나 유적지 관리인들은 대체로 친절하다. 그것이 그들의 생존에 유익하기 때문일 것이다. 하지만 이유 없는 친절, 순수한 이타심에서 비롯되는 친절도 많이 만난다.

이집트에서는 중국인 여행객들의 도움을 많이 받았다. 카이로 기차역 찻집에 들어가 한 바퀴 돌아보고 자리가 없어 그냥 나오려는데, 저쪽에서 한 여성이 일어나 크게 손을 흔들었다. 다가가니 자기 앞 의자를 가리키며 괜찮으면 합석하자고 했다. 그녀는 독일에서 유학 중인 중국인 학생이었다. 친구들과 여행을 시작했는데 친구들은 모두 유럽의 자기 집으로 돌아가고 혼자 남아 베를린으로 돌아가는 중이라고 했다.

룩소르에서는 중국 텔레콤 회사에 근무하는 젊은이들의 도움을 받았다. 그들은 이집트 전역을 출장 다니며 자사 휴대 전화 성능을 시험 중이었다. 아스완에 가기 위해 기차역 플랫폼에 앉아 있을 때 그들이 말을 걸어왔다. 아스완에 숙소는 예약했는지 물었고, 자기네는 호텔 차량이 픽업하러 오기로 했으니 괜찮으면 함께 가자고 제안했다. 그들 덕분에 나는 더위 속에서 숙소를 찾는 고생을 덜었고, 아스완과 아부심벨 여행 일정을 편안하게 진행할 수 있었다.

카이로 고고학 박물관을 방문했을 때는 가방 보관소 직원의 친절을 만났다. 터키나 이집트 사람들은 탈수를 예방하기 위해서인지 수시로 따뜻한 차를 마시곤 했다. 박물관이나 유적지를 방문할 때면 근무자들이 차를 마시거나 누군가 쟁반에 차를 담아 와 직원들에게 나누어 주는 광경을 목격하곤 했다. 가방 보관소 수납 테이블에도 직원에게 전해진 차가 놓여 있었다. 차에는 허브 잎이 들어 있었는데 가공을 거치지 않은, 방금 정원에서 딴 듯 푸르고 싱싱한 상태 그대로였다. 나는 아무 생각 없이, 그저 허브 향이 궁금해서 찻잔 가까이 코를 대고 손으로 바람을 일으켜 향기를 맡아 보았다. 무슨 허브일까 기억 속을 뒤적이는데 머리 위로 목소리가 들려왔다.

"차가 마음에 들면 네가 마셔도 괜찮아."

통통한 몸매의 여성이 서글서글한 눈빛으로 웃고 있었다. 그제야 남의 차에 코를 대고 민망한 짓을 했다는 것을 알았다. 정원 벤치에 앉아 천천히 차를 마시는 동안 차 한 잔의 휴식보다 더 큰 마음이 전해지는 듯했다. 빈 찻잔과 함께 팁을 건네면서 '역할 반응'이라는 말을 떠올렸다.

역전이나 역할 반응을 염두에 두면 내면을 어떤 상태로 유지해야 하는지 분명해진다. 세상이 선하고 따뜻하며 좋은 친구들로 가득 차 있다고 믿는 쪽이 가끔 사기를 당하더라도 유익한 셈이 아닐까 싶다. 정신분석학 용어를 빌지 않더라도 이미 종교마다 인과법이나 황금률 같은 게 있었다.

성경에는 "너희는 무엇이든지, 남에게 대접을 받고자 하는 대로 남을 대접하여라. 이것이 율법과 예언서의 본뜻이다."라는 구절이 있다. 심지어 "그날에는 하나님이 오셔서 너희가 행한 대로 갚아 주시리라."는 말씀도 있다. 불교는 인과와 윤회를 기본 사상으로 한다. 무엇이든 내가 지어서 내가 받으며, 생조차 오직 마음이 만들어 낸 허상이라 한다. 생조차 내가 지은 것이라면,《화엄경》의 일체유심조(一切唯心造)에 세상과 우주조차 인간이 만들어 낸 것이라는 의미가 담겨 있다 한들 크게 이상하지 않을 것이다. 이 지점에서 정신분석적 심리 치료를 통해 성품을 변화시킬 수 있다고 해도, 그것만으로 실존의 문제에 답할 수 있는가 하는 질문이 뒤

따른다. 현대인들이 많은 물질을 소유하고, 자유와 향락을 넘치도록 추구해도 해결하지 못하는 근본적인 고통, '삶의 의미 없음'을 어떻게 넘어설 것인가? 삶의 의미를 찾기 위해 매달리던 대체 대상들을 버리고 나면 그 빈자리를 어떻게 해야 하는가?

알코올 치료 12단계 프로그램은 8단계부터 타인에게 시선을 돌리기 시작한다. 관계 맺는 상대를 객관적으로 인식하고, 성숙하게 관계 맺는 방법을 배워 나간다. 특히 잘못한 대상들에게 사과하고 배상한다.

8. 우리가 그동안 해를 끼쳤던 모든 사람들의 명단을 만들어서 기꺼이 배상할 용의를 갖게 되었다.

9. 어느 누구에게도 해가 되지 않는 한 할 수 있는 데까지 그 사람들에게 직접 배상했다.

10. 우리는 계속해서 자신을 반성하여 잘못이 있을 때마다 즉시 시인했다.

이 지점에서 처음으로 '배상'이라는 이타적 행위를 시도한다. 온정적인 사회 행동은 자기를 발견할 수 있는 한 가지 방법이라고 한다. 자기실현에 이르고자 한다면 다른 사람들을 사랑하고 돌보아야 하며, 자기실현이 진전됨에 따라 점점 더 타인에게 관심을 갖는 것을 가치 있게 여기게 된다고 덧붙여 설명하고 있다.

　사실 내가 읽은 고전들에는 가장 훌륭한 생존법이 '이타성'이라고 되어 있었다. 정공 법사의 《요범 사훈》에는 선행을 하고 공덕을 쌓아 운명을 바꾼 이야기가 소개되어 있다. 불교에는 "보시가 지혜다, 회향은 장양이다."라는 말이 있다. 지혜를 얻으려면 보시를 해야 하며, 회향은 지혜와 복덕을 더욱 풍성하게 만드는 방법이라고 한다. 성경 말씀도 마찬가지이다. "네가 '완전한 사람'이 되려고 하면 가서 네 소유를 팔아서 가난한 사람에게 주어라. (……) 그리고 와서 나를 따르라."

　이타적 행동이 가장 훌륭한 생존법으로 인간의 유전자에 새겨져 있다는 사실을 과학적으로 밝혀낸 사람이 리트 매들리다. 그는 진화생물학, 진화심리학, 사회학 등을 참고하여 '이타적인 유전자'라는 개념을 만들었다. 이타적 행위는 사회적 보험이 되며, 훌륭한 평판은 사회적 재산이므로 가장 유익한 생존법이라고 한다.

　진정한 이타 행위가 가능하려면 내면의 결핍과 욕구들이 철저히 점검되어야 한다. 결핍감이 있는 상태에서 행하는 이타 행위에는 보상을 기대하는 무의식이 깃들어 있기 때문에 행위 뒤에 좌절과 분노를 만나게 되기 십상이다. 심지어 타인의 선행에 대해서 의심하고 비난하게 된다. 불교에서 말하는 "머무르는 마음 없이 보시하라."는 가르침이나 성경의 "자선을 베풀 때 오른손이 하는 일을 왼손이 모르게 하라."는 그런 의미일 것이다.

"네 이웃을 네 몸같이 사랑하라."는 말이 전기처럼 몸을 관통하고 지나가면 그 다음에 할 일은 실천밖에 없을 것이다. 그 상태에 이르면 '왜 사는가?' 따위로 고통받지 않을 것이다. 사는 동안 해야 할 일이 무엇인지 분명해지고, 그 행위 속에서 실존적 충만함을 몸으로 느끼게 될 것이다. 보시 혹은 이타적 행위, 그것이 내가 이해한 영적 건강을 지키는 다섯 번째 방법이었다.

훈습 초기, 로마 여행에서 처음 걸시와 거지들을 만났을 때는 마음이 복잡해졌다. 자기 연민, 의존성, 미미한 경계심 등이 투사되었고, 국가 시스템과 인간 본질에 대한 이상한 실망감이 일었다. 그들을 대하는 몇 가지 규칙을 세우고 그것을 지키면서 복잡한 내면을 느끼기만 했다.

그 후로도 걸인들은 여행할 때마다 만나는 화두 같았다. 내가 만난 걸인 중 가장 상태가 나쁜 경우는 프랑스 니스에서 본 중년 사내였다. 그는 여름인데도 두터운 코트를 걸치고, 커다란 여행 가방 두 개를 양손으로 끌고 다니다가 대낮의 벤치에 누워 잠들었다. 그가 가장 나쁜 경우였다고 인식하는 것은 그곳이 세계적인 휴양 도시로 깨끗하게 관리되는 곳이고, 모든 사람들이 휴가의 행복감에 취한 표정을 짓고 있어서 상대적으로 그렇게 보였을 것이다.

티베트 여행 중에는 여행객을 실은 버스가 중국 공안의 검문을 받기 위해 정차한 일이 있었다. 그때 어디선가 여덟, 아홉 살쯤 되어 보이는 소년이 나타나 버스 바깥에서 묘기를 부리기 시작했다. 버스 안 사람들의 시선을 끌기 위해 큰 동작으로, 어릿광대 같은 표정으로 한동안 춤을 추더니 버스로 올라와 손을 내밀었다.

"돈 좋아, 돈이 좋아!"

그 한국말은 누가 가르쳐 주었을까 싶었다. 소년은 여러 나라 언어로 돈을 요구했고, 그의 손에는 최소 4개국 이상의 지폐들이 들려 있었다. 검문소 공안이 큰 장부에 여행객 여권 정보를 일일이 옮겨 적는 30여 분 동안 소년은 물구나무 서기, 브레이크 댄스, 골반 댄스 등을 번갈아 가며 추고, 국적 모를 언어로 노래하면서 서너 번쯤 버스로 올라와 손을 벌렸다.

티베트 여행을 시작할 때 들은 주의 사항 중에는 구걸하는 아이들에게 돈을 주지 말라는 내용이 있었다. 성지에서 만나는 수행자에게는 보시해도 좋지만 아이들에게 돈을 주는 것은 나쁜 삶의 방법을 가르치는 것이라고 했다. 그래서인지 일행 중에는 소년에게 돈을 주는 사람이 없었다. 사실 그것도 마음이 쓰였다. 이미 저런 생존법을 가졌다면 돈을 주는 게 더 낫지 않을까 싶기도 했다.

인도 여행에서도 똑같은 주의 사항을 들었다. 도시의 걸인에게는 적선을 해도 좋지만 시골에서 만나는 아이들이 손을 내밀면 절대로 돈을 주지 말라고 했다. 인도의 걸인은 '내가 당신에게 선행할 기회를 준다'는 이유로 당당한 표정을 지었다. 그들은 적선을

'박쉬시'라 불렀다.

 이슬람 문화권에서는 구걸이 금지되어 있는 것 같았다. 이집트나 터키에서는 빈손을 내미는 사람을 만난 적이 없었다. 대신 그들은 작은 친절을 베풀고 손을 내밀었다. 여행 가방을 10미터쯤 끌어다 주고 팁을 요구할 때는 당황했고, 일방적으로 다가와 횡단보도를 함께 건넌 후 손을 내밀 때는 황당했다. 그런 일이 세 번 반복된 후 그들에게는 구걸 대신 '바쿠시시'라는 용어가 있다는 것을 알게 되었다. 바쿠시시는 기부나 팁의 개념인데, 그들도 그것을 요구할 때 당당했다. 택시 기사, 찻집 종업원은 거스름돈을 돌려주지 않으면서 그것을 바쿠시시라 말했다.

 터키에서는 마호메트 2세의 묘를 관람하러 갔을 때 재미있는 경험이 있었다. 1리라짜리 입장권을 사기 위해 5리라짜리 지폐를 내밀며 티켓 한 장을 달라고 말했다. 그런데 당연히 티켓 한 장과 4리라의 거스름돈을 기대했는데 손바닥 위에 티켓 다섯 장이 놓였다. 이게 뭐냐고 물었더니 매표소 청년은 환하게 웃으며 "도네이션!"이라고 대답했다.

 이집트어 바쿠시시, 인도어 박쉬시는 불교 용어 보시와 어감이 흡사하다. 틀림없이 인도로부터 불교와 함께 들어온 보시라는 말의 어원은 박쉬시를 너머 바쿠시시까지 뿌리가 닿아 있을 것 같았다. 그 말들은 하필이면 바가지와도 어감이 비슷하여, 내가 여행지에서 만나는 모든 바가지를 그냥 쓰기로 결심한 이유가 되었다. 그런 행동을 하게 된 데는 몇 가지 다른 경험도 있었다.

첫 번째 경험은 박완서 선생님의 네팔 여행기《모독》을 읽은 일이다. 그 책에서 선생님은 네팔 수도 카트만두의 다멜 거리에서 쇼핑한 경험을 기록하면서 다음과 같은 상념을 덧붙이셨다.

"서로 얼마에 샀다 비교하다 보니 너무 깎게 된 것이 그리 잘한 일 같지는 않다. 국내에서 하찮게 쓰는 몇 백 원을 가지고 우리끼리 경쟁을 하는 것은 재미라 쳐도, 현지인에게 적절한 이익을 보장해 주고 마음도 덜 상하게 하는 것은 그들보다 몇 십 배의 국민소득을 가진 우리가 지킬 바 체통은 아닐는지."

두 번째 경험은 지인으로부터 들은 이야기 때문이었다. 동년배인 그 여성은 오스트레일리아에서 만난 현지인 연하남과 결혼했는데, 그들은 결혼 3년 만에 바다가 내려다보이는 아름다운 주택가에 단독주택을 샀다고 했다. 지인의 남편은 레스토랑 종업원이었다. 우리나라보다 집값이 싸겠지만, 얼마간 대출도 받았겠지만, 그럼에도 결혼 3년 만에 그림 같은 자기 집을 가졌다는 사실에는 궁금한 점이 많았다. 여러 가지 질문을 한 결과 다음과 같은 사실을 알게 되었다.

지인의 남편은 레스토랑 종업원으로 주급을 받는데 급여보다는 팁이 주요 수입원이라고 했다. 종업원들은 자기 몫으로 할당된 테이블을 몇 개씩 관리하며 단골손님을 확보하고 있고, 테이블에 놓이는 팁은 전적으로 종업원 몫이었다. 그 말을 듣는 동안 '아아' 하는 느낌과 함께 팁의 기능이 부의 사회적 재분배에 있구나 싶었다.

그 후 우리나라에서는 팁이 어떻게 분배되는지 물어보았다. 미용실이나 카지노에서는 팁을 받는 사람이 그것을 모두 소유하는 건 아니라고 했다. 팁을 받으면 모두 모은 다음 다시 나누는데 종업원 수만큼 동등하게 나누는 게 아니라 직위에 따라 차등이 있었다. 팀장이 제일 많이 갖고 아래로 갈수록 몫이 적어진다. 그 방식이야말로 부익부 빈익빈 시스템이구나 싶었다.

외국 여행을 할 때 여행 안내자들은 우리나라에는 없는 팁 문화에 대해 특별히 당부한다. 숙소 침대 머리에, 식당 식탁 위에 얼마간의 팁을 놓고 나와야 한다고 일러 준다. 숙소에는 1, 2달러 정도, 식당에는 식비의 10퍼센트 정도가 적절한 팁의 액수라고 알려 준다. 그런데 2년 전 미국 여행 때 현지 가이드는 미국 식당에서는 팁이 식비의 15 내지 18퍼센트라고 말했다. 그것도 재분배와 관계된 적극적 방식인 모양이구나 싶었다.

중국의 천태지의 선사라는 분은 불교를 수행 단계에 따라 네 종류로 나누었다고 한다. 인천교, 소승불교, 대승불교, 돈교가 그것이다. 인천교는 인간으로서 불보살에게 복을 구하는 단계이다. 소승불교는 자기 수행을 완성하여 스스로 복과 지혜를 만드는 단계이다. 대승불교는 수행을 통해 얻은 복과 지혜를 보살심을 가지고 타인에게 회향하는 단계이고, 돈교는 부처님이 되는 원각의 단계라 한다.

불교의 수행 단계는 개인의 심리적 성장 단계와 비슷해 보인다. 인천교는 유아기 생존법을 가지고 오직 부모에게 의존하여 생활하는 시기까지를 이를 것이다. 성인이 된 후 자율성을 가지고 자기실현을 이루어 나가는 지점은 소승불교의 단계와 합치되어 보인다. 왜 사는가를 묻고 그 문제를 해결하는 단계에서는 대승불교의 정신이 도입되어야 할 것이다.

참선 수행자들은 증득한 후에 세상으로 나오기가 어렵다고 한다. 증득한 상태는 너무나 평화롭고 충만하기 때문에 계속 그 상태에 머무르고 싶어 한다. 세상에 나와 중생을 구제하는 보살행을 할 때는 힘든 일이 많이 따른다. 그럼에도 그들은 중생을 구제하겠다는 원력을 세운 후 '아무리 힘들어도 물러서지 않으며' 대승의 길을 나아간다.

어렸을 때는 의문이 하나 있었다. 믿음, 소망, 사랑 중 소망이 그것이었다. 믿음과 사랑이 중요한 요소인 것은 알겠지만 소망이 왜 그토록 중요한 자리를 차지하는지 이해되지 않았다. 그때는 그 언어에 내포된 의미를 제대로 이해하지 못했다. 기독교의 소망이 불교의 원력, 보살심과 같이 순수한 이타심이라는 사실을 알아차렸을 때에야 비로소 오랜 의문이 풀렸다. 기독교가 공동체의 어려운 이웃을 위해 적극적으로 활동하는 그것이 바로 소망의 영역임을 알게 되었다. 불교에서는 탐진치 삼독을 해결하는 삼약으로 지혜, 자비, 원력을 꼽는다. 믿음, 소망, 사랑도 같은 기능을 하는 듯하다. 제럴드 메이의《영혼의 어두운 밤》에는 다음과 같은 구절이 있다.

"신비로운 말처럼 들리겠지만, 우리의 실존 한가운데에는 뭔가 멋진 것이 존재합니다. 그것은 다름 아닌 사랑입니다. 하나님을 향한 사랑, 타인을 향한 사랑, 피조물을 향한 사랑, 삶 자체를 향한 사랑이 그것입니다."

익명의 알코올 중독자 치료 모임은 자발적 상조 그룹이라고 알고 있다. 단주에 성공한 사람들이 모임을 이끌면서 새롭게 들어오는 알코올 중독자의 실천을 돕는다. 그렇게 꾸려 가는 AA 모임이 미국의 각 도시마다 활동하고 있다고 알고 있다. 그런 곳에서 일하는 이들도 삶의 의미 없음으로 인해 고통받지는 않을 것이다.

외국을 여행하던 초기에는 여성의 지위와 지엔피(GNP)가 비례한다고 느꼈다. 여성의 지위가 높은 나라는 경제적으로 풍족하고 환경도 평온했다. 여성들이 느끼는 자기 존중감이 자녀 세대에게 고스란히 물림된다는 사실을 염두에 두면 그것은 참일 것이다.

최근에는 한 나라의 도덕성이 지엔피와 비례하는 게 아닐까 싶어졌다. 사회적으로 안정되고 경제적으로 편안한 나라에서는 거리에서 만나는 이들의 낯빛이 천진하고 친절하다. 상인들도 정직하고 정해진 가격을 지킨다. 하지만 경제적으로 어렵고 정치적으로 불안한 나라에 가면 더 많은 속임, 소매치기, 바가지요금을 만난다.

나는 가끔, 그 일에 내밀한 인과 법칙이 있는 게 아닌가 싶어진다. 가난하기 때문에 도둑질하는 게 아니라 사기를 치기 때문에 궁핍하게 사는 게 아닐까. 부유한 나라 사람들이 도덕적인 게 아니라, 먼저 도덕성을 갖추어야 사회경제적 안정을 이룰 수 있는 게 아닐까. 알면 알수록 세상의 빈틈없는 인과 법칙이 두렵다.

영원히 하늘마음에 닿기
성과 속 통합하기

　외국 여행을 할 때면 그 나라 종교 시설을 방문해 보는 일을 즐긴다. 그들이 신성하게 여기는 공간에 들어가 분위기를 경험하고 경배하는 이들을 바라본다. 마음 깊은 곳에서 우러나는 경배를 마음이 다할 때까지 바치는 경건함을 곁에서 느껴 본다. 간혹 그들처럼 촛불을 밝히거나 고개 숙여 경의를 표하기도 한다.
　얇은 문 하나로 구분되어 있을 뿐인데 종교 공간에 들어서면 일상에서의 마음과는 다르게 변하는 내면을 고요히 경험해 본다. 되도록 편안한 자세로 앉아 오감을 열고 마음에 떠오르는 생각, 몸에 느껴지는 감각에 집중해 본다. 그 종교 전통의 가장 먼 곳, 그 종교가 가진 지혜의 가장 깊은 곳에 닿을 수 있다면, 꿈꾸기도 한다.

처음 이탈리아를 방문했을 때는 중세 성당에 입장하는 일이 즐겁고 충만한 경험이었다. 피렌체, 피사, 아시시 등에 있는 중세 성당을 방문하면 종교가 인간의 삶을 탄생부터 죽음까지 관장하고 있었다는 사실이 한눈에 보였다. 성당은 세례당, 예배당, 장례식장으로 구성되어 있고, 성당 지하 공간에는 성인들의 묘지를 조성해 놓고 있었다. 도시 전체가 성당을 중심으로 방사상 형태로 구성되어 있어 종교가 공동체 전체를 관리하는 기관이었다는 사실을 알게 된다.

이슬람 사원에는 신이라 할 만한 형상 조형물이 없었다. 사원 내부는 공통적으로 카펫이 깔려 있을 뿐 다른 장식물이나 종교적 상징물이 없었다. 다만 머리에 닿을 듯 낮게 내려와 있는 둥글고 커다란 전등 틀이 인상적이었다. 전등 틀에는 촛불 형태의 작은 전구가 무수히 꽂혀 있곤 했다. 간혹 모스크 내부에 성인의 주검이 모셔져 있는 곳이 있었고, 아예 사원 건물 전체가 성인들의 묘지로 조성된 곳도 있었다. 이슬람 사원에서 가장 인상적인 요소는 화려하고 아름다운 모자이크 타일 장식이었다.

힌두교 사원은 이슬람 사원과는 반대로 오직 신만을 모셔 놓고 있었다. 그들에게 신전이란 말 그대로 신만을 위한 공간이었다. 사람들은 신전에 잠깐 들러 예배만 올리고 물러나거나 아예 신전 바깥에서 예배를 올렸다. 힌두교에는 신이 많은 만큼 사원도 다양했다. 마을 어귀에 세워진 1평 크기 규모부터 높이를 가늠할 수 없게 수직으로 화려하게 솟은 형태까지 여러 가지였다.

티베트의 불교 사원은 우리나라 사찰들과 전혀 다른 형태였다. 그곳도 대체로 신만을 위한 공간으로 꾸며져 있어 일반인이 들어가 고요히 머물 만한 공간은 없었다. 6층 형태의 한 사원은 무수히 많은 방들로 나뉘어 있었는데 방마다 한 분씩 부처님을 모셔 두고 있었다. 티베트 부처님은 특별히 화려한 보석 장식으로 치장하고 있었다. 저 보석을 몇 개만 빼면 학교나 병원을 지을 수 있을 텐데, 무심히 생각하다가 놀라곤 했다.

유대교의 시너고그는 꼭 방문해 보고 싶었지만 아직 소원을 이루지 못했다. 암스테르담의 유대 박물관 옆에는 유대교 회당이 있었다. 그곳에 들어가 보고 싶어 건물을 한 바퀴 돌았지만 높은 담장뿐 입구가 보이지 않았다. 시너고그는 개방하지 않을 뿐 아니라 경비도 철저해 보였다. 이스탄불에서도 육각형 별이 장식된 시너고그를 보았지만 입구가 굳게 닫혀 있었다.

종교 공간에 들어가 오래, 천연덕스럽게 머무는 것은 오래된 버릇이었다. 이십 대, 삼십 대에는 자주 절에 가서 머무르곤 했다. 처음에는 순전히 글을 쓸 수 있는 조용한 공간이 필요해서 절을 찾았다. 그런 곳에는 고시 공부하는 사람이 더 많았지만, 대학 시절 방학이면 워드 프로세서를 둘러메고 들어갔던 절이 서너 군데쯤 된다.

직장 생활을 하게 된 후로는 혼자 조용히 머물고 싶을 때마다 절을 찾았다. 그곳에 머물며 산란하고 분주한 마음을 잠재우고자 했다. 한 번은 연말연시 연휴를 모아 절에 가면서 마음의 양식이 되는 시간을 보내고자 기대했다. 하지만 피로에 젖은 몸이 일으켜지지 않아 3박 4일 동안 잠만 잤다. 한 번씩 잠에서 깰 때면 비몽사몽간에 미안한 마음이 들어 공연히 이런 생각을 했다. '피로에 지친 중생이 쉬어 가겠다는데 자비로운 부처님께서 뭐라고 하시겠어.'

아주 나중에야, 실은 내가 삶의 위기나 변화의 순간마다 절을 찾아 머물렀다는 사실을 이해하게 되었다. 그곳에 머물면서 지난 삶과 앞으로의 삶의 경계를 확인하고, 꿈을 꾸고 비전을 세웠다는 것을 알았다. 해가 중천에 뜬 후 일어나 사시 예불에만 겨우 참석한 후 뒷산을 걷는 일을 더 즐겼어도, 그런 시간이 지나고 나면 삶이 길을 잃지 않고 제 궤도로 돌아왔다.

그것이 알코올 중독 치료 12단계 프로그램의 11번째 규칙과 동일한 행위였다는 것도 알게 되었다.

11. 기도와 명상을 통해서 우리가 이해하게 된 대로의 하나님과 의식적인 접촉을 증진하려고 노력했다. 그리고 우리를 위한 하나님의 뜻을 알도록 해 주시며, 그것을 이행할 수 있는 힘을 주시도록 간청했다.

절에서 잠만 자는 동안에도 나는 부처님과 의식적인 접촉을 증진하도록 노력했고, 그 힘을 얻었던 게 아닌가 싶다. 거기까지 생각이 미치면 인과를 낱낱이 알아차릴 때처럼 무섭기도 하고, 품이 넉넉한 종교가 고맙기도 하다.

성경을 보면 예수님은 자주 기도를 하신다.

"예수께서 제자들과 함께 겟세마네라고 하는 곳에 가서 그들에게 말씀하셨다. '내가 저기 가서 기도하는 동안에 너희는 여기에 앉아 있어라.' 예수께서는 얼굴을 땅에 대고 엎드려 기도하셨다. 그 밤에 세 번이나 기도하셨다."

불경을 보면 부처님은 자주 선정에 드신다.

"부처님께서 사위대성에 들어가 차례로 밥을 비신 후 본처로 돌아와 진지 잡수시고 옷과 바리때를 거두시고 발을 씻으시고 자리를 깔고 앉아 선정에 드셨다."

기도하시는 예수님은 몸에 병든 자를 고치시고, 선정에 드시는 부처님은 마음의 번뇌 망상을 다스리는 법을 설하신다. 그분들의 삶이 우리에게 주는 가르침이 있다면 기도와 명상이 삶의 문제를 푸는 중요한 해법이라는 점일 것이다.

기도와 명상이 무슨 의미인지는 《시경》에 언급되어 있다. "영원히 하늘의 마음에 일치하여 스스로 커다란 복을 구한다." 그것은 '하늘마음'과 일치하고, 하느님과 의식적인 접촉을 증진하는 일이다. 또한 부처님이나 하나님을 닮아 가는 일일 것이다.

기도나 명상뿐 아니라 신과 접촉하여 스스로 커다란 복을 구한 사례는 많이 들었다. 한 지인은 중년의 위기에서 1년 내내 성경책만 읽었다고 한다. 그녀는 성경책을 고스란히 두 번 읽은 후 우울증을 벗어나 중년의 삶을 잘 맞이하게 되었다. 성경책을 고스란히 두 번 베껴 썼다는 여성도 알고 있다. "나는 가방 끈이 없다."고 말하는 그녀는 '주님 힘으로' 가난과 질병을 이겨 내고, 누구보다 지혜로운 방법으로 삶을 운용해 나가고 있다.

불교 수행에는 《금강경》 30만 번 읽기를 수행 목표로 세우고 정진하는 경우도 있고, 매일 염주 알을 돌리며 '관세음보살'을 천 번씩 부르는 사람도 있다. 《금강경》 1백 번 베껴 쓰기를 실천하는 사람도 있다. 저 모든 수행법의 핵심은 '영원히 하늘의 마음에 일치하는' 일일 것이다.

정신분석과 종교를 연구한 마이스너는 위니캇의 '중간 대상'으로서의 종교 이론을 확장시켜 기도 기능을 중간 현상으로 보았다. "기도를 하면서 개인은 상징적으로 하나님 표상을 만나는 중간 공간으로 들어간다."

기도와 명상을 통해 영원히 하늘마음에 일치하기, 그것이 내가 이해한 영적 건강의 여섯 번째 방법이었다.

2010년 사월 초파일 다음 날에는 뉴욕의 라디오시티 홀에서 달라이 라마 스님의 대중 강연이 있었다. 그 강연에 한국 불자들에게 50석의 자리가 배정되어 있으며, 원하는 사람은 참석할 수 있다는 정보를 들은 것은 티베트 여행에서였다. 그렇잖아도 티베트 여행에서 달라이 라마에게 물어보고 싶은 것이 한 보따리 생겼는데 그의 강연을 들을 수 있다니, 마음이 혹했다.

달라이 라마 스님의 대중 강연이 있던 날, 뉴욕 라디오시티 홀 앞에는 긴 줄이 형성되어 있었다. 입장을 기다리며 서 있는 줄 속에는 말 그대로 남녀노소뿐 아니라 인종이나 피부색의 모든 유형이 다 있었다. 줄 서서 입장하기까지 30분쯤 걸렸고 입구에서는 이중 삼중으로 검색이 이루어졌다. 우리는 카메라, 전화기 등을 모두 차에 두고 간단한 필기구만 들고 입장했다.

달라이 라마 스님을 모시고 나와 소개한 사람은 영화배우 리처드 기어였다. 오래전에 영화 '귀여운 여인'에서 보았던 그와 20년 이상 달라이 라마 스님을 모시고 수행했다는 그는 완전히 다른 사람이었다. 그는 온화한 태도로 정중하게 행동했고, 그에 비하면 달라이 라마는 어딘가 장난스럽고 개구쟁이 같은 데가 있었다.

리처드 기어가 물러나자 달라이 라마 스님은 무대 가운데 놓인, 일인용 소파처럼 생긴 의자에 앉았다. 객석의 모든 사람들이 기대에 찬 눈빛을 보내고 있는 중에 문득 안경을 벗더니 안경알을 닦기 시작했다. 그가 묵묵히, 천천히 안경을 닦는 동안 객석의 사람들은 그를 지켜보기만 했다. 그는 다음으로 허리 숙여 흰색 운동화 끈을 풀었고, 신발을 벗은 후 의자 위에 가부좌 자세로 앉았다. 그런 다음 등 뒤로 손을 돌리더니 붉은색 선캡을 꺼내 머리에 썼다. 조명 때문에 그런 것 같았다. 선캡을 쓴 다음에야 비로소 고개를 들고 객석을 찬찬히 둘러보았는데, 그 얼굴에 편안하고 부드러운 웃음이 실려 있었다.

바로 그 순간, 그가 강연장에 나와 몇 가지 행동을 하고 객석을 둘러보기까지 5분쯤 되는 시간 동안 나는 중요한 무엇인가를 알 수 있을 것 같았다. 그것은 말로 표현할 수 없는 것이었다. 그제야 왜 무리해서까지 그의 강연을 듣고 싶어 했는지 알아차렸다. '성인'이라 불리는 사람을 직접 보고 싶었다. 그런 이들은 어떻게 말하고 걸으며, 어떻게 웃는지 보고 싶었다. 특히 얼마나 맑고 천진한 낯빛을 하고 있는지 확인하고 싶었다.

달라이 라마 스님은 다양한 주제로 강연했다. 인도가 3천 년 동안 전통을 이어 올 수 있었던 것은 다른 의견, 다른 개념을 포용하고 존중하는 태도 때문이라는 것, 잘못을 인정할 줄 아는 사람이 건강하고 평화로운 삶을 살 수 있다는 것, 우리는 한세계에 살고 있기 때문에 우리와 남을 가를 게 아니라 함께 사는 법을 모색해야 한다는 것 등의 메시지를 전했다.

또한 아기가 태어난 후 몇 개월 동안 엄마의 손길이 아이의 두뇌와 지혜 발달에 중요한 영향을 미친다는 것, 존중과 사랑을 받고 자란 아이가 남에게 자기가 받은 것을 줄 줄 안다는 것, 21세기에는 진실된 마음을 확산시키는 여성들의 역량이 필요하므로 여성들은 자신들의 잠재력을 최대한 발휘하여 자녀들에게 그것을 주고, 그 아이들이 자라서 더 나은 세상을 만들기를 기대해야 한다는 것 등을 이야기했다. 말끝에 그는 웃으며 누군가 자기를 '페미니스트 달라이 라마'라고 불렀다고 덧붙였다.

강연은 한 시간 반 동안 진행되었고 뒤이어 질의응답 시간이 있었다. 자본주의 사회에서 수행자로 사는 법, 테러리스트와 무슬림에 대한 견해, 중국의 티베트 지배에 대한 질문이 이어졌다. 그는 특히 세계 평화를 이루는 길은 각 개인이 저마다의 내면에서 분노를 다스리는 일이라고 말했다. 그 강연을 통해 그 무렵 내면에서 들끓던 의문에 대한 답을 모두 얻은 듯했다.

강연이 끝난 후 우리 일행은 센트럴 파크를 산책했다. 얼마나 집중해서 강연을 들었는지 공원에 도착하자마자 겉옷을 깔고 누워 버렸다. 하늘을 올려다보면서야 중요한 사실 한 가지를 알아차렸다. 내가 품었던 의문은 모두 이분법적으로 분리된 마음에서 비롯된 것이었다. 식민지 지배자와 피지배자, 부를 많이 가진 자와 덜 가진 자, 자유를 누리는 자와 누리지 못하는 자 등의 분류 기준이 내면에 있었다. 불상에서 보석을 빼서 학교나 병원을 지었으면 하는 생각도 분별심이었음을 알아차렸다.

달라이 라마 스님의 말씀은 그런 분별이 없는 지점에서 나오고 있었다. 나와 너, 아군과 적군, 선과 악이 없는 자리에서 나오는 말씀들이었다. 조국과 타국도 없고, 지배자와 피지배자도 없었다. 중국에 대항하는 티베트 저항군들에게 보낸 메시지도 그 지점에서 나온 것이었다.

"중국 사람들도 평화를 원한다. 저항을 중단하고 조국으로 돌아가거나 나를 따라 망명하라."

진정으로 양가성이 통합된 자리가 거기구나 싶었다. 성과 속이 통합된 모습, 신성을 간직한 채 세속의 일에 답하시는 모습이 그것이었다.

정신분석이 양가성 통합을 말할 때는 먼저 내면에 억압해 둔 감정 요소를 의식 속으로 통합하는 단계를 말한다. 그 다음 자신과 대상을 통합하는 두 번째 단계, 자신과 공동체의 질서 상징을 통합하는 세 번째 단계를 말한다. 거기서 한 걸음 더 나아간 네 번째는 성과 속을 통합하는 단계가 아닐까 싶었다. 그것은 우리가 근대 이후 이성, 논리, 과학, 기술을 신봉하면서 잃어버린 반쪽 측면인 감성, 직관, 자연 영역을 되찾아 의식 속으로 통합하는 일을 이를 것이다.

융 학파 현대 심리학자 매튜 폭스는 자기실현에 이르는 방법으로 '신비주의 회복하기'를 제안한다. 이성과 감성, 논리와 직관, 과학과 신비를 의식 속에서 통합하여야만 온전한 건강에 이른다고 주장한다. 구체적인 방법으로는 꿈, 환상, 신화, 이야기 등을 존중하자고 제안한다. 영웅 신화에서 삶의 모델 찾기, 이야기와 미술을 치료에 사용하기, 꿈 분석 등은 융 학파가 사용하는 치료법이고, 그것은 이성과 합리의 반대편에 있는 혼돈과 모호함을 수용하는 작업이다.

사실 저 대목을 만났을 때 나는 깊은 안도감을 느꼈다. 그전까지는 내가 경험하는 신이한 일들을 어떻게 이해해야 할지 알 수 없었다. 그런 것을 이해하는 관점은커녕, 그것을 말하는 것조차 금기시되어 있었다. 낯선 것에 대한 두려움을 안은 채 그 영역을 회피하고 억압하기만 했다.

삼십 대 후반에 몸이 아플 때, 이유도 해법도 모른 채 무력감에 빠져 지낼 때 혹시 그것이 신기(神氣) 있는 사람의 무병이나 신병 같은 게 아닌가 추측하는 이들이 있었다. 그때는 누군가 그런 종류의 말을 하는 것이 듣기 싫었지만 나 역시 그들과 똑같은 태도로 내 경험을 대했다. 내 경험을 이해하는 관점도 방법도 없이 이성과 합리 너머의 것을 터부시하기만 했다.

훈습 마지막 단계에서 다시 종교를 수용했을 때 그것이 실은 성과 속을 통합시키지 못한 상태의 미숙함이었음을 이해하게 되었다. 이해할 수도, 말할 수도 없는 경험을 두려워할 게 아니라 그 의미를 이해하고 의식 속으로 통합해야 한다는 것을 알게 되었다. 나아가 세속에 국한되어 있는 삶을 성스러운 대상을 향해 변형적 동일시를 이루어 내야 했다.

그제야 성과 속을 통합한다는 의미가 어떤 뜻인지 제대로 이해되었다. 그 상황을 표현한 다양한 언어들도 눈에 띄었다. 6세기 스페인 성녀 아빌라의 테레사는 기도 중에 "내 안에서 너를 찾아라. 그리고 네 안에서 나를 찾아라."는 하나님 말씀을 들었다. 불교에서는 모든 중생이 불성을 가지고 있으며, 마음, 중생, 부처가 하나라고 말한다. 가톨릭 신부님이 "내 안에 마리아가 살게 하라."고 강론하는 말씀이 귀에 들어오기도 했다. 그곳이 융이 말한 자기실현의 마지막 단계라는 것도 더 깊이 이해되었다.

그동안 "다르게 살고 싶다."고 중얼거리면서 삶의 변화를 꾀할 때마다 내가 원했던 것의 가장 내밀한 의미도 짐작되었다. 어딘가 다른 곳에 존재할지도 모른다고 느꼈던 '진정한 삶'이란 억압하고 외면해 온 감성, 직관, 신비의 영역이 아닐까 싶었다. 지혜, 에너지, 창의성 등이 들어 있다는 그곳에 닿고 싶었던 듯하다. 성과 속을 통합하기, 그것은 내가 이해한 영적 건강을 지키는 일곱 번째 방법이었다.

말할 수 없는 것에 대해서는 침묵해야 한다
삶과 죽음 ● 통합하기

　마티르 만디르는 인도 오로빌에 위치한 힌두교 명상 센터이다. 멀리서 보면 그것은 황금빛 원처럼 빛나고 있었고, 내부로 들어서면 순백색으로 빛나고 있었다. 하루 전에 방문 허가를 받고, 당일 오전에 사전 교육을 받고, 그러고도 개방 시간에 맞춰 한 시간 이상 기다려야 입장할 수 있는, 엄격하게 관리되는 곳이었다.

　명상 센터 안은 순백색의 정갈하고 고요한 분위기였다. 방문객들은 신발을 벗고 그곳에서 내어 주는 목이 긴 흰 양말을 신었다. 거대한 원형 공간은 반으로 나뉘어 위쪽 반구형 공간을 명상실로 꾸며 놓고 있었다. 그곳에 다다르기 위해서는 아래쪽 텅 빈 공간을 가로지르며 허공을 향해 나선형으로 놓인 계단을 걸어 올라가야 했다. 독특한 형태의 현수교도 흰빛이었다.

궁륭 모양의 천정을 가진 명상실도 온통 흰빛이었다. 적당한 간격을 두고 드문드문 놓인 방석조차 흰빛이었다. 안내받은 대로 방석 하나를 차지하고 다른 이들이 하는 것과 같이 가부좌 자세로 앉아 눈을 감았다. 명상 같은 것을 적극적으로 해 본 적이 없고, 지나치게 영적인 행위 앞에서는 저어하는 습관이 있었지만 단 한 번 경험인데 어떠랴 싶었다.

명상 자세를 취하자마자 몸에서 어떤 느낌이 감지되었다. 머리에서 뜨거운 기운이 느껴지더니 그 뜨끈하고 묵직한 기운이 마치 거대한 비닐봉지를 뒤집어씌우는 듯 몸을 감싸며 아래쪽으로 내려가기 시작했다. 보통 때라면 그런 기운을 불편해하면서 자리를 털고 일어났겠지만 그곳은 특별한 명상 센터라니 몸에 전해지는 느낌을 감지하면서 그대로 앉아 있었다. 명상 시간을 왜 15분으로 정했는지 이해할 것 같았다. 명상이 끝날 때가 되자 몸을 감싸며 내려간 기운이 방석까지 닿아 있었다.

명상 센터를 나온 후에도 그 뜨겁고 묵직한 기운이 몸에 남아 있는 듯했다. 내가 느낀 감각이 불편하다고 말하자 일행 중 한 사람이 "그 기운이 불편하면 내가 가져가도 되겠느냐?"고 물었다. 그것을 가져간다는 게 무슨 의미인지, 가능한 일이기는 한지 의아했지만 그렇게 하라고 했다. 그녀는 내 몸에 손을 대고 눈을 감은 채 나름의 의식을 행했다.

나는 아직도 그런 일들의 본질에 대해서 이해하지 못한다. 그것들이 신성한 느낌인지 감각의 오류인지, 혹은 인식의 착오인지 알지 못한다. 다만 그런 것들에 대해 '말할 수 없다'는 사실 한 가지만은 알고 있다.

"말할 수 없는 것에 대해서는 침묵하여야 한다."

대학 교양과정에서 언어철학을 배울 때 비트겐슈타인의 저 명제는 이상했다. 말할 수 없는 것은 침묵하려고 애쓰지 않아도 침묵할 수밖에 없는 게 아닌가. 그때는 '말할 수 없는 것'이라는 구절 속에 얼마나 엄청난 세계가 내포되어 있는지 짐작조차 못했다.

노자는 "아는 사람은 말하지 않고, 말하는 사람은 알지 못한다."고 말했고 자크 라캉은 "실재계는 말할 수 없는 것이다."라고 말했다. 불교에서는 그러한 경계를 '불립문자', '언어도단' 같은 용어로 표현한다. 종교가 본질적으로 동일하다고 느끼는 요소 중에는 그들이 모두 '말할 수 없는 것'을 가지고 있다는 점일 것이다. 대신 가톨릭에서는 신비, 기독교에서는 기적, 불교에서는 불가사의라는 표현을 즐겨 사용한다. 나는 언젠가 수첩에 이렇게 메모한 일이 있다.

'세상은 신비하고, 삶은 기적 같고, 존재는 불가사의하다.'

모든 종교를 짬뽕처럼 받아들인 사람의 언어라고 볼 수 있을 것이다. 세계의 운행 방식이 신비하고, 삶의 해법을 만날 때마다 기적 같고, 나 자신의 존재는 불가사의했다. 얼마나 먼 곳에서 와서 얼마나 많은 생을 떠돌았을까 생각해 보면 더욱 그런 느낌이 들었다.

이해하지 못하고 말하지 못한 신이한 경험들이 내 삶 한켠에도 수북이 쌓여 있다. 그중 하나는 외조부에 관한 꿈이다.

외할아버지는 생전에 단 한 차례도 목소리를 높이거나 화를 내신 적이 없으셨다. 술, 담배, 잡기 등을 일절 하지 않으셨고, 사람들과 어울려 쓸데없는 잡담을 하시는 일도 없었다. 외할머니가 많은 책임과 일거리를 떠맡고 바지런하게 사시는 동안 외할아버지는 묵묵히 지지하는 관용적인 후원자였다. 돌아가실 때까지 외할아버지는 조용하고 차분한 모습 그대로 변함이 없으셨다. 외조부모는 모두 아흔이 넘도록 장수하셨다.

외할아버지 장례를 치를 때 봉분을 쓰고 나자 맑은 하늘에 어디선가 흰 구름 몇 조각이 떠오더니 봉분 위에 가벼운 빗방울을 흩뿌렸다. 친척들은 그것을 상서로운 징조라 여기며 기뻐했다. 삼십대 초반이었던 나는 다만 이렇게 생각했다.

'국지성 비가 지름 10미터만큼에도 오는구나.'

그로부터 얼마 지나지 않아 외할아버지를 꿈에서 뵙게 되었다. 외할아버지는 흰 두루마기 차림으로 내 책상 앞 의자에 앉아 생전에 그러셨던 것처럼 입가에 빙긋이 미소를 머금은 채 나를 바라보고 계셨다. 그런데 외할아버지의 얼굴과 머리뿐 아니라 흰옷 전체로부터 백색광이 뿜어져 나와 방안을 가득 채우고 내게까지 닿았다. 나는 어리둥절한 마음으로 외할아버지를 보고 있다가 잠에서 깨었다. '생전에 그토록 점잖으시더니 좋은 데 가셨구나.' 생각하고 그 꿈을 흘려버렸다.

그 꿈에 의미를 부여하지도, 기억하지도 않았던 이유가 몇 가지 있었다. 우선 불교적 가르침에서는 수행 도중 눈앞에 무엇이 나타나든 그것을 헛된 망상이라 치부하고 넘기도록 되어 있었다. 부처님도 "형상으로 나를 보거나 음성으로 나를 구하는 자는 삿된 길을 걷는 것이다."라고 말씀하셨다. 나는 외조부 형상을 허상이라 여겼다.

또 한 가지 이유는 그렇게 온몸에서 백색광을 뿜어내는 분은 예수님이나 부처님뿐이었다. 부처님이 깨달음을 얻은 후 함께 수행하던 동료들에게 다가가자 동료들이 일제히 부처님께 엎드려 절했다. 부처님의 온몸에서 백색광이 뿜어져 나오기 때문이었다. 그 흰빛에는 한 점의 검은 티도 없었다. 성경에도 이런 구절이 있다.

"예수께서 베드로와 야고보와 그의 동생 요한을 따로 데리고서 높은 산에 올라가셨다. 그런데 그들이 보는 앞에서 그의 모습이 변하였다. 그의 얼굴은 해와 같이 빛나고, 옷은 빛과 같이 희게 되었다."

나는 외조부의 꿈을 꾼 지 15년쯤 지나서 전통 학문을 공부하는 이에게 그 꿈을 말해 보았다. 그분은 눈에 띄게 꿈을 반기는 기색으로 언제 그 꿈을 꾸었느냐고 물었다. 조상이 음덕을 주러 오신 것이라고 해석했다. 그 말을 들었을 때는 유교 문화에서 왜 그토록 죽은 조상을 섬기는지 이해할 수 있었다. '체상용' 중 상을 조상 이미지로 대체하는구나 싶었다.

다시 얼마 후 의식 속에서 성과 속을 통합하기 위한 노력을 적극적으로 실천할 때, 외조부의 꿈이 가지고 있는 다른 차원이 이해되었다. 그것은 알코올 중독 치료 프로그램의 12단계에서 말하는 '영적으로 각성된 상태'를 의미하는 게 아닐까 싶었다. 꿈에서 외조부를 뵙는 것, 그것은 외조부의 영적 상태와 접촉하여 변형적 동일시를 이루는 과정이 아니었을까 생각되었다.

12. 이러한 단계로써 생활해 본 결과 우리는 영적으로 각성되었고, 알코올 중독자들에게 이 메시지를 전하려 노력했으며, 우리 생활의 모든 면에서도 이러한 원칙을 실천하려고 했다.

'영적으로 각성되기'는 내가 이해한, 영적 건강을 지키는 여덟 번째 방법 같았다. 앞에서 언급한 영적 건강의 방법들은 투사적 동일시로 병증을 옮겨 왔을 때 빨리 알아차리고, 병증을 외부에 세워 두고, 또한 바로 내보내는 데 사용하는 실천 법들이다. 영적으로 각성되기는 실천 법이라기보다 근본적인 해결책처럼 느껴졌다.

'말할 수 없는', 그러나 아마도 '영적 각성되기'와 같은 범주의 것이 아니었을까 싶은 경험은 10년쯤 전에도 있었다. 통도사가 자리 잡고 있는 영축산에는 20개가량의 암자가 산자락 곳곳에 깃들어 있다. 자장암도 그 가운데 하나인데, 자장 율사가 당나라에서 돌아와 석벽 아래 움집을 짓고 수도하던 자리라고 한다. 바위 밑에는 석간수가 고여 생긴 옹달샘이 있는데, 어느 날 자장 율사가 공양미를 씻으러 나오니 청개구리 한 마리가 놀고 있었다. 개구리를 멀리 데려다 놓았지만 다음 날 옹달샘에 돌아와 있었다.

자세히 살펴보니 개구리는 입과 눈가에 금줄이 선명하고 등에는 거북 문양이 있었다. 불가와 인연이 깊은 개구리구나 싶어 개구리를 그대로 샘에서 살도록 했다. 겨울이 되어도 겨울잠을 자러 가지 않는 개구리를 위해 자장 율사는 암벽에 손가락으로 구멍을 뚫고 개구리를 넣어 주었다. "이곳에 영생하며 자장암을 지켜 다오." 하는 염원도 세웠다.

자장암 뒤 수직으로 선 암벽에는 지름 2센티미터 정도의 구멍이 있고 그 밑에는 발판이 놓여 있다. 1천 4백 년이 지난 지금도 그곳에는 개구리가 살고 있다고 전한다. 사람들은 그 구멍을 금와석굴, 개구리를 금와보살이라 부른다. 간혹 신심 돈독한 불자에게는 금와보살이 모습을 나타낸다고 안내문에 씌어 있었다.

한국문학을 공부하다 보면 그런 종류의 구비 전승문학은 수도 없이 만난다. 삼국유사에 실려 있다는 저 일화도 그저 설화문학의 하나라 생각했다. 손가락으로 뚫었다는 바위 구멍과 1천 4백 년을 산다는 개구리라니……. 처음 자장암에서 저 설화를 접했을 때 그저 장난처럼 금와석굴 입구에 눈을 갖다 댔다. 구명 안쪽은 컴컴하기만 할 뿐 아무것도 보이지 않았다.

그 후 통도사 수련 법회에 참가했을 때 또 한 번 금와석굴을 방문했다. 그때는 함께 방문한 서른 명의 일행 중 한두 명이 금와보살을 친견했다면서 환하게 웃었다. 그들 중 한 분에게 다가가 당신이 본 것이 무엇이냐고 물어보았지만 입꼬리가 귀에 닿도록 웃으며 고개를 저을 뿐이었다.

몇 년 후 개인적으로 통도사에서 7일간 머문 일이 있었다. 늘 그렇듯이 해결해야 하는 문제가 있었고, 내면에서 그 문제가 해결될 때까지 혼자 조용히 머물고 싶었다. 통도사에서 나올 때 아쉬운 마음이 들어 영축산 암자들을 둘러보러 갔고, 자장암에 들러 버릇처럼 금와석굴 입구에 눈을 갖다 댔다. 아무 기대도 생각도 없었다.

무심히 바위 구멍에 눈을 갖다 댔는데, 순간 눈앞이 환하게 밝아지면서 저 안쪽에서 황금빛 덩어리가 이쪽으로 달려 나왔다. 맑게 빛나면서 생기가 충만한 빛 덩어리 중심부는 연두색이었는데, 내부의 생기로 인해 소용돌이치는 듯하였다. 빛은 다가와 얼굴에 부딪쳤다. 무슨 일이 벌어지고 있는지도 모르는 상태에서 빛은 사라졌고, 바위에서 눈을 뗀 다음에야 아차, 싶었다. 혹시 그것이 금와보살이었을까?

평지로 내려서서 한동안 멍청한 상태로 서 있었다. 보는 이에 따라 금테 두른 두꺼비처럼, 벌처럼, 청개구리처럼 보이기도 한다는 의미가 그것이었을까 싶었다. 다른 사람이 뵌 금와보살은 어떤 모습인지 모르지만 내가 경험한 것은 소용돌이치는 둥근 황금빛 덩어리였다. 그것이 진짜 금와보살인지, 다만 환영일 뿐인지는 알지 못한다.

일상에서 만나는 신이한 경험들, 외조부나 금와보살과 관련된 경험을 오래도록 입 밖에 내지 않았다. 예전의 내가 그랬던 것처럼, 이성과 합리로 설명할 수 없는 일에 대해 두려워하면서, 사람들이 함부로 내미는 판단과 마주치고 싶지 않았다. 하지만 영적 건강의 개념을 이해한 후에는 조금씩 그 경험을 말해 보았다. 그때마다 돌아오는 다양한 반응도 새로운 경험이었다.

어떤 이는 내 감각에 착오가 있었을 거라 단정하면서 팔을 저어 나의 경험을 쓸어버리는 손짓을 했다. 어떤 이는 혹시 그때 몸이 아팠던 것은 아니냐고 조심스레 물었다. 빛의 형상을 자세히 물으며 당장 자장암에 달려갈 듯 부러워하는 이도 있었고, "그 순간 네가 마음이 맑아져 밝고 환한 대상과 통했는가 보다."라고 말하는 이도 있었다. 사람들의 반응을 보면서야 "말할 수 없는 것에 대해서는 침묵하여야 한다."는 말에 더 깊이 동의할 수 있었다.

2년쯤 전, 뉴질랜드에 사는 선배가 전화를 해서 유서를 작성해 두었다는 이야기를 들려주었다. 부부가 함께 변호사에게 가서 유서를 작성하여 한 통은 변호사가 보관하고 한 통은 집으로 가져왔다. 선배는 나보다 한 살 많을 뿐인데 내일 죽어도 괜찮도록 삶의 모든 측면을 정리해 두었다.

특히 유서에 존엄사 항목을 넣었다고 말해 주었다. 만약 자신이 스스로 몸을 건사할 수 없는 상태가 된다면 기계 장치에 의해 목숨을 연장하지 않도록 조치해 두었다. 존엄사가 가능한 오스트레일리아 어느 도시로 데려가 생명의 존엄성을 지킬 수 있도록 해 달라는 내용을 넣었다고 했다.

선배의 말은 여러 측면에서 많이 부러웠다. 존엄사도 부러웠지만 그가 삶과 죽음의 경계가 없는 마음으로 살고 있다는 사실이 가장 부러웠다. 선배가 서 있는 바로 그곳에서는 심리적인 문제뿐 아니라 삶의 자잘한 문제들이 일제히 휘발되어 버리지 않을까 싶었다. 내가 진심으로 부러워하자 선배가 팁을 주었다.

"인터넷 찾아봐. 존엄사를 허용하는 도시가 꽤 있을 거야. 늦으면 그리로 이주하면 되지."

그즈음, 선배를 부러워하다가 외조부와 금와보살 경험에 숨겨진 더 깊은 의미를 알아차리게 되었다. 그것은 삶과 죽음이 둘이 아니라는 메시지였다.

"태어난 적도, 죽은 적도 없다. 태어나지도 않고 영원하며 죽지 않는 태고의 그곳은 육체가 죽어도 죽지 않는다."

인도 문학의 고전 《바그바드 기타》의 한 대목이다. "삶도 없고 죽음도 없다."는 불교의 가르침과 같은 지점이며, 금와보살이 1천 4백 년 동안 살아 있는 이유이기도 했다. 가톨릭 기도문이 "천주의 성모 마리아여, 이제 와 저희 죽을 때에 저희를 위하여 빌어 주소서."라는 한 문장을 반복하는 이유이고, 《티베트 사자의 서》가 죽음의 순간을 세밀하고 비밀스럽게 기록해 둔 이유이기도 했다.

그제야 비로소 양가성이 통합되는 마지막 단계에 삶과 죽음이 통합되는 지점이 있다는 것을 알게 되었다. 그것은 내가 이해한, 영적 건강에 이르는 마지막 방법이었다. 그 지점에 이르면 어린 시절 왜 그토록 죽음을 두려워했는지, 한때는 '이해할 수 없는 경험들'에 대해 왜 공포를 느꼈는지 돌아보게 된다. 그것은 삶과 죽음을 통합하지 못한 결과였다. 죽음을 삶의 일부로 받아들이지 못한 까닭이었다.

불교의 불이, 유교의 중용, 도교의 태극이 성과 속뿐 아니라 삶과 죽음이 통합된 지점을 가리키고 있음을 짐작할 것 같았다. 자아 초월 심리학이 말하는 초월도, 《금강경》에서 말하는 일합상도, 게슈탈트 심리학파가 말하는 게슈탈트(총체성)도, 빅터 프랭클의 로고테라피도 그 의미가 새롭게 이해되었다. 그것을 구체적으로는 '말할 수 없다'. 다만 불교의 가르침을 인용할 수 있을 뿐이다.

"중도는 흑도 아니고 백도 아닌 어중간한 중간 상태가 아니다. 흑과 백이 분리되기 이전, 너와 내가 분리되기 이전의 상태를 중도라 한다."

모든 종교가 그 깊은 본질에서는 동일할 것이라 믿는 이유도 '너와 내가 분리되기 이전의 상태'를 짐작하기 때문일 것이다. 정신분석은 기본적으로 기독교 문화를 배경으로 기독교 지혜를 접목하고 있다. 채식 경험을 통해 병증의 투사적 동일시를 해결하게 해 준 이는 힌두교 전통의 요가를 공부하는 친구였다. 현실에서 만나 지혜를 주고받는 지인들 중에는 기독교인이 많다.

나는 그들 사이에서 어떤 경계도 느끼지 못한다. 우리가 지혜를 꺼내 쓰는 곳은 집단 무의식 영역이고, 그 깊은 영역에서는 서로 연결되어 있다고 믿을 뿐이다. 요즈음은 자주 외할아버지의 생전 모습을 떠올려 본다. 그분이 어떻게 말하고 웃었는지, 어떻게 걷고 행동했는지 기억해 두려 애쓴다. 노년이 되면 외할아버지처럼 살아야지 생각한다.

스무 살 무렵 종교 경전을 읽으며 품었던 의문들을 이제 거의 해결한 것 같다. 창세기의 하나님 아버지에게 왜 그토록 엄혹한 측면이 있는지, 세상 만물과 우주가 어디까지 공(空)한지, 왜 '도덕의 고향이 있을 뿐'인지 어렴풋이 짐작할 듯하다. 그런 것이야말로 '말할 수 없다'. 다만 도덕의 고향이란 '덕을 닦아서 도에 이르는 상태'를 의미한다는 정도로만 말할 수 있을 뿐이다.

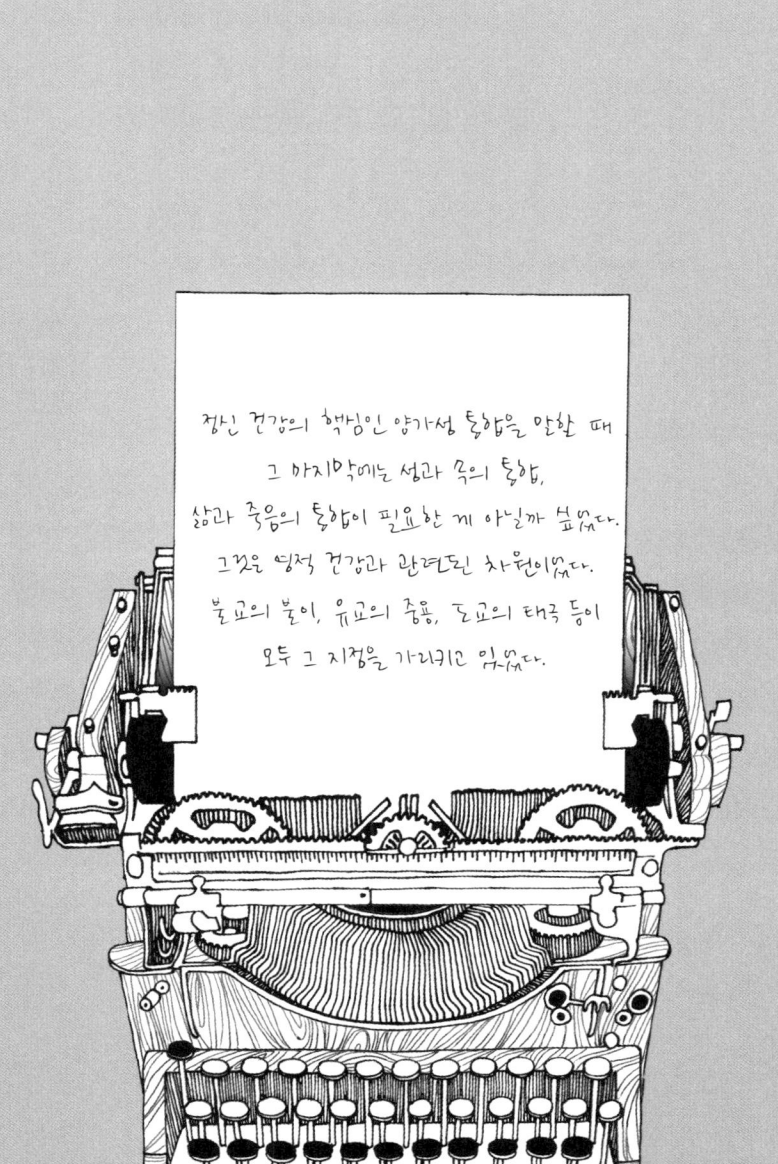

정신 건강의 핵심인 양가성 통합을 말할 때
그 마지막에는 성과 속의 통합,
삶과 죽음의 통합이 필요한 게 아닐까 싶었다.
그것은 영적 건강과 관련된 차원이었다.
불교의 불이, 유교의 중용, 도교의 태극 등이
모두 그 지점을 가리키고 있었다.

만가지 행동

초판 1쇄 발행 | 2012년 2월 27일
초판 22쇄 발행 | 2023년 5월 29일

지은이 | 김형경
펴낸이 | 김정숙
펴낸곳 | 사람풍경

등록 | 2011년 9월 20일 제 300-2011-167호
주소 | 110-719, 서울특별시 종로구 내수동 74번지 광화문시대 920호
전화 | 02)739-7739
팩스 | 02)739-6739
이메일 | sarampungkyung@daum.net

ⓒ김형경, 2012
978-89-967732-1-4 04800
978-89-967732-2-1 04800 (세트)

*잘못된 책은 구입하신 서점에서 교환해 드립니다.